L'impôt en Afrique de l'Ouest francophone

Collection « Études africaines »

Dirigée par Denis Pryen et son équipe

Forte de plus de mille titres publiés à ce jour, la collection « Études africaines » fait peau neuve. Elle présentera toujours les essais généraux qui ont fait son succès, mais se déclinera désormais également par séries thématiques : droit, économie, politique, sociologie, etc.

Dernières parutions

Abbé Nestor SALUMU NDALIBANDU, *La philosophie au service de la société en Afrique, Le cas de la RDC*, 2022.
Abbé Nestor SALUMU NDALIBANDU, *La responsabilité sociale du philosophe face à la guerre en Afrique, Enjeux et perspectives*, 2022.
Gilbert GERMAIN, *Non à un plan Marshall pour l'Afrique subsaharienne*, 2022.
Azza BCHIR, *La tragédie de la performativité*, 2022.
Laurent TAGNE, *Les TIC dans le système éducatif camerounais. Cas de l'enseignement secondaire,* 2022.
Guila THIAM, *Les médias africains à l'heure de la rupture. Vers un grand rétablissement*, 2022.
André NIKWIGIZE, *Ethnisme et tragédies au Burundi, De l'identité nationale à l'identité ethnique*, 2022.
Léandre Serge MOYEN, *L'impossible État fédéral africain. Les droits fondamentaux à l'épreuve des identités culturelles nationales*, 2022.
Charlie MBALLA (dir.), *L'État dans les Afriques. État des lieux en Afrique subsaharienne,* 2022.
El Hadji Malick NDIAYE, *Ce que les GAFAM font aux médias africains. Enjeux socioéconomiques, éditoriaux et politiques de l'infomédiation*, 2022.
Yves-Alexandre CHOUALA, Patrice BIGOMBÉ LOGO et Delmas TSAFACK (dir.), *Le Cameroun et les grandes puissances. Trajectoires et dynamiques de coopération*, 2022.
Jean Christophe TSHIMPAKA BODUMBU, *Le numérique et l'enseignement en RDC, Appropriation des artefacts numériques par les enseignants*, 2022.

Ben Aymar BINASSOUA YEHOUESSI

L'impôt en Afrique de l'Ouest francophone

L'exemple du Bénin

L'Harmattan

5-7, rue de l'École-Polytechnique – 75005 Paris
www.editions-harmattan.fr
ISBN : 978-2-14-025719-3
EAN : 9782140257193

À ma famille !

Remerciements

À

- Baudoin, Boris, Comlan Irenée, Huguette, Justin, Kate, Koffi Innocent, Moïse et Raïssa-Joëlle pour la relecture et les observations.
- Jules, Julie, Julien et Larissa, pour la contribution à la mise en forme.

Sommaire

PROLOGUE

« L'impôt est un fait social. C'est d'abord une question éminemment politique et philosophique avant d'être technique. L'impôt cimente le destin commun du peuple et détermine sa capacité collective à agir ».

Thomas PIKETTY

« Sous un régime démocratique de suffrage universel, il ne suffit pas aux citoyens d'avoir *le droit de constater par eux-mêmes ou par leurs représentants la nécessité de la contribution publique, de la consentir librement, d'en suivre l'emploi et d'en déterminer la quotité, l'assiette, le recouvrement et la durée*, il faut encore qu'ils aient les moyens, c'est-à-dire la connaissance des principes élémentaires de la science et de la législation financière, connaissance sans laquelle leur droit reste lettre morte et sans laquelle aussi bien le budget, qui résume en chiffres la direction donnée aux affaires publiques, n'est qu'un document incompréhensible ».

Gaston JEZE

Liste des abréviations et acronymes

al. .... *alius* (autre)
Art........ article
c. .... Contre
cf......... *Confer*
Cons. Cons........ Conseil Constitutionnel
dir .... sous la direction de
éd .... édition
ibid........ *ibidem* (au même endroit)
not........ notes
op.cit........ *opere citato* (ouvrage cité précédemment)
p. .... page
pp. .... pages
Réf. .... Référence
V........ Voir
Vol........ volume

Liste des sigles

ATAF .... African Tax Administration Forum
BAD .... Banque africaine de développement
BEPS .... Base Erosion and Profit Shifting
BNF .... Bibliothèque Nationale de France
CE .... Conseil d'État
CEDEAO .... Communauté Economique des États de l'Afrique de l'Ouest
CEDH .... Cour européenne des Droits de l'Homme
CNSS .... Caisse Nationale de Sécurité Sociale
CREDAF .... Cercle de Réflexion et d'Échange des Dirigeants des Administrations Fiscales
DGAE .... Direction Générale des Affaires Economiques
DGDDI .... Direction Générale des Douanes et Droits Indirects
DGI .... Direction Générale des Impôts
DGTCP .... Direction Générale du Trésor et de la Comptabilité Publique
EAR .... Echange Automatique de Renseignements
ER .... Echange de Renseignements
ERD .... Échange de Renseignement sur Demande
FATCA .... Foreign Account Tax Compliance Act
FMI .... Fonds Monétaire International
IDH .... Indice de développement Humain
LGDJ .... Libraire Générale de Droit et de Jurisprudence
LOLF .... Loi Organique relative aux Lois de Finances
MAAC .... Assistance administrative mutuelle en matière fiscale
MECeF .... Machines Électroniques Certifiées de Facturation
NCD .... Norme commune de déclaration
OCDE .... Organisation de Coopération et de Développement Economique
ONU .... Organisation des Nations Unies
PIB .... Produit Intérieur Brut
PUF .... Presses Universitaires de France
RCC ....Revue Constitution et Consolidation de l'État de droit et des libertés fondamentales en Afrique
RDF .... Revue de Droit Fiscal
REIDF .... Revue Européenne et Internationale de Droit Fiscal
RFFP .... Revue Française de Finances Publiques
RIDE .... Revue internationale de droit économique
SCS .... Société en Commandite Simple
SNC .... Société en Nom Collectif
TPS .... Taxe Professionnelle Synthétique
TVA .... Taxe sur la Valeur Ajoutée
UEMOA .... Union Economique et Monétaire Ouest Africaine
ZLECAF .... Zone de libre-échange continentale en Afrique

Liste des encadrés, graphiques et tableaux

Encadrés

Graphiques

Tableaux

PRÉFACE

Vive l'impôt !

Le livre de **Ben Aymar BINASSOUA YEHOUESSI** résonne comme une revanche historique, un de ces pieds de nez que la vie réserve aux mécanismes sociaux, au fur et à mesure que s'égrènent les unités de temps : les jours, les années, les siècles. L'impôt est *une chose de l'homme* écrivait le doyen Georges Vedel.[1] Il est même l'achèvement d'un parcours de l'homme pour trouver des recettes stables à la question cruciale du financement des dépenses publiques. Après les guerres, les razzias et la corvée, l'impôt est apparu comme la forme la plus civilisée de pourvoir les caisses publiques dans le respect des droits de la personne humaine. Il est un indicateur de niveau de civilisation, une consécration d'une certaine *humanitude*[2] dans la gouvernance des sociétés humaines.

Mais l'impôt n'a pas tari tous les problèmes et le XIXe siècle a été, par excellence, le siècle des fractures sociales. Les écrits économiques de Karl Marx,[3] les productions littéraires d'Emile Zola,[4] de Victor Hugo[5] ou de Charles Dickens[6] ont abondamment rendu compte de la

---

[1] Cité par Michel Bouvier, *Introduction au droit fiscal général et à la théorie de l'impôt*, Paris, LGDJ, 14ème édition, 2020, p. 7.

[2] Par allusion à l'humanitude selon les gérontologues « l'ensemble des éléments qui font qu'on se sent appartenir à l'espèce humaine et qui font qu'on reconnaît un autre humain comme appartenant à la même espèce que nous » *(Gineste, 2007),* extrait de L. Luquel, "La méthodologie de soin gineste-marescotti dite 'humanitude' expérience de son application au sein d'une unité spécifique Alzheimer", *in Gérontologie et société* 2008/3, vol. 31 / n° 126, p.165.

[3] K. Marx, *Le Capital. Critique de l'économie politique*, Paris, Maurice Lachâtre, 1867.

[4] « *Darwin* avait-il donc raison, le monde ne serait-il qu'une bataille, les forts mangeant les faibles, pour la beauté et la continuité de l'espèce ? (…) s'il fallait qu'une classe fût mangée, n'est-ce pas le peuple, vivace, neuf encore, qui mangerait la bourgeoisie épuisée de jouissance ? Du sang nouveau ferait la société nouvelle. » E. Zola, *Germinal*, Paris, Le Livre de Poche, réédition, 2000, p. 565.

[5] V. Hugo, Les misérables, Paris, Emile Bayard, 1862. Dans sa préface, Victor Hugo écrit « Tant que les trois problèmes du siècle, la dégradation de l'homme par le prolétariat, la déchéance de la femme par la faim, l'atrophie de l'enfant par la nuit, ne seront pas résolus ; en d'autres termes, et à un point de vue plus étendu encore, tant qu'il y aura sur la terre ignorance et misère, des livres de la nature de celui-ci pourront ne pas être inutiles. »

misère populaire côtoyant la superbe d'une bourgeoisie d'affaires naissante. Puis l'impôt est passé par là, la fiscalité redistributive et l'impôt progressif. Le *welfare state* se mit en place, progressivement, consacrant selon William Beveridge, « un sens de l'unité nationale prévalant sur l'intérêt de classe ou de groupe »[7]. Le monde entier semblait avoir découvert, du pôle Nord au pôle Sud, des terres arides de Nouvelle-Zélande à l'écosystème dru et boisé du Yucatán une manière de réconcilier les impératifs de production sociale et l'exigence éthique de justice.

La décennie 1980 va marquer une rupture à cet égard, précédée qu'elle fut de la dynamique intellectuelle et académique du *public choice.* Ronald Reagan, dans son discours d'investiture en 1981, déclara que « l'État n'est pas la solution à notre problème ; l'État est le problème ». Il s'ensuivit une sorte de délégitimisation de l'État et de célébration concomitante du capital et du capitaliste. Les dérégulations ajoutées à la privatisation massive de pans entiers de services publics contrôlés par l'État finissent de dévaloriser les valeurs sous-jacentes aux sociétés contemporaines. La mondialisation et son cortège de globalisation des échanges mais aussi de la production, apportent leur grain de sel à la déshumanisation du système globalisé de production sociale.

Les conséquences sont là, visibles à l'œil nu. Nous assistons à un formidable choc en retour, presqu'un *remake* du XIXe siècle. Vandana Shiva écrit « en 2010, 388 milliardaires contrôlaient autant de richesse que la moitié la moins riche de l'humanité (…) en 2017, ils n'étaient plus que 8.»[8] Les auteurs s'insurgent contre « l'insoutenable inégalité »[9] tandis que Thomas Piketty s'efforce de démontrer que les évolutions contemporaines, loin d'être un avatar du capitalisme, traduisent une tendance lourde : « le capitalisme produit mécaniquement des inégalités insoutenables, arbitraires, remettant

---

[6] Ch. Dickens, *Les aventures d'Oliver Twist*, Paris, Le Livre de Poche, 2005. Le philosophe Alain écrira « *Il n'y a pas tant de différence entre ce noir tableau de l'enfance et le tableau de l'usine par Karl Marx.* »

[7] J. Harris, *Le rapport Beveridge*, Paris, Perrin, 1943, p. 240.

[8] V. Shiva, *1%, Reprendre le pouvoir face à la toute-puissance des riches*, Paris, Rue de l'Echiquier, 2019, p.12

[9] L. Chancel, *Insoutenables inégalités. Pour une justice sociale et environnementale,* Paris, Les Petits Matins, 2021.

radicalement en cause les valeurs méritocratiques sur lesquelles se fondent nos sociétés démocratiques ».[10] Pour le prix Nobel d'économie Joseph Stiglitz, « les valeurs universelles d'équité sont sacrifiées sur l'autel de la cupidité de quelques-uns »[11]. Le volcan gronde et menace d'embraser ou embrase certaines contrées de la planète terre. Le suicide spectaculaire d'un ambulant traînant sa pauvreté en bandoulière à Sidi Bouzid (Tunisie) sert de détonateur au plus grand chamboulement socio-politique du monde arabe. La presse l'appellera le printemps arabe, qui semble servir de répétition générale pour les hivers euro-américains. De fait, « le PIB ne mesure ni les revenus, ni le bien-être des populations »[12].
À l'ombre de la luxuriance des yachts et des jets privés, des résidences cossues et des buildings scintillants, se dresse le pays alternatif de la *racaille*, l'univers glauque de ceux dont l'âme croupit au cachot de l'infortune. On les appelle tantôt les gilets jaunes, tantôt les indignés (*los indignados*), tantôt le mouvement *Occupy Wall Street*. Partout, ils distillent la colère sourde de masses humaines perdues dans le tourbillon d'un monde où « 1 % des terriens contrôlent les richesses et le pouvoir."[13] Les nations vivent sous le syndrome d'un « archipel »,[14] avec des populations "*vivant côte à côte ;* demain (elles) pourraient vivre face à face »[15]. La crise est là, béante, et comme souvent, elle est « le moment où l'ancien ordre du monde s'estompe et où le nouveau doit s'imposer en dépit de toutes les résistances et de toutes les contradictions »[16].

Face à la colère ambiante et au désarroi de populations déboussolées, les premières réponses viennent de la philanthropie, du mécénat, de la charité. Une vraie-fausse solution parce qu'elle rappelle les usages du XIXe siècle, la charité du bon maître, la condescendance et la parcimonie. En effet, pour le capitaliste, c'est son « bon vouloir qui

---

[10] Th. Piketty, *Le capital au XXIème siècle*, Paris, Editions du Seuil, 2013, p.16.
[11] J. Stiglitz, *Le prix de l'inégalité*, Paris, Babel, 2012, p. 8.
[12] J. Stiglitz, A. Sen, J.-P. Fitoussi, *Richesse des nations et bien-être des individus*, Paris, Odile Jacob, 2009, p.16.
[13] V. Shiva, *1%, Reprendre le pouvoir face à la toute-puissance des riches, op. cit.* p.12.
[14] J. Fourquet, *L'archipel français. Naissance d'une nation multiple et divisée*", Paris, 2019.
[15] *Idem*, p. 371.
[16] Antonio Gramsci cité par J. Fourquet, *L'archipel français. Naissance d'une nation multiple et divisée, op.cit.* p. 373.

désigne les bénéficiaires des libéralités », écrit Didier Minot[17]. À preuve, une grande fortune de France offre 200 millions d'euros pour reconstruire la cathédrale Notre Dame de Paris et ne verse que 5 millions d'euros comme contribution à la lutte contre la Covid19. De même, un géant de l'industrie pharmaceutique offre 4 milliards d'euros à ses actionnaires et 100 millions à un fonds de lutte contre la Covid19, avant d'annoncer la fermeture d'usines et sachant qu'il a bénéficié de crédits d'impôts pour la compétitivité et l'emploi. Enfin, un major de l'industrie pétrolière verse 1,8 milliard d'euros à ses actionnaires et 50 millions pour les hôpitaux sous la forme de bons d'essence à faire valoir dans ses stations-service. Un état des lieux qui fait établir à Vincent Edin, l'équation suivante : philanthropie égale « voler en grand, restituer en petit »[18].

La philanthropie n'est ainsi pas la solution. Un problème structurel doit recevoir des solutions structurelles. La solidarité est une valeur républicaine dans les sociétés contemporaines. Elle transparaît à travers la fraternité qui figure dans les devises de maints États. Pour l'Abbé Pierre, « la solidarité c'est rendre l'autre solide ». Et c'est ici que l'impôt acquiert sa valeur instrumentale d'outil de restauration de la solidarité.

Le mérite de **Ben Aymar BINASSOUA YEHOUESSI** est de contribuer à remettre au goût du jour les études et les publications sur l'impôt. Elles sont les bienvenues parce qu'elles contribuent à relégitimer l'impôt et favoriser la réduction des inégalités. Le néo-libéralisme qui sert de support idéologique à l'épanouissement des inégalités connaît lui aussi de timides renoncements. Fin 2021, le Premier Ministre *conservateur* du Royaume Uni de Grande Bretagne et d'Irlande du Nord annonce une hausse des impôts pour financer la solidarité nationale.[19] Le nouveau président des États-Unis a, pour sa

[17] D. Minot, *A quoi sert la philanthropie ? Richesse privée, action publique ou mobilisation citoyenne*, Paris, Charles Léopold Mayer, 2019, p. 14.

[18] V. Edin, *Quand la charité se fout de l'hôpital : enquête sur les perversions de la philanthropie*, Paris, Rue de l'Echiquier, 2021, p. 16.

[19] "*Une hausse inédite (+ 1,25 %) de l'assurance nationale (National Insurance), un impôt dû par les salariés et les employeurs et destiné à financer le système de santé britannique. Les sommes qu'elle générera – environ 12 milliards de livres sterling par an, soit près de 14 milliards d'euros – iront en priorité renflouer le NHS, l'hôpital public britannique*" (https://www.lemonde.fr/international/article consulté le 12 mars 2022).

part, préconisé, en 2021, un plan de relance d'un montant global de près de 3 000 milliards de dollars US (pour un PIB de 21 000 milliards de dollars en 2020) de dépenses pour transformer les États-Unis.[20] Le financement de ce programme va nécessiter l'utilisation du levier fiscal.[21] Plus révélateur de l'air du temps, est l'accord signé dans le cadre de l'OCDE en 2021 et approuvé par 136 pays et juridictions représentant plus de 90 % du PIB mondial, permettant de « réattribuer à des pays du monde entier plus de 125 milliards USD de bénéfices d'environ 100 entreprises multinationales parmi les plus grandes et les plus rentables au monde, de sorte que ces entreprises acquittent leur juste part de l'impôt »[22] .

Plus près de nous, l'Union économique et monétaire ouest africaine a rehaussé son indicateur de performance fiscale. La norme pour le taux de pression fiscale est passée de 17 % à 20 %.

Ben Aymar BINASSOUA YEHOUESSI rend compte de cette dynamique planétaire en mêlant des aspects de théorie fiscale, des considérations techniques et une approche comparée qui donne du sens à son texte au-delà du Bénin. Le haut fonctionnaire de l'administration fiscale se fait, à l'occasion, doctrinaire et pédagogue avec un sens éprouvé de l'illustration technique circonstanciée. Il faut lui en savoir gré. Tout simplement.

Nicaise MEDE
Professeur des universités
Président de la Société Ouest Africaine de Finances Publiques
(SOAFiP)

Abomey-Calavi le 12 mars 2022
nmede@becg-i.com

---

[20] https://www.lesechos.fr/monde/etats-unis consulté le 12 mars 2022.

[21] "*Pour financer la relance, l'Amérique de Biden envisage de taxer les milliardaires et les très riches*." (https://www.latribune.fr/economie/international consulté le 12 mars 2022).

[22] https://www.oecd.org/fr consulté le 12 mars 2022.

LEÇON INTRODUCTIVE

1. L'impôt, un élément structurant de l'État et de sa gestion. Principale source de financement des politiques publiques, l'impôt est un élément structurant de l'État. En effet « le droit de lever l'impôt est une prérogative de l'État souverain, au point même qu'on ait pu ériger cette prérogative en critère de reconnaissance du caractère étatique d'un corps politique » (**Th. BERNS et *al., (dir), Philosophie de l'impôt, Bruylant,* 2006**). La souveraineté est indissociable du droit d'imposer. À la source de l'État en effet, se trouve « l'instauration par une partie de la communauté ou par une autre communauté, du paiement d'un tribut, d'un prélèvement obligatoire et régulier ». C'est ce prélèvement qui va permettre « la constitution progressive d'une armée ou d'une administration, et finalement d'un pouvoir affirmant sa domination par la possession du monopole de la violence », consacrant ainsi selon Max WEBER, la naissance de l'État. Le paiement de tributs, de prélèvements obligatoires et réguliers différent du pillage (**M. BOUVIER, et *al., Finances publiques*, LGDJ, 2021**) est la marque de l'existence d'un État. Dans la période précoloniale, l'existence d'un tel système a permis de bâtir la notoriété et la célébrité du Royaume du *Danxomé* (actuel centre du Bénin) auprès des pays européens. Grâce aux ressources générées par des embryons de services fiscaux, le royaume a pu mettre en place « une administration fortement hiérarchisée, une armée permanente, des services judiciaires » (**A. Le HERISSE, *L'ancien royaume du Dahomey, Mœurs, religion, Histoire,* Paris, Emile Larose, BNF, 1912**). C'est donc cette « organisation étatique » soutenue par les ressources fiscales collectées qui lui permit de « soutenir pendant deux ans la guerre contre les troupes du Colonel Dodds et qui lui valut de retenir son nom à l'ensemble des territoires qui allaient former la colonie devenue République du Dahomey » (**M. AHAHANZO-GLELE, *Naissance d'un État noir,* Thèse de doctorat de l'Université Paris 1, 1969, p. 19**).

2. L'administration fiscale intimement liée à l'Administration de l'État. La mise en œuvre de l'imposition (fiscale et douanière) nécessite non seulement une meilleure surveillance du territoire lorsqu'il s'agit de fiscalité de porte, mais également le recensement et l'enregistrement des contribuables, lorsqu'il s'agit de fiscalité intérieure notamment. Ainsi, la décision d'imposer des taxes douanières appelle la vigilance sur les limites territoriales afin d'appréhender tout franchissement du cordon douanier. Le recensement qui facilite la mise en œuvre de la fiscalité intérieure permet également de disposer de statistiques utiles à la gestion publique. Ces démarches étaient historiquement existantes. Dans le Royaume du *Danxomé* (actuel centre du Bénin), en dehors de la mission financière des postes de douane (*Dénou ou Dè-Kouè*) par des prélèvements (taxes douanières et postes de péage) administrés par des *Dénougan* sur toute entrée ou sortie de marchandises, le maintien des *Dénu* poursuivait également des objectifs policiers et défensifs : « Leur dispersion servait admirablement la police et la défense des territoires. Recherchait-on un criminel ? Les douaniers de la région où on le savait caché *fermaient les chemins.* Surgissait-il une difficulté avec les négociants de la côte ? Les postes de douane intervenaient encore en *fermant les chemins* à l'Est et à l'Ouest des comptoirs européens ; personne ne pouvait plus sortir du royaume. Enfin, ceux des postes douaniers qui étaient installés sur les confins du *Danxomé* remplissaient le rôle de sentinelles avancées ; ils étaient chargés de surveiller les peuplades voisines et de renseigner rapidement le pouvoir central sur tout symptôme d'effervescence chez elles ». (**A. Le HERISSE, *L'ancien royaume du Dahomey, mœurs, religion, histoire, op.cit.***). Par ailleurs, avant la perception du *Amlon Kouê* (Taxe d'habitation) qui est un prélèvement intérieur, les chefs de pays (*Togan*), et les représentants des anciens rois de pays (*tohossou*), procédaient d'abord à un dénombrement de la population, ce qui offrait une vue statistique sur la population fiscale.

3. Sous la colonisation, la logique n'a pas changé. Les premiers recensements du colon de 1898 à 1899, ayant permis de dénombrer la population, se sont faits dans un but fiscal, pour déterminer l'assiette de l'impôt de capitation (**H. d'ALMEIDA, *Histoire économique du Dahomey (Bénin) 1890-1920,* Harmattan, 1995**). Ces statistiques serviront également à connaître une partie de la population et surtout permirent aux administrateurs de parcourir des zones qu'elles ne connaissaient que très peu, aboutissant ainsi à une connaissance plus fiable de la région (***ibid.***).

4. La logique contemporaine actuelle suggère que l'administration fiscale procède à l'immatriculation exhaustive des contribuables. Seulement, selon *l'African Tax Administration Forum* (ATAF), les statistiques sur le continent montrent un faible niveau d'enregistrement des contribuables par rapport à la population active. Une telle situation suggère un faible niveau de participation au système fiscal et laisse apparaître une étroitesse de la base d'imposition (***Perspectives Fiscales Africaines –PFA- 2016*****, Publication de *****l'African Tax Administration Forum*****-ATAF**). Le faible niveau d'enregistrement peut s'expliquer par des raisons d'opportunité et d'efficacité, notamment la volonté de ne pas générer des coûts de gestion administrative pour des contribuables inactifs ou dont les faibles niveaux de revenus n'impliquent pas une inscription. Toutefois, il faut insister sur l'importance de l'identification fiscale pour la gestion de l'État. L'administration de l'impôt est en effet intimement liée à l'administration de l'État notamment par le biais du recensement et de l'identification fiscale. Grâce au recensement et à l'identification et donc une connaissance individualisée des richesses et des personnes (**T. BERNS, J.-C. K. DUPONT, M. XIFARAS, (*****dir)*****.,** ***Philosophie de l'impôt*****, Bruxelles : Bruylant, coll. « Penser le droit », 2006)**, il est en effet possible d'avoir « une connaissance précise des biens, des richesses et des populations ». Ceci non seulement au bénéfice d'une bonne planification économique, mais également dans le but d'avoir la lumière et la transparence. (**M. XIFARAS et *****al.*****,** ***Ibid.***). La morale de la lumière et de la transparence que cela implique est défendue par Montchrestien en ces termes : « il faut faire voir clair au fond des affaires, et non pas gagner en cachant son jeu ; il faut faire en sorte que les hommes ne désirent point dérober leur vie ; mais se faire connaître à la vue de tout le monde ; la vertu ne demande que la lumière » (**A. MONTCHRESTIEN,** ***Traité de l'économie politique,*** **Droz, Genève, 1999, pp. 236-237).**

Dans ces conditions, l'impôt est vécu et ressenti « comme un projet de lumière et de transparence totale du social et donc de contrainte consentie ou de contrôle des mœurs collectives » (**T. BERNS, J.-C. K. DUPONT, M. XIFARAS, (*****dir.)*****,** ***Philosophie de l'impôt, op.cit..*****).** Cette lumière est importante si l'on veut avoir « une information précise et individualisée sur les ressources des sujets » (**C. LARRIERE, « L'égalité fiscale : une invention républicaine ? »,** ***in*** **T. BERNS, J.-C. K. DUPONT, M. XIFARAS,** ***ibid.***) afin de concevoir le modèle social et fiscal qui soit le plus adéquat possible.

5. L'impôt, objet du droit fiscal. L'étude de l'impôt relève juridiquement du Droit Fiscal qui est une sous-discipline des Finances Publiques. Il faut ajouter que le droit fiscal est une branche des Finances publiques.

6. Le droit fiscal, une branche des Finances publiques. Les Finances publiques étudient les opérations financières des personnes publiques dans toutes leurs composantes à travers :

- Le droit budgétaire : Il étudie la préparation, la mise en œuvre et le contrôle de l'exécution des budgets publics, loi de finances de l'année, budget des collectivités territoriales locales et budget des organismes d'intégration régionale. Selon la doctrine, c'est la principale discipline des finances publiques
- La comptabilité publique : C'est un ensemble de normes juridiques et techniques applicables aux budgets publics notamment aux aspects de leur exécution et contrôle. Cette branche s'occupe de la description et de la conservation des opérations financières publiques.
- Le droit fiscal : S'occuper des prélèvements au profit de la puissance publique, tel est l'objet de cette sous-discipline qui étudie l'assiette, le taux, la liquidation, le recouvrement, le contrôle et le contentieux de l'impôt. Si nous pouvons estimer à la suite de Maurice Duverger que les finances publiques sont une gigantesque pompe aspirante et foulante, le droit fiscal constitue la partie aspirante de la pompe. C'est cette discipline qui fera l'objet de notre présentation.

7. Le droit fiscal, une sous-branche du droit public. Ensemble des règles organisant la répartition de la charge fiscale entre les contribuables (**L. AYRAULT, *Cours de fiscalité,* Master Droit et gestion des Finances publiques, Université Paris 1 Panthéon-Sorbonne, 2015**), le droit fiscal, objet des développements suivants, s'articule autour de dispositions dont la combinaison détermine le champ d'application et la portée des prélèvements au profit de la puissance publique. Sur le plan académique, c'est une matière qui est rattachée au droit public dans la mesure où les règles en étude régissent un aspect de l'activité (notamment financière) des personnes publiques.

8. La connotation privatiste du droit fiscal. La discipline conserve une forte connotation de droit privé avec la montée en puissance de la fiscalité des affaires, enseignée dans les facultés de droit privé et de sciences de gestion.

9. Le droit fiscal, droit de superposition. Le droit fiscal s'appuie sur d'autres branches du droit (droit civil, droit commercial, comptabilité…) dont il constate les rapports juridiques (domicile, propriété, succession, etc.). Science carrefour, il fait également appel à d'autres disciplines (dont l'économie, la sociologie, la philosophie). On pourrait tout autant parler de l'économie fiscale, de l'histoire et de la philosophie de l'impôt. Pour paraphraser Paul Marie GAUDEMET, la fiscalité est une science-carrefour, un pôle unique autour duquel gravitent des experts aux profils scientifiques les plus variés. La fiscalité s'offre aussi bien à la curiosité du juriste que de l'économiste, du sociologue ou même du politologue.

10. Les positions en ce qui concerne l'autonomie du droit fiscal. Les développements précédents permettent-ils de conférer l'autonomie et le particularisme au droit fiscal, comme le suggérait le Doyen TROTABAS ?

- **L'autonomie du droit fiscal selon TROTABAS.** Le maître d'Aix-en-Provence, apôtre de l'autonomie défendait sa position en ces termes : « Au regard des autres branches du droit public, comme du droit privé, la loi fiscale possède une indépendance qui lui permet d'établir ses propres règles ; le droit fiscal, comme *charbonnier* est maître chez lui ». Les défenseurs de cette autonomie considèrent le droit fiscal comme un ensemble de règles se suffisant à elles-mêmes et dont l'interprétation ne peut être faite par référence à des principes ou à des règles concernant d'autres disciplines juridiques.
- **Le rejet de la thèse de l'autonomie.** Maurice COZIAN conteste toute autonomie au droit fiscal. Pour ce dernier et les partisans de son école, les cas de dérogation de la loi fiscale par rapport au droit commun, s'ils existent, ne sont pas une spécificité du droit fiscal dans la mesure où il en va de même pour d'autres disciplines juridiques. Ils reconnaissent que dans certains cas et singulièrement pour déjouer la fraude, le droit fiscal considère qu'il faut adopter

des qualifications propres distinctes du droit civil ou du droit commercial par exemple. Mais ils estiment que ces situations sont à prendre en compte au titre des exceptions puisque la loi fiscale, pour asseoir les impositions, tient normalement compte des situations définies par le droit civil, le droit pénal, le droit commercial, etc. De même, le contentieux fiscal n'a pas son propre juge. (**Voir leçon n° 7**). Tout ceci fragilise la thèse de l'autonomie. II n'en demeure pas moins que la discipline Droit fiscal conserve certaines originalités.

11. Les originalités du droit fiscal. Le droit fiscal se distingue des autres disciplines par certains traits caractéristiques.

Le réalisme. Le réalisme du droit fiscal serait intimement lié à son autonomie. **(P. SERLOOTEN, et A. De BISS, « le néo réalisme du droit fiscal »,** ***in*** **J. KRYNEN et M. HECQUARD-THERON (*dir.*),** ***Regards critiques sur quelques (r)évolutions récentes du droit*****, Presses de l'Université des sciences sociales de Toulouse. Series "Les Travaux de l'IFR - Mutation des normes juridiques" Toulouse p. 195-222.**). Le principe suggère :

« La loi fiscale est une loi destinée à frapper la matière fiscale, la matière imposable, et qui la saisit là où elle se trouve, sans s'inquiéter, de façon primordiale, des conditions où elle s'y trouve, qui la saisit telle qu'elle apparaît en fait, sans se préoccuper de savoir ce qu'elle vaut en droit. La loi fiscale frappe donc des états de fait et non des situations de droit et dans ces états de fait, elle fait un départ entre ce qui tombe sous le coup de l'impôt et ce qui pourra lui échapper ». (***Ibid.***).

Le droit fiscal justifie son existence par la nécessité de rendre disponibles les ressources financières au profit de la survie et du fonctionnement de l'État. Le fait de vouloir atteindre cet objectif envers et contre toute réalité, est au fondement du principe du réalisme. Ce réalisme n'est en définitive qu'un pragmatisme. Il s'agit d'« une doctrine qui donne la valeur pratique comme critère de la vérité ». (**Cité par P. SERLOOTEN, et A. De BISS, « le néo réalisme du droit fiscal »,** ***op.cit.***).

Une certaine hiérarchie des normes en droit fiscal. Pour paraphraser Jean-François CALMETTE, on retiendra que le projet de loi de finances traduit entre autres les orientations fiscales prioritaires du Gouvernement que les parlementaires aménagent sans pouvoir ni vouloir réellement les infléchir par « solidarité politique » (**J.-Fr. CALMETTE, « La lecture parlementariste des finances publiques par Guy Carcassonne », *Revue Française de Droit Constitutionnel,* 2021/3, n° 127, pp. 45-61)** ou par réalisme politique en conséquence du fait majoritaire. Cette emprise du gouvernement entraîne une certaine faiblesse ou incomplétude des normes législatives et des principes constitutionnels en droit fiscal. Une certaine importance est en conséquence donnée à la réglementation administrative pour suppléer la carence des normes supérieures et surtout du législateur. Ce dernier est en effet absent sur le terrain des questions techniques que soulève la matière. Le législateur est ainsi « devenu impuissant à faire coïncider les principes qu'il édictait et la réalité de pratiques fiscales devenant toujours plus techniques et par conséquent toujours plus opaques et plus rétives à la publicité du débat politique » **(T. BERNS, J.-C. K. DUPONT, M. MIKHAIL, *Philosophie de l'impôt, op.cit.*)**. La technicisation de l'objet fiscal qui fait le nid à une dépolitisation n'est pas sans conséquence :

« Le voile est déchiré, le spectacle qui s'offre à nous est peu reluisant : la question de l'impôt est devenue entièrement technique, rendue tout à fait opaque aux contribuables comme aux représentants du peuple par son effroyable complexité ; (…) pour le plus grand profit des experts de l'administration fiscale et des techniciens (…) » (**T. BERNS, J.-C. K. DUPONT, M. MIKHAILS, *Philosophie de l'impôt, op.cit.***). Pour les pays de l'UEMOA, cette technicisation est renforcée par le fait que les réformes sont souvent inspirées par ou de l'extérieur. Leur essence et leur écho relèvent donc d'un élément d'extranéité. Les États de l'espace ne se contentant que d'en approprier les aspects techniques pour capter les ressources supplémentaires que la mise en œuvre peut générer, afin de faire face aux besoins. La fécondité de la fiscalité africaine est donc essentiellement nourrie par des postulats qui lui sont étrangers et les efforts n'ont pas encore permis d'inventer une fiscalité véritablement adaptée aux enjeux endogènes tout en s'inspirant des concepts universels. Il ne s'agit pas de faire « un retour au moyen-âge fiscal », mais de sortir de la sclérose séculaire et de l'hermétisme de la technicité, qui frappent le système fiscal ouest-africain en général et qui le vide de son essence politique.

La technicisation de la matière fait que du point de vue de l'État, c'est le pouvoir réglementaire qui est prépondérant. La loi de finances, une fois votée, fait l'objet de circulaire fixant les modalités d'application des dispositions fiscales qui y sont contenues. Signée du Directeur général des impôts, elle « précise les modalités d'application de ces dispositions fiscales et donne les orientations et prescriptions utiles à leur application » (**circulaire n° 024/MEF/CAB/SGM/DGI/DLC/SLRI**). Pour l'année 2021, c'est une trentaine de pages qui reviennent en détails sur les dispositions d'ordre général contenues dans la Loi de finances et qui orientent l'ensemble des services qui participent à la mission de prélèvement. À cela, il faut ajouter des circulaires spécifiques (par exemple celle n°642/MEF/CAB/SGM/DGI/DLC/SLRI portant modalités d'application des dispositions fiscales relatives aux prix de transfert contenues dans la Loi de finances pour la gestion 2020), les notes de service, des instructions, dont l'ensemble forme la doctrine administrative. La publicité de ces actes permet aux usagers de s'en prévaloir face à l'administration. Il s'agit d'un mécanisme de sécurité juridique ayant une portée pratique indéniable dans la mesure où cela permet de prévenir les erreurs. *In fine,* c'est le pouvoir réglementaire qui détermine les conditions de mise en œuvre de la Loi (fiscale). Cette prépondérance du pouvoir réglementaire, pouvant porter atteinte au principe de légalité, est une spécificité en droit fiscal et le différencie des autres branches du droit.

<u>La prééminence des pratiques de l'Administration</u>. La fragilité du principe de la légalité en matière fiscale est accentuée au Bénin par la maigreur de la jurisprudence fiscale. Cela renforce la place des pratiques établies et acceptées par l'Administration en cas de silence ou d'interprétation de la loi. Une telle position est confirmée par la jurisprudence du juge administratif béninois qui estime qu'en l'absence de jurisprudence, la pratique de l'Administration sert de référence (**Arrêt cour suprême Chambre administrative Cour suprême du Bénin, n° 66-15/CA du 29 juillet 1971, Société anonyme des anciens établissements R. DRQUOT c. / Décision n° 1076/DI en date du 22/09/1966 du Directeur des impôts, sur le premier moyen et le deuxième moyen).**

<u>L'encadrement du droit communautaire</u>. La souveraineté fiscale des États (UEMOA en particulier) est édulcorée par l'édiction de normes communautaires qui donnent compétence à des organes extra-étatiques supranationaux d'harmoniser et même d'uniformiser la politique fiscale (TVA et droits d'accises) par des directives et règlements. Cette volonté d'harmonisation trouve son fondement dans le traité de l'UEMOA qui stipule en son article 4-e, au titre des objectifs poursuivis par l'Union, « l'harmonisation des législations des États membres et *particulièrement le régime de la fiscalité* ». Cela a pour conséquence un rapprochement et non une unification des législations en matière fiscale et une coopération entre administrations fiscales au sein de l'UEMOA.

L'analyse de l'intégration régionale sur le plan fiscal, qui sous-tend l'harmonisation, met en évidence deux modalités.

- Nous avons d'une part *l'intégration positive* qui se conclut par l'édiction de normes fixant un cadre qui conditionne le régime fiscal des États membres (par exemple fixation d'une tranche de taux en matière de TVA ou d'IS).
- Nous avons ensuite *l'intégration négative* qui fixe des limites et des interdictions aux États au nom de la cohérence formelle et substantielle du processus (par exemple interdiction de créer des taxes de valeur équivalente ou qui entravent la liberté de circulation ou discriminent les produits nationaux par rapport aux produits importés ou vice versa).

L'amplification des pouvoirs de l'administration. La couverture des charges fiscales justifie la reconnaissance à l'administration fiscale de moyens pour le contrôle et la surveillance des activités patrimoniales et économiques du contribuable.

Encadré 1: Impôt, Droit fiscal, politiques fiscale et budgétaire : Quel lien ?

Les politiques budgétaires et fiscales sont des instruments d'action de l'État. Elles englobent les recettes et les dépenses publiques, ainsi que les stratégies et les instruments destinés à financer les déficits budgétaires. Elles sont basées sur le budget, expression chiffrée et comptable des choix politiques de l'État. Par suite, les fondements de la politique fiscale d'un pays résident dans les options retenues en politique budgétaire.

La régulation de la conjoncture que permet le budget et la poursuite des objectifs d'équilibre qu'il poursuit peut consister soit à la mise en place de politiques de relance, ou plutôt d'une politique de rigueur pour contenir le déficit et l'inflation. Elle peut combiner les deux approches. La politique fiscale spécifiquement, permet de modeler et de déterminer les principales caractéristiques du système fiscal en utilisant l'instrument « impôt ». La fiscalité est non seulement une clef de compréhension des politiques publiques mais également un moyen de leur mise en œuvre. L'impôt est un facteur important et une composante essentielle de la politique budgétaire. Cette dernière revêt une double nature de l'impôt : une nature juridique et une nature économique. Sur le plan juridique, l'impôt procède du pouvoir de contrainte dont l'autorité étatique est légalement détentrice. Ce pouvoir de contrainte s'exprime dans le droit fiscal. Le droit fiscal s'articule autour de dispositions dont la combinaison détermine le champ d'application et la portée des prélèvements. Cela, soit sous forme de ressource, soit sous forme de dépense fiscale. Sur le plan pratique, la politique fiscale consiste précisément à modifier ces règles pour en introduire de nouvelles qui traduisent les choix gouvernementaux. La politique fiscale modifie donc l'agencement juridique du système fiscal. D'un point de vue économique, l'impact de l'impôt consiste à soustraire du pouvoir d'achat aux agents privés mais aussi publics (les administrations publiques sont soumises à leurs propres prélèvements). Soustraire du pouvoir d'achat aux agents privés modifie la répartition des revenus, affecte les comportements et exerce une influence sur l'activité globale. La ponction que représente l'impôt consiste à substituer des préférences des choix publics à des choix privés. On a une modification des variables microéconomiques et macroéconomiques car le fait de prélever du pouvoir d'achat, a une incidence sur les comportements économiques.

En tant que source principale de recettes de l'État, le bon recouvrement de l'impôt a un impact important en ce qu'elle déterminera la complétude de la couverture des dépenses, le niveau du déficit et donc le niveau de recours à l'emprunt et in fine, la part des dépenses à consacrer plus tard au remboursement de la dette. En effet, le déficit résulte d'un décalage ascendant des dépenses sur les recettes, ce qui peut avoir un effet d'éviction. Il s'agit d'une répercussion redoutée par les économistes libéraux, qui estiment que le recours à l'emprunt nécessité par le déficit, détourne l'épargne des agents économiques non pas vers des activités productives, mais vers le secteur public tout en entraînant une hausse des taux d'intérêt préjudiciables à l'investissement. Mais la crise sanitaire de la covid-19 et les mesures de restriction limitant la circulation des biens et des personnes, ont remis en cause les dogmes de sagesse budgétaire et remis à jour la nécessité d'une politique expansionniste « quoi qu'il en coûte », pour préserver les ménages et les entreprises les plus vulnérables. Cette politique budgétaire expansionniste est requise pour stimuler la consommation des ménages, l'investissement des entreprises et la relance de l'économie.

De nos jours, le budget public et les politiques qui l'accompagnent ne sont plus exclusivement orientés vers la stabilisation macroéconomique. Ils servent également de moyen de stimulation de la croissance et de réduction de la pauvreté de sorte que « l'élaboration de la politique fiscale consiste davantage à analyser les diverses répercussions des recettes et des dépenses sur la croissance et sur la réduction de la pauvreté, et de les corriger si nécessaire ». En conséquence de cela, « les déficits budgétaires et leur financement apparaissent sous un jour totalement différent, car il importe d'apprécier aussi s'ils soutiennent la croissance à plus long terme, par exemple en augmentant les investissements à même de stimuler le développement » (Leiderer, S. et Wolff, P. 2007. « Gestion des finances publiques : une contribution à la bonne gouvernance financière », *Annuaire suisse de politique de développement*, vol. 26, n° 2, pp. 175-195).

LEÇON 1

QU'EST-CE QUE L'IMPÔT ?

1.1. DEFINITION

12. Si « l'impôt a été, tout au long de l'histoire, le fondement économique déterminant de l'État » (**A. M'BEMBE,** ***De la postcoloniale. Essai sur l'imagination politique dans l'Afrique contemporaine,*** **La Découverte, Poche, 2020**), la conception de l'impôt peut être influencée par l'idéologie politique ou le courant de pensée. En conséquence, il existe plusieurs définitions de l'impôt selon les auteurs ou du point de vue de la spécialité des personnes qui les proposent.

13. L'impôt, expression du pouvoir de contrainte de l'État. Sur le plan juridique, l'impôt procède du pouvoir de contrainte dont l'autorité étatique est légalement détentrice. Ce pouvoir de contrainte s'exprime dans le droit fiscal.

14. L'impôt selon JÈZE. La définition la plus répandue de l'impôt est celle proposée par le Professeur de droit public, le français Gaston JÈZE. Selon ce dernier, l'impôt est une prestation pécuniaire requise des particuliers par voie d'autorité, à titre définitif sans contrepartie déterminée et pour la couverture des charges publiques.

15. Les caractères mis en évidence par la définition *Jèzienne* de l'impôt. La définition de ce grand maître des Finances Publiques met en évidence les caractères de l'impôt que sont :

- **Le caractère pécuniaire de l'impôt**. Cela implique que l'impôt est payé en monnaie. Certes, il y a en droit comparé, la dation en paiement (à la faveur de la Loi Malraux permettant de récupérer les œuvres d'art, la création du

Musée Picasso) qui institue le paiement de l'impôt en nature (pour les droits de succession) ; mais le principe est que l'impôt est payé en valeurs pécuniaires, en monnaie. L'une des conséquences de cette règle est la limitation de la compensation des dettes des individus avec celles de l'État ou des personnes publiques.

Encadré 2: Évolution du caractère pécuniaire de l'impôt

Le caractère pécuniaire de l'impôt a une histoire particulière dans les anciennes colonies françaises de l'AOF. En prenant l'exemple du royaume du Danxomé, les différents prélèvements étaient payés en nature ou avec les cauris, (considérés comme la monnaie de référence) en fonction des produits ou du prélèvement. Mais lorsque le commerce a commencé par se développer avec les négociants occidentaux, il y a eu une relative réforme de la perception de taxes douanières sur les importations et exportations. Dès 1870, sur décision de la cour royale, elles vont désormais être acquittées en monnaie scripturale. Ainsi, « le roi donna l'ordre de ne plus prendre de cauris, mais d'évaluer en argent le montant des droits représentés par des bons délivrés par les factories » ***(Archive nationale d'O.M, Annexe III, compte rendu de séance du 25 août 1897****). Cette décision était applicable aux manufactures et a duré jusqu'à la colonisation. Après la victoire française et la formation de la colonie du Dahomey, la puissance coloniale a cru devoir liquider les prescriptions fiscales existantes. S'en est suivie une période de transition dans toute l'Afrique occidentale française (AOF) au cours de laquelle les pratiques monétaires en ont été également affectées. Cette transition fut caractérisée par la circulation de plusieurs types de monnaie dont le cauris, les barres de cuivre, le métal ferreux, le tissu, l'or (sous forme de poudre ou de pièce), mais aussi les diverses monnaies européennes. Toutefois, les monnaies européennes étaient difficilement acceptées. La résistance aux monnaies était encore plus forte pour la monnaie de la métropole qui avait du mal à s'imposer. Particulièrement au Dahomey, cette situation pouvait trouver sa source dans la mise en œuvre de la convention du Niger signée en 1898. Elle permettait aux commerçants étrangers de garder une place importante dans la colonie, ce qui expliquait la difficulté de la monnaie française à s'imposer face aux devises dont les dénominations marquent jusqu'à nos jours le vocabulaire (par exemple aujourd'hui, 25 francs CFA en langue fon/goun se dit littéralement 1 pound. 5 francs CFA en langue fon/goun se dit littéralement 1 dollar). La monnaie française finit par s'imposer. Les Dahoméens sont obligés, notamment pour des raisons fiscales, de passer par le numéraire de la métropole (****H. d'ALMEIDA, Histoire économique du Dahomey.1890-1920, L'Harmattan, 1995****). Ils vont s'y accommoder et finiront par y prendre goût en même temps qu'ils développent des cultures de rente (palmier, coton) dont la vente leur génère ladite monnaie et qu'ils devraient surtout acquérir les produits manufacturiers avec cette monnaie auprès des commerçants. Une telle accommodation permet de remplir une double fonction. D'abord, l'assujettissement au paiement de l'impôt en monnaie européenne permettait d'atteindre via l'instrument fiscal un objectif, celui de « l'intégration des Africains dans l'économie monétaire ». De là découle l'autre conséquence. Le groupe particulier d'Africains » « assimilés » qui disposait suffisamment de cette monnaie et qui consommait les produits importés, contribuait à la charge fiscale. Puisque pendant la période, la charge fiscale qui reposait sur les fabricants européens exportant vers l'Afrique, était en partie répercutée par le mécanisme de la translation sur les consommateurs dont ils faisaient partie.*

*En 1921 et 1922, pour résorber l'inflation engendrée par la thésaurisation de monnaies métalliques consécutive à la crise de 1921 ayant entraîné un important trafic de cette monnaie avec le Nigéria (****M. AHANHANZO-GLELE, Thèse préc.****) l'administration* *coloniale exige, à l'encontre des habitudes acquises, l'acquittement d'une partie des taxes dues par les Dahoméens en monnaie métallique. Seulement, la décision passe mal. Les têtes de pont de cette révolte, l'une des plus violentes de la colonie, sont les commerçants de Porto-Novo. Mais à force de répression et de poursuites, la situation fut progressivement maîtrisée. La monnaie française a continué par être une exigence de l'Administration. La création en 1945 du FCFA (franc des colonies françaises d'Afrique renommé plus tard franc de la communauté financière d'Afrique) en 1945 va se substituer aux monnaies existantes et acter le paiement de l'impôt en utilisant cette monnaie. Elle va désormais s'imposer. Ceci même après les indépendances, à la faveur des accords de décolonisation.*

- **Le caractère obligatoire de l'impôt.** Le prélèvement par voie d'autorité rend l'impôt obligatoire. Autrement « au départ du prélèvement fiscal se trouve toujours un rapport de coercition » (**A. M'BEMBE, *De la postcolonie, Essai sur l'imagination politique dans l'Afrique* contemporaine, *op.cit.***) qui, pour être acceptée, doit être légitime.
  - **La légitimité du caractère obligatoire conditionnée.** Le caractère obligatoire de l'impôt est conditionné par le consentement et la représentation.
  - **Deux figures du consentement.** Le consentement revêt deux modalités. Il y a le consentement de l'impôt et le consentement à l'impôt.

    Le consentement à l'impôt. Il marque l'adhésion psychologique et sociologique à l'impôt La traduction la plus concrète du consentement à l'impôt peut être mesurée par le niveau des déclarations personnelles et volontaires de revenus.

Encadré 3: Niveau d'adhésion des Béninois au système de prélèvement

De façon générale, les Béninois affichent un fort soutien pour le paiement des impôts afin que le pays se développe et reconnaissent le droit du gouvernement de percevoir des impôts (enquête *Afrobaromètre* 2018).

Le consentement de l'impôt. Il est illustré par le vote de la représentation nationale (**M. BOUVIER, *Finances publiques, op.cit.***). C'est donc d'abord et dans la délégation de la volonté aux parlementaires que s'incarne le consentement, en tout cas du point de vue juridique et politique. C'est de là que découle le caractère obligatoire de l'impôt qui suppose qu'au préalable, le citoyen a consenti l'impôt par le biais de ses représentants élus (législateurs). Il repose donc sur l'autorisation délivrée par le parlement à travers la Loi de finances de recouvrer l'impôt suivant les modalités prévues par le code général des impôts (qui est un texte législatif). C'est la condition pour « asseoir le triomphe de la Volonté Générale sur les finances et, partant sur ses administrateurs » (**M. XIFARAS, *in* M. XIFARAS et *al.*, (*dir.*), *Philosophie de l'impôt,* Bruylant, 2006**)

En France, le débat sur le consentement de l'impôt a été renforcé par le caractère permanent à l'impôt (**X. CABNNES, *Avant-propos, Singularité des finances de la sécurité et de la défense,* LGDJ, 2021, p.11**). L'article 14 de la DDHC en donne un fondement en ces termes : « Tous les citoyens ont le droit de constater par eux-mêmes ou par leurs représentants, la nécessité de la contribution publique, de la consentir librement, d'en suivre l'emploi et d'en déterminer la quotité, l'assiette, le recouvrement et la durée ».

- **Le consentement, une limitation au droit d'imposer**. Le consentement permet de déterminer les limites du prélèvement sur le plan matériel et sur le plan formel. Il est assorti donc des règles et des conditions devant encadrer le prélèvement fiscal. Ce consentement est donné par la représentation nationale.

Encadré 4: Évolution du consentement au Bénin

Le consentement de l'impôt au Bénin n'a pas toujours été fondé sur la légitimité et la liberté. Sous la colonisation, par exemple, ce consentement était formellement et substantiellement inexistant puisqu'il s'agissait de régime d'occupation. L'article 14 de la Déclaration des droits de l'homme et du citoyen de 1789 qui conditionne le prélèvement au consentement des citoyens ou de leurs représentants n'était pas applicable en colonies africaines car de l'aveu même de Jules Ferry à la chambre des députés, le « psaume juridique » que représente cette déclaration « n'avait pas été écrit pour les noirs » (**Voir R. DUMONT, *L'Afrique noire est mal partie,* Paris, Seuil, 1962, p. 2, cité par M. KAMTO, *L'urgence de la pensée,* Mandara, 2019, p. 54)**. Cette négation faisait qu'avec le protectorat signé en 1882 avec le Roi Toffa qui consacrait la mainmise de la France sur *Xogbonu,* (actuel Porto-Novo et capitale politique du Bénin), premier territoire du Bas-Dahomey à être passé sous contrôle du colonisateur et à partir duquel la construction de l'ensemble du Dahomey fut planifiée, le roi avait déjà vu ses pouvoirs fiscaux largement limités. S'il continue de percevoir les taxes, il s'engage à ne pas établir de nouveaux droits sans le consentement du résident français garant du protectorat, seul à même d'y consentir (**article 4 du décret de 1882, rétablissant le protectorat de la France sur le territoire de Porto-Novo, voir M. METODJO, *La construction du territoire et la délimitation des territoires, thèse de doctorat en Histoire de l'Université Charles de Gaulle de Lille, décembre 2019***). Les gouvernements coloniaux se sont faits leur propre opinion de la contrainte fiscale et des raisons qui devraient justifier la soumission des peuples colonisés sans requérir leur consentement. William Ponty, Gouverneur général de l'AOF, justifiait l'impôt pour l'indigène en ces termes : « l'impôt pour l'indigène (…) loin d'être le signe d'une servitude humiliante, est plutôt considéré comme la preuve qu'il commence à s'élever sur l'échelle de l'humanité, qu'il est entré dans la voie de la civilisation.

Lui demander de contribuer à nos dépenses communes, c'est, pour ainsi dire, l'élever dans la hiérarchie sociale ». La dépossession de la souveraineté royale de ses attributs et la volonté de contraindre les populations autochtones à se soumettre au colonisateur notamment sur le plan fiscal, vont même s'accompagner de faits de violence, d'intimidations, de menaces d'expédition militaire pour faire plier parfois certaines populations qui affichaient leur défiance à l'idée de payer l'impôt au profit du colonisateur. En 1908, par exemple, « seule la crainte d'un nouvel envoi de gardes incita les *Holli* à acquitter une partie de l'impôt, à condition déclarèrent-ils que l'on vienne chercher l'argent ». **(L. GARCIA, « Les mouvements de résistance au Dahomey (1914-1917 »,** ***Cahier d'Études Africaines*****, 1970, pp. 144-178).** Pour faire rentrer l'impôt, il arrivait au colonisateur de procéder à des arrestations de meneurs de la résistance.

Lorsqu'en avril 1913, aucune rentrée fiscale n'était toujours pas enregistrée au niveau de cette contrée, le Chef de poste de *Pobè*, Chassin, dut, dans un rapport de mai, suggérer à ses supérieurs de prendre « des mesures énergiques sans lesquelles écrivait-il, nous serons pendant plusieurs années encore exposés à des incidents semblables sinon plus graves » (***Archives nationales d'Outre-Mer***).

Aujourd'hui l'impôt est plutôt réclamé par des gouvernements issus d'institutions légalement établies et acceptées comme légitimes. Ce qui constitue une rupture avec les pratiques coloniales. Cela n'empêche la survenance de formes diffuses et même directes de contestation de l'impôt. On se souviendra du mouvement *≠Taxepasmesmo* pour exiger l'annulation du décret 2018-341 du 25 juillet 2018 portant introduction d'une contribution sur la consommation des services de communication électronique fournis sur les réseaux ouverts au Bénin. La mobilisation exceptionnelle et le succès du *hahstag ≠Taxepasmesmo* ont conduit le gouvernement béninois à annoncer l'annulation de ladite taxe ou tout au moins à en suspendre l'application. (Bénin : La taxe sur les réseaux sociaux annulée au Bénin, sur www.bbc.com, publié le 22 septembre 2018).

Il n'est pas exclu que la contestation de l'impôt débouche sur des crises graves. Il en a été ainsi avec la crise des gilets jaunes en France, née de la contestation de la taxe sur le carburant et qui a été à la base du déclenchement d'un mouvement de contestation plus grand. Non seulement l'exécutif a dû renoncer à la mise en œuvre de la taxe, mais surtout l'exécutif et le chef de l'État ont dû consentir à initier un dialogue itinérant afin de retisser le lien de confiance que la contestation a révélé. Historiquement, la résistance à l'impôt peut déboucher sur des guerres civiles (la fin de la *pax romana*).

La résistance à l'impôt de nos jours est formalisée par des formes d'expression plus discrètes qui menacent justement l'égalité de tous devant la loi. Il s'agit de la fraude fiscale, l'évasion fiscale, des montages agressifs et aussi les techniques d'optimisation fiscale qui peuvent être des techniques légales dont le but est de se mettre à l'abri de la pression fiscale pour soi-même. Dans les pays en développement, la situation est rendue complexe par la proéminence du secteur informel, qui est une sphère de l'économie qui échappe à l'impôt. Cette économie souterraine n'en constitue pas moins une proportion importante de l'activité économique nationale. Cela a pour conséquence de faire reposer la charge fiscale sur le secteur formel qui supporte l'essentiel de la pression fiscale.

- **La représentation**. « La confiance du citoyen dans l'État est au fondement du contrat social et de la démocratie, en ce qu'elle est au cœur de la relation entre souveraineté populaire et représentation. Historiquement, la représentation est intimement liée à la démocratie, elle-même liée à l'impôt et au parlementarisme. À travers elle, il s'agit de faire en sorte que les citoyens via leurs représentants, puissent choisir souverainement et démocratiquement les ressources qu'ils souhaitent consacrer à leurs projets communs : emploi, formation, retraites, inégalités, santé, développement durable, etc. (**Th. PIKETTY, C. LANDAIS, E. SAEZ,** ***Pour une révolution fiscale,*** **La République des idées, 2011).** Le droit de l'État de disposer des moyens de réalisation du bien commun en « obligeant » les citoyens, a pour corolaire le droit pour l'État de s'obliger lui-même. Autrement, « il (l'État) n'avait le droit de prélever que dans la mesure où ses sujets, représentés dans des assemblées, exerçaient un droit sur le prélèvement, les formes de sa mise en valeur ou de sa dépense » (**A. M'BEMBE,** ***De la postcolonie, Essai sur l'imagination politique dans l'Afrique*** **contemporaine,** ***op.cit.***). C'est ainsi qu'historiquement en France, la pression révolutionnaire va conduire Louis XVI à faire des concessions aux États Généraux de l'année 1789. Il va notamment reconnaître à la nation le droit de consentir à l'impôt. Aux États-Unis, la Révolution américaine naît de la volonté des sujets des colonies britanniques de prendre en main leurs propres impôts et leur propre destin. Le slogan *no taxation without representation* sera consacré par la reconnaissance du principe du consentement dans la déclaration des droits de l'État de Virginie de 1776 et surtout la Déclaration d'indépendance du 4 juillet 1776. Avant ces deux pays, les barons anglais avaient réussi dès 1215 à imposer à Jean Sans Terre, dans le Magna Carta, leur consentement pour tout prélèvement. Le principe sera acquis en 1689 dans la *Bill of Rights,* à la suite de la *Petition of Rights* formulée en 1628 pour réclamer le consentement du parlement à l'impôt. Au Bénin, l'article 96 de la Constitution dispose que l'Assemblée nationale vote la Loi et consent l'impôt.

Encadré 5: Les pratiques informelles de prélèvement au Nigéria, une atteinte à la représentation

Dans les sociétés modernes, l'impôt est légitime parce qu'il est consenti et autorisé par des organes légitimes. Mais au niveau de certaines communautés, les membres mettent en avant la prévalence des projets de développement communautaire autofinancés et gérés, pour justifier des impositions informelles. C'est le cas au Nigéria où les Igbos du Sud-Est du Nigéria, les communautés du centre-Nord ou encore la communauté de Kaduna Sud, ont mis en place tout un système fiscal parallèle au système fiscal formel. Ces systèmes administrent des mécanismes de collecte de fonds, sous diverses dominations comme ***Utu isi ou Utu mmepe Kapdegh,*** **Agaji** ***ou*** **Aiki Gayya** ***et*** *sous diverses formes pour s'équiper en services publics de base ou pour financer la sécurité. Dans certaines communautés, cela peut prendre la forme de travail direct pour les membres désargentés. L'adhésion des membres de la communauté et « la morale fiscale » qui l'entourent sont liées à l'efficacité du dispositif (remise en état et meilleur entretien de ponts délaissés par le gouvernement, construction et équipement d'écoles rurales, construction d'infrastructure d'importance économique). Mais le développement du processus* *en marge du système légal est à la base de la mauvaise gouvernance et d'une absence d'un mécanisme redditionnel. Cela alourdit également la charge fiscale des membres de la communauté qui doivent faire face aussi bien au système de prélèvement formel qu'au système de prélèvement informel. Cette situation illustre les défis qui se posent aux systèmes fiscaux africains de façon générale (**Jacob Aondohemba Iormbagah, Information taxation in Nigeria, 2021**)*

- **Les conséquences du caractère obligatoire de l'impôt**. La reconnaissance du caractère obligatoire de l'impôt a des conséquences concrètes :
  - **Sur le plan juridique et politique**. Expression de la souveraineté publique, l'impôt s'il est théoriquement consenti, est perçu comme une contrainte. Cette contrainte a des répercussions concrètes sous l'angle du caractère obligatoire. Elle consacre la légitimité des moyens exorbitants de droit public. Dès lors, les pouvoirs publics sont fondés à mettre en œuvre ces moyens aux fins de recouvrer la créance de l'État. Il faut toutefois préciser qu'il y a lieu de ne pas appréhender le consentement qui détermine le caractère obligatoire et la contrainte comme un « chèque à blanc » pour opérer des prélèvements sans limite. Pour preuve, « Deux-tiers (64 %) des Béninois seraient contre une politique d'augmentation des impôts ou taxes afin que le gouvernement dépense davantage pour les soins de santé » (***Afrobaromètre*, 2018**). Il faut donc tenir compte de l'opinion. Les variables économiques doivent également être prises en compte.
  - **Sur le plan économique, le caractère obligatoire a une influence sur les variables économiques**. La contrainte que représente l'impôt peut contrarier des choix ou des décisions pourtant économiquement justifiés ou à l'inverse qui incitent à des comportements fiscalement rentables, mais pas forcément utiles ou dans l'intérêt de l'entreprise (**cité par P. SERLOOTEN, « le néo réalisme du droit fiscal », *op. cit.***) Mais il faut relativiser la théorie selon laquelle la seule limite à l'accroissement du prélèvement fiscal serait l'acceptabilité des votants. La science économétrique a suffisamment évolué pour démontrer qu'un niveau élevé de prélèvement fiscal, en tout cas au-delà d'un certain seuil, conduit à un rendement proche de la nullité. En conséquence, tout programme de dépenses est finançable par des hausses d'impôts correspondantes jusqu'au point où les distorsions économiques créées par les impôts

affectent l'assiette même de ceux-ci ; en dépit du consentement de l'organe délibérant représentant la volonté générale.

Selon la littérature économique, la contrainte a une influence sur les variables économiques, ce qui entraîne des détournements de revenus, épargne et investissement (fraude, évasion, optimisation). La contrainte fiscale doit tenir compte du fait que « les impôts sur les facteurs les plus mobiles de l'économie, tels que le capital, provoquent le plus de distorsions et ont l'impact le plus négatif. Les taxes sur les facteurs qui ne peuvent pas être facilement déplacées, comme les terres, sont les plus stables et les moins distorsives » (***Tax Found*)**.

Encadré 6: La façon dont l'impôt peut impacter les comportements

C'est une chose de parler de l'impact de l'impôt dans l'abstrait, c'est-à-dire la façon dont il affecte l'économie, les investissements et l'emploi. Mais la politique fiscale peut avoir des effets plus concrets. Ainsi, lorsque les gouvernements des XVIIIe et XIXe siècles en Angleterre, en France, en Irlande et en Écosse, ont imposé une taxe sur les fenêtres, destinée à représenter grossièrement la richesse, les propriétaires d'immeubles ont souvent réagi en maçonnant leurs fenêtres. Il se raconte même que l'étroitesse des maisons à Amsterdam n'est pas sans lien avec l'institution d'une taxe d'habitation du XVIe siècle et qui a été évaluée sur la largeur de la façade d'une propriété. Pour un exemple plus contemporain, le recours au vélo au Danemark, en dehors des raisons culturelles et des facilités, a également un rapport avec le prélèvement d'un droit d'accise de 150 % sur les achats de véhicules neufs, ce qui était prohibitif ***(Tax Found).*** Dans notre environnement immédiat, il était courant qu'au Bénin, des maisons entièrement bâties et aménagées vues de l'intérieur, affichent une apparence extérieure non achevée. Cela laisse croire que la maison n'était pas habitée ou qu'elle était toujours en chantier, ce qui peut faire éviter ou atténuer la charge de taxe sur le foncier bâti.

- **Le caractère définitif de l'impôt** : le caractère définitif de l'impôt le distingue de l'emprunt qui, contrairement à l'impôt, doit être remboursé. L'impôt une fois libéré par le contribuable est définitivement acquis au profit du trésor public.

- **L'absence de contrepartie de l'impôt et la couverture des charges publiques comme finalité.** L'impôt appauvrit son débiteur. Il n'a pas de contrepartie individualisée. « Il n'est donc pas possible de moduler ses impôts grâce à des initiatives personnelles. Le contraire permettrait aux fortunés de réduire leurs charges fiscales ». (**A. SPIRE, N. DELALANDE, *Histoire sociale de l'impôt,* La découverte, 2010**). L'impôt n'est pas affecté à une dépense particulière et a vocation à couvrir l'ensemble des charges publiques. C'est ce caractère de l'impôt qui « détermine le rapport de défiance que certains citoyens peuvent développer face à la qualité de la dépense publique (intérêt général, efficacité, efficience) » **(N. MEDE, « Rapport introductif »,** ***Les recettes publiques en débat,*** **p. 29).** Au Bénin, « la pauvreté vécue, la confiance des citoyens aux agents des impôts ainsi que l'accès à l'électricité semblent être corrélées avec la volonté de payer les impôts et taxes » **(enquête** ***Afrobaromètre*** **2018**).

Encadré 7: Absence de contrepartie de l'impôt et défiance vis-à-vis des autorités sous la colonisation

La défiance liée à l'absence de contrepartie s'est historiquement manifestée sous la colonisation dans le cercle de Bopa. Cette défiance entraînait même des tensions entre les populations locales et l'administration coloniale. Les autorités coloniales avaient une conception particulière des prélèvements imposés aux populations. Pour le gouverneur Merlin, l'impôt imposé aux populations colonisées en ces termes était : « le juste prix de la garantie que nous apportons à des malheureux qui vivaient dans la misère et dans la terreur ». Seulement, les populations ne considéraient pas que cette sécurité et cette paix étaient assurées, surtout que les autorités ne s'aventuraient chez les populations de cette région que pour réclamer impôt puis, elles se considéraient comme dégagées de toutes obligations vis-à-vis d'elles. C'est ainsi qu'en mai et juin 1912, lorsqu'au cours de leur tournée périodique, les administrateurs leur demandèrent de remettre en état « les routes mangées par la brousse », les villageois ne cachèrent pas leur désappointement et leur mécontentement par un refus catégorique. Il était clair pour ces populations qu'en demandant le protectorat français en 1894 et donc en acceptant l'autorité politique du colon, elles souhaitaient bénéficier de l'aide française contre les incursions du *Danxomé* en contrepartie du paiement de l'impôt et de l'entretien des routes. Leur défiance était liée au fait qu'elles n'avaient pas l'impression que l'administration coloniale assurait sa part du devoir. En tout cas, elles ne percevaient pas sa présence à leurs côtés en dépit des impôts perçus.

Référence : L. GARCIA, « Les mouvements de résistance au Dahomey (1914-1917 », *Cahier d'Études Africaines*, 1970, pp.144-178).

16. Les autres définitions de l'impôt.

- **Selon MELH**. Pour MELH, partisan d'une vision moderne des Finances publiques, donc favorable au déficit, l'impôt n'a pas que pour seule vocation la couverture des charges, mais permet également l'intervention de l'État dans les domaines de la vie économique et sociale.
- **Selon Ludovic AYRAULT.** Le professeur Ayrault définit l'impôt comme une somme exigée des personnes en l'absence de comportement fautif. Cette définition exclut du périmètre de l'impôt les sommes exigées des particuliers à l'occasion de la commission d'infractions (amendes, contraventions, etc.) et qui peuvent bien servir à la couverture des charges publiques.

- **Selon E. ALLIX.** Celui-ci définit l'impôt comme « le prélèvement que la souveraineté exige de l'individu, en vertu du principe de la solidarité nationale, pour subvenir aux dépenses d'intérêt général ».

Encadré 8: L'impôt : D'une technique de soumission à une technique libérale

*Dans les sociétés précoloniales béninoises, notamment dans le Royaume du Danxomé, l'impôt était considéré comme une technique par laquelle le Roi se procurait de revenus pour entretenir la cour royale, organiser la défense du royaume et préparer de nouvelles conquêtes, financer les cérémonies traditionnelles et faire étalage de tout son prestige. Après la chute des royaumes et l'avènement de la colonisation, l'impôt du royaume est devenu « la chose » du colonisateur qui a évincé les souverains traditionnels ; il est combiné avec le travail forcé, pour la mise en valeur des territoires colonisés au profit de la métropole. C'est ainsi qu'« en Guinée française, alors que depuis la fin du XIXe siècle, les luttes entre factions aristocratiques dans le Fouta Djallon avaient permis l'avancée des Français dans la région, ces derniers entamaient au début du XXe siècle une prise en main accélérée en instituant l'impôt aux côtés du travail forcé et le contrôle des chefs » (***G. THAÏS, *Le droit de tuer,*** **Thèse de doctorat, EHSS, *p. 56)***. *C'est ce qui explique le lien entre la résistance à l'occupation coloniale via l'autorité coloniale établie et la résistance à l'impôt. La perception locale et autochtone de l'impôt et l'hostilité que cela continue de susciter trouvent peut-être en partie leur source dans cette histoire coloniale qui mérite une réflexion plus systématique. En attendant, il faut préciser qu'au lendemain des indépendances, pour assurer la continuité de l'État dont ils ont hérité, les nouveaux leaders locaux ont perpétué le système mis en place. Ils l'ont maintenu comme moyen de financement du fonctionnement de l'administration postcoloniale, pour prendre en charge « un budget principalement de fonctionnement et de surcroît déficitaire parce que lourdement grevé par une fonction publique pléthorique héritée de la colonisation » (***M. AHAHANZO GLELE, *Naissance d'un État noir, thèse précitée***). *Il était évident que toute ambition d'utilisation d'un tel système comme moyen de développement des territoires et du bien-être des populations, était compromis car le système n'a pas été conçu avec ce dessein. Sans mésestimer le caractère universel du prélèvement fiscal, il faut préciser que les institutions coloniales y compris fiscales mises en place par la puissance coloniale n'étaient guidées que par la volonté de retirer « des avantages équivalents à ceux que l'on attend habituellement des colonies, tout en évitant les charges et les responsabilités qu'entraîne l'annexion pure et simple ». Le but poursuivi était d'une part de leur imposer un système dans une logique d'assimilation mais aussi d'avoir les moyens de civiliser les populations considérées comme barbares, en les initiant à ce qui du point de vue du colon était considéré comme un progrès d'ordre moral et matériel.* (**Fr. DESPAGNET, *Essai sur les protectorats. Étude de droit international*, Librairie de la société générale du recueil, Paris, Sirey, 1896, p. 137**).

L'impôt sera aujourd'hui mieux perçu d'autant plus qu'il constitue un moyen pour financer les politiques publiques sans contrarier la croissance économique, afin d'aboutir à de profondes transformations dans les structures sociales, le commerce, les technologies, la mise en œuvre de la loi, les façons de concevoir le bien public et l'utilité générale, les rapports entre l'État, la société et le marché. L'impôt est le mode de financement public le plus libéral car en occident, il est admis que c'est par l'impôt que s'est opérée la conversion de la force et de l'arbitraire en autorité, et de la contrainte en échange. Autrement, « la signification politique de l'impôt à l'aube des temps modernes émergea à partir du moment où l'on se préoccupa de convertir cet arbitraire en obligation réciproque entre le souverain et le sujet, une relation étroite ayant de ce fait été établie entre l'institution de l'impôt d'une part, et le procès d'affranchissement politique des hommes, leur devenir-citoyen d'autre part » (**A. M'BEMBE, *De la postcolonie, Essai sur l'imagination politique dans l'Afrique contemporaine,* La découverte, 2020**). *Ainsi, il passe de la servitude volontaire pour devenir un devoir citoyen parce qu'il est supporté par tous. De nos jours donc, « la question de l'impôt se pose en tant que question politique à partir du moment où l'on entreprend de maîtriser le désordre, de faire la loi, de contrôler la violence privée et de produire l'ordre ». En comparaison au bénévolat des citoyens (qui est beaucoup plus contraignant pour le particulier), ou à la promotion par l'État de sa propre activité économique (qui peut être un frein à la liberté économique des citoyens) la technique de l'impôt, bien qu'exerçant une contrainte sur les individus, apparaît comme le mode le plus adapté et commode de financement de la dépense publique. C'est le moyen le moins handicapant pour l'individu qui, une fois sa dette fiscale libérée, se trouve affranchi d'une obligation et jouit pleinement de ses droits sans être contraint autrement à participer au financement de la production de biens et services publics. L'impôt réalise donc dans les démocraties politiques par opposition aux systèmes de coercition et d'arbitraire « ce rapport d'échange – par lequel le sujet fiscal « achète » des droits sur l'État –* (***Achille M'BEMBE, ibid.***). *L'impôt donne donc des moyens d'action à l'État tout en préservant le mieux la liberté des individus et l'espace de leurs activités économiques. Cela exclut la corvée ou toute autre forme de contrainte sur leurs biens ou leurs vies (impôt de sang par exemple). Il y a donc dans l'impôt un facteur d'émancipation de l'individu (et par ricochet du peuple) qui n'est plus susceptible d'être requis dans sa personne par la puissance publique. Ce dernier ne peut être contraint que sur les fruits de son travail ou de son patrimoine. L'implantation des idées libérales s'est donc logiquement accompagnée d'une augmentation des capacités fiscales des États. Plus la liberté est grande, plus la capacité de lever l'impôt est importante (***MONTESQUIEU, De l'esprit des Lois***). Les systèmes dictatoriaux ne sont donc pas compatibles à une pression fiscale élevée au risque de compromettre la quiétude des despotes.*

Encadré 9: L'impôt, objet d'étude du droit fiscal et moyen de financement des dépenses publiques

*L'impôt est l'objet d'étude du droit fiscal et sa problématique a été posée par Gaston JÈZE en ces termes : « Il y a des dépenses publiques. Il faut les couvrir ». L'analyse de cet énoncé classe JÈZE dans la famille des classiques, partisan de la Loi de l'équilibre et de la neutralité de l'impôt. Selon ce courant, l'État ne devrait pas dépenser plus que ses recettes. Le déséquilibre entraîne les déficits qui sont sources d'endettement et in fine conduisent à la banqueroute. Les partisans de cette thèse ont également une méfiance vis-à-vis des excédents (de recettes sur les dépenses) qui peuvent entraîner des dépenses utiles à la satisfaction de besoins imaginaires que demandent les faiblesses et les passions de ceux qui gouvernent, l'envie malade d'une vaine gloire (***MONTESQUIEU, De l'Esprit des Lois***). Les excédents illustreraient une ponction excessive sur les revenus des contribuables qui se trouvent alors dépossédés d'une fraction de leur capacité d'investissement au profit d'une affectation non productive dans les caisses publiques. L'impôt ne se justifierait donc que par l'existence de dépenses de la cité à couvrir. Son fondement légal se trouve en droit comparé dans la lecture de l'article 13 de la DDHC en ces termes :* ***« Pour l'entretien de la force publique et pour les dépenses d'administration, une contribution commune est indispensable […] ».*** *Selon Montesquieu, il ne faut point prendre au peuple sur ses besoins réels pour des besoins de l'État imaginaire. L'impôt a donc une fonction financière ; il ne doit pas modifier le comportement des agents économiques, d'où sa neutralité. L'idéologie qui en découle est que la vie économique doit relever du libre jeu des forces du marché et l'impôt ne doit nullement servir pour peser sur les choix économiques ni même introduire plus d'égalité dans la répartition des revenus des citoyens.*

De nos jours, face à la raréfaction des sources de financement extérieures (aide), l'impôt apparaît comme le meilleur moyen de préserver la soutenabilité des finances publiques à terme. La progression du niveau du service de la dette du Bénin (+22,2 % en 2020- selon l'UEMOA, Rapport sur l'État de l'Union- l'un des accroissements les plus élevés dans la zone UEMOA alors que la moyenne dans l'espace communautaire est +15,2 %) plaide en faveur d'une amélioration du niveau de pression fiscale (9,4 % en 2020, selon le rapport 2020 de l'UEMOA, alors que la moyenne communautaire est de 12,9 % en 2020 et que la norme communautaire est de 20 %). Il y a encore des marges à exploiter au niveau fiscal pour financer durablement les dépenses publiques.

17. Le juge constitutionnel béninois et l'impôt. Le juge constitutionnel béninois, dans sa jurisprudence, a mis à jour des tentatives de donner un contenu à la notion constitutionnelle « d'impositions de toute nature ». En effet, les dispositions de l'article 98 de la Constitution font référence aux « impositions de toute nature », ce qui nécessitait une clarification. Dans une décision rendue le 16 mai 2001 (**DCC 01-021 du 16 mai 2001**), le juge constitutionnel béninois, affirme que le Code général des impôts rattache le principe de l'impôt à la notion de bénéfice ou d'activités génératrices de revenus (…) avant de conclure que les contributions scolaires ne sont pas incluses dans sa nomenclature. Cette représentation de l'impôt n'est pas satisfaisante dans la mesure où elle ne vise que l'une des nombreuses assiettes de l'impôt (le bénéfice) et ignorant les autres, tel le salaire, la dépense, etc. Cela fait dire à la doctrine que « la Cour constitutionnelle béninoise contribue peu à clarifier le bazar des impositions de toutes natures » (**N. MEDE, *Les grandes décisions de la Cour constitutionnelle du Bénin*, EUE, 2011, p. 116**). Elle va opérer un éclaircissement bienvenu avec la jurisprudence du 5 septembre 2019 qui paraît à cet égard plus intelligible et plus pédagogique. Mieux, elle apporte une clarification entre redevance et impôt dans son dispositif en précisant que « l'impôt (est) perçu par voie d'autorité selon les facultés contributives de chacun, couvrant globalement l'ensemble des charges occasionnées par le fonctionnement des services publics et qui est sans contrepartie identifiable » (**DCC 19-317 du 5 septembre 2019)**.

1.2. Les grands principes fiscaux

18. L'impôt est soumis à un certain nombre de principes. Certains sont des classiques ; mais de nouveaux principes sont apparus par la suite.

1.2.1. Les principes classiques

19. Il s'agit de principes qui font l'essence politique et qui légitiment l'impôt.

1.2.1.1. Le principe de la légalité

20. Le vote du législateur, source de la légalité. L'impôt tire sa légitimité du consentement du législateur : « L'Assemblée Nationale vote la Loi et consent l'impôt » (article 96 de la constitution béninoise). La perception de l'impôt résulte donc d'une autorisation du parlement qui seul, dispose de la prérogative de créer, modifier ou supprimer un impôt (**A. BAUDU, *Droit des finances publiques*, LGDJ, Hypercours, 2018**.). Cette habilitation s'exerce dans le cadre de l'Etat de droit, notamment dans le respect de la Constitution. Mais le pouvoir réglementaire conserve un pouvoir d'application de la loi fiscale sans que cela n'entraîne une délégation pour l'institution ou la suppression d'un impôt. (***Ibid.***). C'est d'ailleurs lui, à travers l'organe exécutif, qui prend les initiatives en matière fiscale pour les projets de lois de finances et qui les soumet au parlement pour adoption et décision. Les pouvoirs d'amendement du parlement sont en la matière très limités en raison du parlementarisme rationalisé dont l'une des manifestations est l'amendement gagé qui limite et conditionne la recevabilité d'un amendement ou d'une proposition de loi entraînant une perte de recettes.

21. Le pouvoir fiscal dérivé reconnu aux collectivités locales. À défaut d'autonomie fiscale, il existe néanmoins un pouvoir fiscal dérivé au profit des communes dans le cadre du principe constitutionnel de la libre administration des collectivités locales. Au nom de ce pouvoir fiscal dérivé, le parlement conserve la prérogative d'autorisation de perception annuelle de l'impôt local, mais les pouvoirs locaux se voient reconnaître le droit de fixer les taux de certains impôts dans une fourchette prévue par la Loi.

1.2.1.2. Le principe de l'annualité

22. Le pouvoir de prélèvement temporairement limité. Le pouvoir de prélèvement de l'impôt n'est pas éternel. L'autorisation de percevoir les impôts est annuelle (article 11 de la Loi organique n° 2013-18 du 27 août 2013 relative aux Lois de finances). Après la période annuelle, cette autorisation expire et doit donc être renouvelée.

23. La connexité entre annualité et consentement. Le principe de l'annualité de l'impôt au regard de l'histoire de la Révolution française est intimement lié au principe du consentement à l'impôt. À ce propos, Montesquieu écrivait que « si la puissance législative statue, non pas d'année en année, mais pour toujours, sur la levée des deniers publics, elle risque de perdre sa liberté parce que la puissance exécutive ne dépendra plus d'elle et quand on tient un pareil droit pour toujours, il est assez indifférent qu'on le tienne de soi ou d'un autre » (**Montesquieu, *De l'esprit des* lois**). Il apparaît donc que du moment où les révolutionnaires ont acquis ce droit (le consentement), il devenait logique de surfer sur la pérennité de la représentation pour saisir à intervalle régulier la question du consentement. Il en découle que le consentement à l'impôt contient en germe comme une nécessité, la question de l'annualité. Elle va apparaître comme un pilier essentiel de la mise en œuvre du pouvoir fiscal.

24. La non-rétroactivité relative, corolaire de l'annualité. Du principe de l'annualité, on peut déduire un principe de non-rétroactivité.

- **La non-rétroactivité consacrée.** Le législateur pour des raisons de sécurité juridique est sensible au principe de non-rétroactivité. C'est en application de ce principe par exemple, qu'alors que les modalités des règles de report des déficits et amortissements réputés différés ont été modifiées pour le compte de l'année fiscale 2021, la Loi de finances 2021 a expressément prévu que les déficits fiscaux existant au 31 décembre 2019 sont régis par l'ancienne législation.
- **De la non-rétroactivité limitée à la rétroactivité encadrée.** Le principe de non-rétroactivité n'est pas absolu. Au Sénégal, dans les domaines autres que pénal, la non-rétroactivité est érigée en principe général de droit, mais sans valeur constitutionnelle. Dans ce pays, la possibilité de rétroactivité des lois fiscales est limitée aux actes législatifs et exclut donc de son champ, les actes infra-législatifs, notamment les décisions de l'administration fiscale (**C.C. Sénégal, décision n° 11/C/93 du 23 juin 1993**). La jurisprudence constitutionnelle ivoirienne, tout en se

refusant de donner une valeur constitutionnelle au principe de non-rétroactivité, admet quand même le principe si l'intérêt général et l'ordre public le commandent (**Décision N° CI-2017-308/11-04/CC/SG du 11 avril 2017 relatif au recours en exception d'inconstitutionnalité de l'annexe fiscale de la loi de finances rectificative n° 2015-636 du 17 septembre 2015 portant modification du budget de l'État pour l'année 2015).**

Le juge constitutionnel béninois ne censure une loi (non pénale) rétroactive que lorsque celle-ci porte atteinte à la sécurité juridique (**DCC 06-074 du 8 juillet 2006, voir AWONO ELOUNDOU, « La sécurité fiscale dans les États de l'Afrique noire francophone »,** ***Revue Africaine des Finances Publiques-RAFIP,*** **n° 9-semestre 1, 2021, p. 238)**. Le législateur a d'ailleurs pour habitude de consacrer la rétroactivité expresse de la Loi fiscale au risque de consacrer l'insécurité. C'est ainsi que la loi n° 2020-33 du 24 décembre 2020 portant loi de finances pour la gestion 2021 par exemple, consacre en son article 1er -2 alinéa 2 qu'« en ce qui concerne les impôts sur le revenu, sauf précision contraire contenue dans les textes des mesures énoncées, les dispositions de la présente loi s'appliquent aux revenus de l'exercice clos au 31 décembre 2020 ». La loi de finances pour la gestion 2021 rétroagit donc sur des situations antérieures. Le principe en droit civil selon lequel la loi ne rétroagissait que pour des situations favorables aux mis en cause n'est donc pas applicable en droit fiscal. En l'espèce, qu'elle soit favorable ou non au contribuable, la Loi fiscale peut s'appliquer au contribuable en dépit des prévisions faites par ce dernier en fonction de la loi applicable au moment du fait générateur de l'impôt. Pour encadrer l'intervention du législateur, il faut espérer une intervention du juge constitutionnel à l'effet de définir avec précision les contours de l'insécurité juridique en matière fiscale, afin de mieux préciser les frontières de la rétroactivité.

1.2.1.3. La nécessité de l'impôt

Encadré 10: La nécessité de l'impôt, historiquement liée à l'administration et à la sécurité

Historiquement, la nécessité de l'impôt est liée aux questions de sécurité et d'administration (Voir G. ADANT, « **solution fiscale du problème de l'armée et de l'administration,** ***in Histoire sociale de l'impôt,*** **1971)**. Dans le Royaume du *Danxomè,* au Centre de l'actuel Bénin, le *amlon kouê* (littéralement argent du sommeil mais compris plutôt comme la taxe d'habitation) aurait par exemple été institué par le Roi *Houegbadja* pour l'équipement en fusils de son Royaume (**L'Hérissé, p. 97**). À la suite de la colonisation, il apparaissait important pour le colon que la paix et la sécurité qu'il apporterait aux *populations noires* justifiait l'application normale du droit absolu de les obliger à contribuer aux dépenses d'utilité générale. (**Min. Col. Au Comm. Gén. Grodet, mai 1901**). Ailleurs, c'est « la création d'une armée de soldats soldés lors de la guerre entre les Romains et les Étrusques, au Ve siècle avant notre ère, (qui) a donné naissance aux impôts directs ». Il apparaît également qu'en France, le passage d'un État dominal à un État fiscal, n'est pas sans lien avec la guerre des cent ans qui a révélé le besoin d'entretien constant d'une armée tout aussi permanente. (**X. CABANNES, « Avant-propos », *in* F. CARDONI et *al. (dir), Singularité des finances de la défense et de la sécurité,* Mare et Martin, 2021).**

25. Les arguments mythiques au fondement de la nécessité de l'impôt. Le paiement de l'impôt est institué par la loi et permet de transférer les moyens aux autorités établies qui peuvent assurer les tâches qui leur sont confiées. Or, les écritures saintes (bibliques) précisent **:**

« Que toute personne soit soumise aux autorités supérieures ; car il n'y a point d'autorité qui ne vienne de Dieu, et les autorités qui existent ont été instituées de Dieu. C'est pourquoi celui qui s'oppose à l'autorité résiste à l'ordre que Dieu a établi, et ceux qui résistent attireront une condamnation sur eux-mêmes » (***Romain 13***).

Le geste du paiement de l'impôt semble participer au respect de cet ordre établi dont la transgression est réprimée. Pour en avoir une illustration, il faut se référer à la suite des passages bibliques précédents tels qu'ils apparaissent dans ***Romain 13 :****7* où il est écrit :

« Rendez à tous ce qui leur est dû : *l'impôt à qui vous devez l'impôt, le tribut à qui vous devez le tribut* (…) ». À la suite de ceci, il est écrit : « Ne devez rien à personne (…) car celui qui aime les autres a accompli la loi ». Le caractère obligatoire de l'impôt participe donc du respect des prescriptions religieuses.

26. La nécessité, fondement du réalisme et du pragmatisme du droit fiscal et son objet l'impôt. Le droit fiscal et l'impôt tirent leur « existence de la nécessité de fournir à l'État et aux collectivités territoriales les ressources financières nécessaires à leur organisation et à leur politique ». Cet impératif fonde le réalisme qui tend vers le pragmatisme. Il « conduit à satisfaire cet objectif envers et contre toute réalité **». (Cité par Patrick SERLOOTEN, et Arnaud BISSY, « le néo réalisme du droit fiscal »).**

27. La nécessité, un impératif pour l'intérêt général. « Le principe de nécessité se fonde sur l'exigence démocratique situant le citoyen-contribuable, au demeurant, au sein d'un système global voué à légitimer la perception de l'impôt » (**Chr. SINNASSAMY, *Finances publiques de la défense. Objectifs budgétaires et gestion publique des politiques d'armement*, Harmattan, 2004, p. 102**). Au cœur de ce principe, apparaît la nécessité de couvrir les dépenses de l'État et de ses démembrements en tant qu'impératif pour l'intérêt général. Cela détermine le rationalisme du rapport du citoyen à l'impôt : « la contribution fiscale est placée sous le signe de la rationalité » (**N. MEDE, *Les recettes publiques en débat, op.cit.*, p. 29**). Pour Gaston JEZE, « il y a entre l'impôt et les dépenses, une relation tellement étroite que l'on peut dire que la dépense d'intérêt général est le fondement et la mesure de l'impôt moderne » (**G. JEZE, *Cours de Finances publiques*, Giard, 1931**). C'est d'ailleurs pour l'intérêt général que l'impôt peut atteindre (de façon proportionnée et parfois disproportionnée) le droit de propriété, droit pourtant reconnu par la constitution et tous les mécanismes internationaux de protection des droits des individus. Cette atteinte n'est toutefois pas illimitée. La nécessité de l'impôt ne saurait dispenser l'État de protéger les droits des individus au nom de la satisfaction des besoins collectifs créant le besoin de moyens financiers. Ainsi, en droit comparé, le prélèvement fiscal peut connaître des limitations sur le plan constitutionnel, par la censure d'un impôt « manifestement excessif » (**CC décision du 29 décembre 2012, n° 2012-662 DC, Loi de finances 2013**). Mais dans un contexte de crise (Grecque), la poursuite d'objectifs budgétaires impératifs (de 2011 et 2012) au soutien d'un but d'intérêt général peut justifier une taxation prohibitive provisoire, mais seulement « précaire », attentatoire aux droits réels aussi bien de nature immobilière que des intérêts économiques atteints (**Conseil d'État de Grèce, Arrêt 4021/2012 rendu en assemblée plénière).**

28. La mobilisation de ressources publiques, « un objectif à valeur constitutionnelle ». La valeur constitutionnelle de l'objectif de mobilisation des ressources publiques est reconnue en droit constitutionnel. Le juge constitutionnel béninois rappelle à cet effet l'existence d'« un devoir général de respect du bien commun et de l'ordre juridique ainsi que des obligations spécifiques dont celle consistant, pour le citoyen, à s'acquitter de ses contributions fiscales ;

que celle-ci vise notamment à atteindre ***l'objectif à valeur constitutionnelle de mobilisation des ressources publiques*** en vue de la satisfaction par l'État de ses devoirs fondamentaux » (**DCC 18-157 du 31 juillet 2018 ; considérant n° 4**), finalité ultime de l'impôt. En conséquence, « les atteintes portées aux ressources fiscales sont attentatoires aux obligations imposées par les États et, bien plus encore, portent atteinte à la nécessité de la contribution commune pour l'effectivité de l'action publique » (**M. CHASTAGNARET, « Lutte contre la fraude et recouvrement de l'impôt : la fin ne justifie pas tous les moyens »,** ***Les Nouvelles Fiscales*****, 2019, pp.26 - 30.)**

29. C'est certainement au nom de cette nécessité qu'en droit comparé, le Juge constitutionnel français est réfractaire à la fraude et consacre « une valeur constitutionnelle à la lutte contre la fraude fiscale, opérant ainsi un « rattachement exprès et direct ». **(P. de MONTALIVET,** ***Les objectifs de valeur constitutionnelle*****, coll. « Bibliothèque parlementaire et constitutionnelle », Paris, Dalloz, 2006, p. 82).**

30. La nécessité de l'impôt, un principe consacré en droit international africain. L'individu a le devoir de s'acquitter des contributions fixées par la loi pour la sauvegarde des intérêts fondamentaux de la société (**article 29 point 9 de la Charte africaine des droits de l'homme et des peuples**). Cela fonde l'existence de moyens exorbitants reconnus à l'Administration et destinés à assurer le recouvrement de la créance fiscale.

31. Nécessité de l'impôt, proportionnalité des procédures et protection des personnes et du patrimoine du contribuable en droit comparé. Si selon un adage populaire, « la fin justifie les moyens », en matière fiscale, un équilibre délicat doit exister entre la fin et les moyens (**M. CHASTAGNARET, « Lutte contre la fraude et les abus : un équilibre délicat entre la fin et les moyens » :** ***Les nouvelles fiscales,*** **n° 1216 - 15 février 2018 pp. 27-31**). En effet, dans toute démocratie, il existe le droit du public de ne pas être importuné par les pouvoirs publics, notamment l'exécutif. Mais ce droit « doit céder le pas au droit du gouvernement de s'immiscer dans la vie privée des particuliers afin de réaliser ses fins et, notamment d'assurer l'application de la loi ». (**CSC, Hunter c. Southam Inc., [1984] 2 R.C.S. 159-160. D. F. DAWSON, « Unreasonable search and seizure: a comment on the Supreme Court of Canada**

judgement in Hunter v. Southam Inc. », Crim. L. Q., vol. 27, 1985, pp. 450-475). En l'espèce, il s'agit d'appliquer la Loi fiscale. C'est en conséquence de cela que l'administration se voit attribuer des pouvoirs d'investigation importants ainsi que des pouvoirs de sanction spécifiques **(M. COLLET, *Droit fiscal*, coll. « Thémis Droit », Paris, PUF, 2007, p. 69).** Cela est d'autant plus important que « c'est la peur d'être pris et d'être sanctionné qui freine l'évasion fiscale et maintient l'argent à flot » **(M. KEEN, J. SLEMROD, *Rebellion, Rascals, and Revenue : Tax Follies and Wisdom through the ages,* 2021**). Mais les sanctions pénales et fiscales ne doivent pas non plus être disproportionnées au regard de la nécessité de l'impôt (**Cons. Cons., 29 déc. 2003, déc. n°2003-489 DC**). La Cour européenne des Droits de l'Homme (CEDH) est particulièrement attentive pour que l'obligation financière née du prélèvement d'impôts ou de contributions ne puisse léser la garantie consacrée par l'article 1er du 1er protocole qui reconnaît au profit de toute personne physique ou morale le droit au respect de ses biens. Il en est ainsi parce que « nul ne peut être privé de sa propriété que pour cause d'utilité publique et dans les conditions prévues par la loi et les principes généraux du droit international ». Mais ce droit est susceptible d'être menacé « si le prélèvement fiscal impose à la personne ou à l'entité en cause une charge excessive ou porte fondamentalement atteinte à leur situation financière ». Par suite, la nécessité de l'impôt justifiant des atteintes aux biens des contribuables, ne doit pas représenter « une charge excessive au regard de leur situation patrimoniale » ***(L. AYRAULT, RDF, mars 2021).***

1.2.1.4. Le principe de l'égalité devant l'impôt

32. L'égalité peut prendre plusieurs dimensions et peut être présentée de plusieurs manières.

33. L'égalité selon le juge constitutionnel béninois. Le juge constitutionnel béninois analyse l'égalité comme une règle selon laquelle les personnes relevant de la même catégorie doivent être soumises au même traitement sans discrimination. La jurisprudence constitutionnelle béninoise rappelle à ce titre que « l'égalité de traitement de tous devant la loi est rompue et le droit qui la porte violé, lorsque des citoyens, placés dans la même situation, sont traités différemment et que cette discrimination ne vise pas à satisfaire un principe ou à atteindre un objectif ou un impératif constitutionnel ».

(**DCC-18-156 du 31 juillet 2018 ; 2- « Sur la violation des droits » ; considérant n° 4**). Or, faut-il le rappeler, la mobilisation des ressources publiques en vue de la satisfaction des besoins fondamentaux de l'État est un objectif à valeur constitutionnelle.

34. Application du principe de l'égalité en matière fiscale. Le principe de l'égalité appliqué à l'impôt peut prendre deux figures à savoir l'égalité devant la loi et l'égalité devant les charges publiques. L'égalité devant la loi (fiscale) implique que la loi doit être la même pour tous. Cela exclut les discriminations sauf celles justifiées par un motif légitime. La discrimination légitime en matière fiscale consiste à appliquer des tarifs différents à des matières imposables égales en quantité, mais d'origine différente. La discrimination porte sur la qualité de la matière imposable. L'égalité ne s'apprécie donc pas seulement en fonction de la quantité de la richesse, mais aussi en fonction de la nature, de la forme et des caractères de cette richesse. Se fondant sur un état de fait sociologique, économique ou autre, la loi fiscale peut donc être aménagée de façon à réserver un traitement préférentiel à certains contribuables.

- **L'égalité fiscale selon Adam Smith**. Il est ainsi décrit : Les sujets d'un État doivent contribuer au soutien du gouvernement, chacun le plus possible en fonction de ses facultés, c'est-à-dire en proportion du revenu dont il jouit sous la protection de l'État. Par suite, « chacun doit payer, en proportion de ses moyens ou de ses facultés, pour entretenir la force publique qui assure la protection de la liberté et de la propriété de chacun » (Cité par **C. LARRERE, « L'égalité : une invention républicaine ? », *op.cit***).
- **L'égalité fiscale selon Condorcet.** Condorcet défend une conception de l'égalité qui ne s'écarte pas de celle que soutient Adam Smith en ces termes : « tous doivent supporter d'une manière égale, et proportionnellement à leurs revenus, la charge des mêmes impôts » (**Condorcet, *projet de déclaration des droits*, février 1789**). L'idée est celle d'une égalité « proportionnelle » en matière fiscale. Elle se conjugue avec une certaine équité. En effet, l'égalité n'est pas l'égalitarisme. Ainsi, si celui qui possède un revenu libre est obligé de contribuer, celui qui ne possède rien ou qui ne possède que le strict nécessaire pour sa survie

ne paye rien, sans préjudice comme l'autre de la jouissance du droit à la protection par la force publique.

- **Le juge constitutionnel français et l'égalité en matière fiscale**. Selon le Conseil constitutionnel français, l'égalité en matière d'impôt ne fait pas obstacle à ce que, pour des motifs d'intérêt général, le législateur édicte, par l'octroi d'avantages fiscaux, des mesures d'incitation au développement d'activités économiques à condition qu'il se fonde sur des critères objectifs et rationnels en fonction des buts poursuivis et qu'il n'en résulte pas de rupture caractérisée de l'égalité devant les charges publiques (**2020-813 DC du 28 décembre 2020**). Le législateur est parfois amené à réserver un traitement différencié aux contribuables à condition que cela poursuive un but d'intérêt général. L'inégalité ainsi instituée aboutira à l'égalité fiscale. Par ailleurs, le conseil constitutionnel admet que « l'instauration du bouclier fiscal, (...) plafonnant la part des revenus d'un foyer fiscal affectée au paiement d'impôts directs, loin de méconnaître l'égalité devant l'impôt, tend au contraire à éviter une rupture caractérisée de l'égalité devant les charges publiques » (**Cons. Cons., 29 déc. 2005, déc. 2005-530 DC**). Ce concept sera abandonné à la faveur de la LFR de juillet 2011. Enfin, pour garantir l'égalité au profit de tous, le juge constitutionnel a déterminé « une exigence de non-complexité excessive des règles fiscales ». L'idée est d'empêcher que la sophistication et la technicité excessives de la Loi ne soient des freins à son accessibilité et son intelligibilité et *in fine* atténuent l'égalité d'accès à la loi fiscale. L'égalité en matière fiscale peut être enfreinte lorsqu'un contribuable supporte une charge fiscale excessive.

Encadré 11: Réformes fiscales et nécessité de maintenir l'égalité

L'absence d'égalité aboutit à des situations d'inégalités. Les disparités sont très élevées dans les pays en développement comme le Bénin. Il est alors essentiel de veiller à ce que les impôts notamment les impôts sur la consommation qui occupent une place importante dans la structure fiscale des pays ne renchérissent pas les coûts au point de limiter l'accessibilité des couches les plus vulnérables aux produits et services de première nécessité tels que les produits alimentaires, l'accès à l'éducation et aux soins de santé, l'accès à l'eau potable, l'accès à l'électricité, l'inclusion numérique. Par conséquent, il est essentiel que « les réformes fiscales entreprises pour augmenter les recettes ne compromettent pas l'abordabilité de ces besoins fondamentaux ». (FMI, 2021).

1.2.1.5. Le principe de la certitude

35. Ce principe implique que la taxe ou portion d'impôt que chaque individu est tenu de payer doit être certaine et non arbitraire.

1.2.1.6. Le principe de la commodité

36. C'est la règle selon laquelle tout impôt doit être perçu à l'époque et selon le mode que l'on peut présumer le moins gênant pour le contribuable : on parle de commodité de paiement.

1.2.1.7. Le principe de la justice de l'impôt

37. Justice de l'impôt et facultés contributives. Le principe de la justice prescrit la prise en compte des facultés contributives du contribuable en se fondant sur un certain nombre de facteurs.

- **Des indices pertinents de mesure**. Pour garantir la justice, il faut arriver à bâtir un bon système fiscal en retenant les indices les plus précis et les indicateurs les plus complets de la richesse et de la capacité d'un contribuable à payer l'impôt. Il ne s'agit pas de se limiter à des signes extérieurs qui peuvent être trompeurs. Par exemple, la valeur d'une propriété à elle seule n'est pas forcément l'indicateur le plus pertinent, puisqu'il peut s'avérer très artificiel ou très parcellaire. D'autres actifs peuvent être plus significatifs.
- **La protection contre le caractère confiscatoire de l'impôt**. Pour garantir et pérenniser la capacité contributive du contribuable, l'impôt ne doit pas avoir un caractère confiscatoire. Il ne doit pas non plus représenter une charge excessive au regard des facultés contributives du contribuable **(J.-L. PISSALOUX, note sous Jurisprudence financière, *Revue Gestion et Finances Publiques*, 2021/2)**. C'est dans le but d'éviter qu'une charge fiscale excessive ne pèse sur le contribuable qu'avait été institué en France le non moins controversé bouclier fiscal dont le but était de plafonner l'imposition totale à 60 % puis 50 % des revenus (**Thomas PIKETTY et *al.*, *Pour une révolution fiscale, op. cit.*)**, avec un droit de restitution de l'excédent.

Le juge constitutionnel (français) rappelle la nécessité de « protéger le contribuable d'excès cumulatifs de différents impôts conduisant à un effet confiscatoire » (**J-L. ALBERT, *Finances publiques,* Dalloz, 2019, p.165**). Il n'hésite pas à censurer un impôt, lorsqu'il le juge « manifestement excessif » (**CC décision du 29 décembre 2012, n° 2012-662 DC, Loi de finances 2013**).

Encadré 12: Une imposition de 114 % des revenus nets n'est pas confiscatoire au sens de la Cour de cassation française

« L'appréciation du caractère confiscatoire ou non de l'impôt, de l'origine et des composantes de la richesse du contribuable peut résulter soit de son patrimoine, soit de ses revenus ».

*Qu'est-ce qu'un impôt confiscatoire ? C'est la question à laquelle la Cour de cassation a eu à répondre le 12 mai 2021. Le contentieux porte sur une somme de 5,8 millions d'euros au titre de la contribution exceptionnelle sur la fortune (CEF). Prétendant l'impôt confiscatoire, le contribuable faisait valoir que la somme des impositions dont il s'était acquitté au titre de l'impôt sur ses revenus de l'année 2011 exigible en 2012, de l'impôt de solidarité sur la fortune 2012 et de la contribution exceptionnelle sur la fortune 2012, s'était élevée à 13 475 927 euros, soit 114,83 % des revenus nets dont il avait disposé au cours de l'année 2011 du fait de l'instauration par l'article 4 de la loi du 16 août 2012 de cette contribution exceptionnelle sur la fortune non plafonnée, assise sur la valeur de son patrimoine au 1er janvier 2012. Il estimait qu'il avait subi une imposition confiscatoire au regard des dispositions de l'article 1er du premier protocole additionnel à la Convention de sauvegarde des droits de l'homme et des libertés fondamentales qui dispose : **« toute personne physique ou morale a droit au respect de ses biens. Nul ne peut être privé de sa propriété que pour cause d'utilité publique et dans les conditions prévues par la loi et les principes généraux du droit international. »***

Pour la Cour de cassation, une telle imposition ne pouvait être regardée comme confiscatoire. La Cour estime que le seul fait que le montant de la CEF dépasse le montant des revenus du contribuable ne suffit pas à établir le caractère confiscatoire de cet impôt, puisqu'à défaut, le niveau de taxation pourrait dépendre des choix de gestion des redevables, certains pouvant privilégier la détention de biens ne procurant pas de revenus imposables. Elle en déduit que doit également être pris en considération l'impact effectif de l'imposition sur la consistance même du patrimoine. Si le montant des droits acquittés a pu atteindre 114 % des revenus nets, le juge estime qu'au regard des éléments disponibles, le montant de la contribution litigieuse payée représente environ 1,30 % de son patrimoine imposable.

Patrick MICHAUD, note sous Cass., 12 mai 2021, arrêt n° 409 (14-20 596)

- **L'admission de taxation attentatoire aux droits réels à titre exceptionnel en droit comparé (grecque)**. La prohibition d'imposition à effet confiscatoire n'empêche pas, en contexte de crise, l'admission de taxation très élevée et même prohibitive. C'est ainsi qu'il a été admis en Grèce que dans un contexte de crise, la poursuite d'objectifs budgétaires impératifs (de 2011 et 2012) au soutien d'un but d'intérêt général peut justifier une taxation prohibitive provisoire, mais seulement « précaire » attentatoires aux droits réels aussi bien de nature immobilière que des intérêts économiques atteints (**Conseil d'État de Grèce, Arrêt 4021/2012 rendu en assemblée plénière).** Il semble donc que si selon la célèbre formule de Jean-Baptiste COLBERT « l'art de l'imposition consiste à plumer l'oie pour obtenir le plus possible de plumes avec le moins possible de cris », il faut bien admettre que c'est le « déplumeur » qui décide du niveau du cri admissible pour autant qu'il peut contrôler l'oie et s'assurer que les plumes peuvent repousser. Sous la réserve que cette taxation élevée ait pu conduire à des comportements d'évitement et à la baisse des revenus déclarés, les USA n'ont-ils pas institué un taux marginal de 94 % en 1944 sans que cela n'affecte pour autant la puissance économique et financière de ce géant mondial ? Plus récemment, le Centre International de Règlement des Différends Internationaux (CIRDI) avait rendu une décision en juin 2021, dans le cadre d'une procédure arbitrale opposant la société franco-britannique *Perenco* à l'État équatorien. Il a estimé que la taxation de 80 % sur les bénéfices exceptionnels n'avait pas le caractère d'« expropriation indirecte ». La théorie économique de limitation du prélèvement fiscal au nom de la garantie du rendement de l'impôt, demeurera une théorie aussi longtemps que les pouvoirs publics disposeront des moyens de contrainte efficaces sur le contribuable et une gouvernance qualitative.

38. Le maintien du rendement de l'impôt et l'évaluation de l'incidence de l'impôt. À l'échelle macroéconomique la capacité contributive remet sur le tapis le problème de l'incidence de l'impôt et de son rendement. En matière fiscale, « le trop est l'ennemi du bien » (**M. CHASTAGNARET**, ***Les nouvelles fiscales*** **n° 1222 - 15 mai 2018, pp. 4 - 7**). Autrement, « les grands taux tuent les totaux ». Selon la littérature économétrique défendue par LAFFER, s'il est vrai que la pression fiscale augmente au fur et à mesure qu'augmente le taux, il est tout aussi vrai que « (…) plus les taux sont forts, moins ils produisent relativement ». Il en découle que « si on augmente graduellement un impôt depuis 0 jusqu'au chiffre qui équivaut à une prohibition, son produit commence à être nul, puis croît insensiblement, atteint un maximum, décroît ensuite successivement puis devient nul » (**J. DUPUIS, *Annales des Ponts et Chaussées*, n°16, 1844**). Comme le dit Arthur LAFFER, « si les grands taux tuent les totaux, trop d'impôts tuent l'impôt ». Le bon rendement de l'impôt dépend donc de la capacité du système à retenir un taux d'imposition qui permet de maintenir les recettes à flot. La question est de savoir jusqu'à quel taux le système fiscal peut être considéré comme juste et équitable et susceptible de garantir un bon rendement de l'impôt. L'efficacité du rendement de l'impôt n'est-elle pas *in fine* conditionnée par l'efficacité des mesures mises en œuvre pour empêcher le contribuable de développer des comportements d'évitement et de le contraindre au paiement ?

39. Justice de l'impôt et répartition équitable : conditions pour la paix publique et la liberté. La contribution fiscale doit être *équitablement* répartie entre les citoyens en fonction de leur capacité. Derrière la répartition équitable, il y a l'idée que « (…) les hommes devraient contribuer aux charges publiques selon leur richesse dans la paix publique et la part qu'ils en retirent, c'est-à-dire selon leur situation de richesse ». Il y a donc une idée de paix qui se cache dans la recherche de moyens au profit du trésor public. Mais dans la pratique, l'équité est une quête permanente et fonction des idéologies. Ainsi une « fiscalité équitable est difficile à réaliser car l'équité n'a pas de sens simple » **M. KEEN, J. SLEMROD**, ***Rebellion, Rascals and Revenue, ibid.)***.

40. Lien entre liberté et justice de l'impôt selon Montesquieu Dans *l'esprit des Lois,* Montesquieu écrivait : « on peut lever des tributs plus forts, à proportion de la liberté, et l'on est forcé de les modérer, à mesure que la servitude augmente ». Autrement dans les États qui jouissent d'une liberté démocratique importante, on peut augmenter l'impôt. Au contraire, dans les États où la démocratie et la liberté sont faibles, on doit se contenter de peu d'impôts. Si ce n'est pas un principe de répartition de la charge fiscale, on peut quand même en déduire que l'impôt est le signe le plus clair de la préservation d'un espace de libertés individuelles.

41. L'impôt, un facteur de restriction de la sphère privée. De plus en plus, l'on pense que le poids considérable des impôts vient réduire la sphère privée. L'impôt affecterait l'autonomie des individus, car illustrant une présence trop marquée de l'État.

1.2.1.7.1. Les différentes facettes de la justice

42. La notion de justice fiscale peut être comprise sous divers angles :

43. La justice commutative. La justice commutative est une conception qui impose un traitement égalitaire des citoyens sans considération des inégalités économiques et sociales. Cette conception s'accommode bien de l'impôt de capitation. Elle est basée sur l'idée selon laquelle tous les individus sont égaux. Ici, l'impôt est considéré comme la contrepartie d'un certain bénéfice tiré de la vie en société et ce bénéfice est considéré comme le même pour tous.

44. La justice distributive. Elle est corrélée avec la notion d'impôt-prix qui appréhende l'impôt comme le prix de l'adhésion à une société et de la jouissance de l'avantage collectif. Les individus doivent donc être taxés plus ou moins selon qu'ils profitent de la richesse produite. Elle est parfaitement compatible avec l'impôt proportionnel sur la dépense. Pour les libéraux, l'impôt proportionnel est plus respectueux de la liberté, car il n'introduit pas de distorsion économique et permet l'épargne et l'investissement. La conception distributive de la justice trouve un ardent défenseur en Thomas Hobbes qui, en 1651, dans son ouvrage *Leviathan,* trouvait que celui qui travaille beaucoup, épargnant les fruits de son travail et consommant peu, ne reçoit pas plus de la protection de la république que celui qui, vivant à ne rien faire et disposant de faibles revenus dépensés intégralement.

45. Montesquieu perçoit plutôt l'impôt comme une assurance, c'est-à-dire : « […] une portion que chaque citoyen donne de son bien pour avoir la sûreté de l'autre ou en jouir agréablement ».

46. La justice redistributive. C'est une conception de l'impôt défendue par les courants de la gauche réformatrice. Elle vise l'égalité par l'impôt via une taxation plus élevée des personnes aisées. Son aboutissement le plus achevé est la mise en œuvre de l'impôt sur le revenu à taux progressif. La justice redistributive attribue à l'impôt une fonction sociale.

Mais il faut bien préciser que la fiscalité en tant qu'arme de réduction des inégalités est limitée. Elle n'est pas l'instrument le plus efficace de redistribution horizontale ou verticale (**M. KEEN,**

J. SLEMROD, ***Rebellion, rascals and revenue : tax follies and wisdom through the ages, 2021)***. Si elle a vocation à resserrer les écarts au sein d'une même tranche de revenus, lorsque les charges ne sont pas les mêmes ou entre tranches de revenus différentes, elle n'est pas non plus la formule magique toute trouvée pour vider le problème des inégalités.

47. Toutefois, entre les différentes modalités d'aboutir à une certaine justice par l'impôt, il y a des choix à faire.

1.2.1.7.2. Quels choix en matière de justice fiscale ?

48. Des choix déterminés par des considérations économiques. Sur le plan économique, les choix en matière de justice fiscale sont inscrits dans la configuration de la fonction de bien-être collectif. Un tel choix, lié à la structure fiscale elle-même, est fonction des préférences collectives, des choix faits par l'État. Mais elle dépend aussi de la gamme des instruments fiscaux disponibles. Ce que l'on cherche de plus en plus, c'est de minimiser les pertes de bien-être qui résultent de l'incidence des impôts sur l'activité économique.

49. L'avènement d'une conception procédurale de la justice fiscale. L'impôt est juste dans sa façon d'être réparti. Dans ce cas, c'est une justice procédurale à laquelle les gens adhèrent. Cette notion de la justice procédurale se différencie de la justice substantive.

1.2.2. Les principes nouveaux

50. Il s'agit essentiellement de la sécurité fiscale et de la confiance légitime.

1.2.2.1. Le principe de la sécurité juridique

51. Le droit fiscal, un domaine « d'insécurité juridique ». « Parmi les domaines frappés par l'insécurité juridique, chacun sait que le droit fiscal arrive au premier rang ». La sécurité juridique n'est ni un droit, ni une garantie ou un objectif. Elle participe de la réalisation même du droit et procède ainsi d'un élément constitutif de l'État de droit (**H. de CASTRIES et N. MOLFESSIS, (*dir*), *Sécurité juridique et initiative économique*, Mare & Martin, juill. 2015, § 121, p. 201 ; V. not. les commentaires du Conseil constitutionnel**

sous la décision n° 2013-682 DC du 19 déc. 2013, *Loi de financement de la Sécurité sociale pour 2014*).

52. Les implications de la sécurité juridique. La sécurité juridique procède de la commodité de l'impôt. « Le principe de sécurité juridique implique que les citoyens soient, sans que cela appelle de leur part des efforts insurmontables, en mesure de déterminer ce qui est permis et ce qui est défendu par le droit applicable ».

53. La sécurité juridique, une garantie contre l'arbitraire. Selon l'Assemblée nationale française, la forme des relations entre l'administration et le contribuable doit être aménagée de façon à garantir cette sécurité. L'organe parlementaire estime que l'approche intrusive, coercitive et punitive doit être substituée à une logique de dialogue et d'accompagnement pour renforcer la sécurité juridique des entreprises et améliorer l'exercice des contrôles. **(Assemblée nationale française, *Rapport d'information* n° 4052, par Bénédicte PEYROL).**

54. La clarté et l'intelligibilité des normes au service de la sécurité juridique. « Pour parvenir à la sécurité juridique, les normes édictées doivent être claires et intelligibles. Elles ne doivent pas être soumises dans le temps à des variations trop fréquentes, ni surtout imprévisibles » **(CE, « La sécurité juridique et la complexité du droit », *EDCE* 2006, p. 281).**

55. La prévisibilité et la stabilité, comme composante de la sécurité juridique. Les personnes à qui les normes sont destinées doivent pouvoir en prévoir les effets sans être surprises, par l'application de nouvelles règles juridiques ou par l'incohérence et le désordre des exigences de l'État. Il en est ainsi parce qu'une certaine assurance dans la stabilité du droit est indispensable de sorte à faciliter la confiance des contribuables.

56. La sécurité juridique appliquée à la matière fiscale. La sécurité juridique en matière fiscale suppose l'édiction des normes claires, accessibles pour garantir la confiance du contribuable dans la mesure où la méfiance réciproque entre les contribuables et l'administration fait le lit à l'insécurité. Elle implique concrètement :

- **Une certaine durée de la législation** : la loi fiscale ne doit pas changer à un rythme qui altère la qualité du cadre juridique de l'impôt. Cela peut surprendre dans la mesure où l'instabilité permanente des normes est ce qui caractérise le mieux la matière fiscale, notamment en raison du principe d'annualité de l'impôt (**A. PERIN-DUREAU, « Le principe de sécurité juridique et le droit fiscal »,** ***Cahier constitutionnel*****, n° 5, octobre 2020).** Le paradoxe apparaît donc immédiatement. Bien que dénoncée et mal perçue par les contribuables, cette instabilité législative demeure de principe et ne saurait surprendre. La question qui se pose en conséquence est de savoir jusqu'à quel point la norme fiscale doit être changée pour préserver la sécurité juridique. Il apparaît de toute évidence que « le législateur, statuant dans le domaine de sa compétence, peut à tout moment décider de modifier les textes antérieurs ou d'abroger ceux-ci en leur substituant, le cas échéant, d'autres dispositions, à la seule condition que l'exercice de ce pouvoir n'aboutisse pas à priver de garanties légales des principes à valeur constitutionnelle ».
- **Non-rétroactivité de la loi fiscale** : La loi ne dispose que pour l'avenir. La rétroactivité peut être admise dans un but d'intérêt général et dans le respect des principes à valeur constitutionnelle.
- **Encadrement du contrôle fiscal pour conserver son but**. Le contrôle fiscal doit être limité à la détection et la correction des erreurs et autres irrégularités en matière fiscale. Elle ne doit pas être détournée de son objet. Le contrôle fiscal participe de la réalisation des principes du droit fiscal (égalité, équité, nécessité, etc.).
- **L'anticipation**. Elle participe de la prévisibilité qui est cette qualité de la norme permettant d'en anticiper les conséquences.
- **L'accessibilité des procédures contentieuses** : Le contentieux fiscal doit être accessible et facilité à tous les niveaux (y compris devant les tribunaux) à tous les contribuables. C'est l'application en matière fiscale du principe de l'article 8 de la DUDH selon laquelle « toute personne a droit à un recours effectif devant les juridictions

nationales compétentes ». (Article 8 de la Déclaration universelle des droits de l'homme).

1.2.2.2. Le principe de la confiance légitime

57. Un principe découvert par le juge européen. C'est un principe qui a été reconnu par la Cour européenne des Droits de l'Homme (CEDH).

58. Un devoir de loyauté de l'administration fiscale « sans ruse ni tromperie ». Cette composante du principe de la confiance légitime vise à protéger des situations acquises. Il en résulte un devoir de loyauté de l'administration dans la mise en œuvre des opérations fiscales. Cette dernière ne doit donc pas tromper les contribuables. La confiance du contribuable envers l'administration ne doit donc pas être trompée. La confiance, qu'il a pu, de manière légitime et fondée, placer dans la stabilité d'une situation juridique, ne doit pas être modifiée de façon inexcusable.

59. La limitation des possibilités de modification de normes juridiques. La mise en œuvre du principe « tend à limiter les possibilités de modification des normes juridiques pour l'avenir, dès lors que des engagements ou leur équivalent ont été pris par les autorités compétentes ».

60. L'assurance sur la stabilité des situations établies. Garant d'une certaine prévisibilité dans l'application du droit, le principe de la confiance légitime vient protéger *la confiance que les destinataires de règles et de décisions sont normalement en droit d'avoir dans la stabilité, du moins pour un certain temps, des situations établies sur la base de ces règles ou de ces décisions.*

61. Application concrète du principe : un impôt indûment impayé est un bien qui consacre une espérance légitime de restitution. Selon le principe jurisprudentiellement consacré de la confiance légitime, un simple intérêt patrimonial qui constitue au moins une espérance légitime de pouvoir obtenir le paiement d'une créance constitue un bien. Ainsi, la non-restitution par l'administration de sommes dues à un contribuable peut constituer une violation du droit au respect de son bien. En application de ce principe, l'impôt indûment payé est un bien du contribuable qui mérite restitution.

1.3. LES DIFFERENTES PHASES DE PRELEVEMENT FISCAL

62. Le prélèvement fiscal passe par quatre étapes principales :

- **Le fait générateur** : C'est le fait juridique ou l'acte juridique dont la date permet de déterminer la loi applicable dans le temps. Il permet de savoir « à partir de quand et de quoi naît l'obligation fiscale » C'est ainsi qu'en matière d'Impôt sur les Revenus, le fait générateur est déterminé par la détention ou la réalisation d'un revenu au cours de l'année écoulée (**A. BAUDU, *Droit des finances publiques, op. cit.***).
- **L'assiette** : Elle permet d'identifier et de déterminer la base de l'impôt. Il existe trois bases possibles d'assiette. Les flux entrants (revenu), les flux sortants (dépenses), les stocks (le capital). L'assiette peut donc être un revenu, une dépense, un capital. En matière de traitements et salaires, par exemple, c'est le salaire brut qui prend en compte le salaire de base et les accessoires qui s'y grèvent.
- **La liquidation** : C'est le calcul de la dette fiscale du contribuable. Les droits sont soit fixes, proportionnels, progressifs ou même gratis. La liquidation permet de mettre en œuvre différents abattements, majorations ou réductions prévus par les lois et règlements.

  - **Une responsabilité de la liquidation en fonction de la nature du prélèvement**. Pour certains impôts, la liquidation des droits se fait par le contribuable qui soumet son calcul au contrôle de l'administration. Cette dernière dispose de la faculté de corriger les omissions et erreurs commises par le contribuable au moment de l'auto-liquidation. Dans le cas des impôts locaux, surtout des impôts fonciers, il revient à l'administration de collecter les éléments d'assiette et de liquider l'impôt. Enfin, des tiers sont légalement constitués pour liquider l'impôt notamment en matière de prélèvement à la source. C'est le cas des commerçants qui sont soumis à la TVA ou encore des institutions financières qui versent des intérêts en matière d'IRC. (**Voir A. BAUDU, *Droit des finances publiques, op.cit.***).
  - **Une liquidation respectueuse des limitations légales.** L'impôt ne se justifiant que pour un but d'intérêt général, il est admis que son tarif ne doit pas faire peser sur une

catégorie de contribuable une charge excessive au regard de leurs facultés contributives. L'impôt ne peut être légitime que s'il est également réparti entre les citoyens en fonction de leurs capacités.

- **L'exigibilité et le recouvrement** : L'exigibilité est la date à laquelle l'obligation fiscale doit être exécutée par le contribuable. Elle marque le déclenchement des opérations de recouvrement. Le recouvrement permet de mettre en œuvre les procédures pour garantir au profit du Trésor le produit de l'impôt.

Le recouvrement peut être ordonné (par voie de rôle) ou spontané.

- Le recouvrement est *ordonné*, comme en matière d'Impôt sur les Revenus ou même en cas de défaillance de déclaration de TVA « lorsque le contribuable, suite à sa déclaration, reçoit un avis d'imposition qui lui indique le montant de l'impôt à régler et les délais de paiement de celui-ci ».
- Le recouvrement est *spontané,* lorsque par exemple en matière de retenue à la source, « la liquidation est faite par le contribuable ou par un tiers qui s'acquitte du montant dû auprès des postes comptables de l'administration ».
- Le recouvrement est forcé, lorsque face au refus du contribuable de s'acquitter de l'impôt, le fisc déploie des moyens et des actes de poursuite pour contraindre au paiement (**Voir A. BAUDU, *Droit des finances publiques, op.cit.*).**
- Le recouvrement par d'autres administrations : d'autres administrations (la DGTCP, la DGDDI, la DGB par exemple) peuvent être sollicitées pour jouer le rôle de collecteur d'impôt dans certaines circonstances.

1.4. NOTIONS VOISINES A L'IMPÔT

63. Il existe plusieurs moyens de « déposséder » les citoyens de leurs ressources pour financer les dépenses publiques. Autrement, le champ lexical de financement des charges collectives n'est pas limité à l'impôt. La référence aux notions de taxes, redevances, prélèvements et contributions cache mal des « mots doux » ou « un langage dilué » et

« édulcoré à dessein » pour « camoufler l'impôt » et faire passer la pilule (amère) fiscale. Cette confusion terminologique, entretenue sciemment ou inconsciemment, perpétue des ambiguïtés d'autant plus que la Constitution ne consacre pas la notion d'impôt dans le champ de la Loi, mais plutôt « d'impositions de toute nature ». La difficulté de compréhension vient de ce que les mots « taxes », « redevances », « contribution[23] », « impôts » sont utilisés indifféremment par le contribuable et le législateur[24]. C'est le cas de la TVA définie comme la « **Taxe** » sur Valeur Ajoutée, mais qui conserve tous les caractères de l'impôt.

64. Sur le plan technique, il y a donc lieu, pour caractériser un impôt de s'assurer qu'il n'est pas en réalité revêtu des caractéristiques des notions voisines comme les cotisations sociales, les redevances ou les taxes. L'impôt se définit donc par exclusion. Mais cette approche est faussement simple, ce qui laisse subsister un certain nombre d'ambiguïtés.

65. La persistance des ambiguïtés. L'impôt appartient à la grande catégorie des prélèvements obligatoires incluant la taxe, les redevances et dans une certaine mesure les cotisations sociales. La constitution béninoise consacre en son article 98 la notion d' « impositions de toute nature », désignant en principe les prélèvements obligatoires « qui ont pour seul objet de concourir au financement du budget général ». Mais ses frontières ne sont pas moins floues. Une clarification s'impose donc.

66. Le législateur en particulier a tendance à utiliser cet éventail de vocabulaire afin qu'un impôt soit plus facilement accepté. C'est une façon épurée d'instituer des impôts. Face à la déconnexion entre les étiquettes sous lesquelles le législateur les présente et la réalité qui entoure leur institution, Emmanuel DE CROUY-CHANEL en est arrivé à une présentation non moins caricaturale en estimant que « l'animal (impôt) est expert en camouflage » (**E. DE CROUY-CHANEL, « La définition juridique de l'impôt. Doctrine française », *in* Th. BERNS et *al., Philosophie de l'impôt, op. cit.***).

---

[23] Surtout dans le domaine de l'écologie pour montrer « une contribution citoyenne ». Mais la contribution est envisagée comme un impôt.

[24] Le législateur en particulier a tendance à utiliser cet éventail de vocabulaire afin qu'un impôt soit plus facilement accepté.

Pourtant, il y a un intérêt fonctionnel pour le juriste à distinguer matériellement ces différentes notions au-delà de la confusion terminologique formelle.

67. L'intérêt de la distinction entre l'impôt et les notions voisines. La distinction des différents types de prélèvements au-delà des terminologies retenues, permet de leur appliquer le bon régime juridique.

68. C'est ainsi qu'à l'inverse de la redevance qui peut être instituée par voie réglementaire, le législateur a un monopole en matière fiscale. Il est le seul habilité à créer une imposition et seule à pouvoir en organiser la collecte (article 98 de la constitution). Quant à la redevance résultant des rémunérations des services rendus, si son institution par le pouvoir réglementaire est la règle, une validation par le pouvoir législatif est légalement requise. C'est le sens de l'article 12 de la LOLF (**Loi organique n° 2013-14 du 27 septembre 2013 relative aux lois de finances**) qui dispose : « la rémunération des services rendus par l'État ne peut être établie et perçue que par décret. Elle doit être approuvée par la plus prochaine loi de finances ». En ce qui concerne les cotisations sociales, c'est la loi qui en fixe les principes fondamentaux mais les taux de cotisations sont fixés par décret pris en conseil des Ministres après avis du conseil d'administration de la Caisse Nationale de Sécurité Sociale (CNSS). Enfin, en ce qui concerne la taxe, aux termes des dispositions de l'article 11 de la LOLF, certaines taxes notamment celles parafiscales, instituées au profit de personnes morales de droit public ou privé autre que l'État, les collectivités locales et leurs établissements publics, dans un intérêt économique et social, sont établies par décret pris en Conseil des ministres. Seulement, pour leur perception au-delà du 31 décembre, l'autorisation de la loi de finances est requise.

69. La clarification de l'intérêt de la distinction permet d'aborder les traits permettant de faire la distinction afin de savoir attribuer le pouvoir d'institution.

1.4.1. Les cotisations sociales

70. Les cotisations sociales s'analysent comme un sursalaire pris en charge de manière conjointe par l'employeur qui s'acquitte des cotisations patronales et puis par le travailleur lui-même qui renonce à une part de sa rémunération en acquittant une part dite part ouvrière. Les cotisations sociales ont donc une contrepartie directe qu'est le droit à recevoir des prestations de sécurité sociale. Ce qui est déterminant n'est pas l'affectation à une finalité sociale, mais le critère de la contrepartie.

1.4.2. La redevance pour service rendu ou d'utilisation d'un bien du domaine

71. Le juge constitutionnel et la redevance. Selon le juge constitutionnel, le coût et le service rendu aux usagers justifient la perception d'une redevance (**DCC 01-021 du 16 mai 2001**). Ainsi, ce dernier consacre que « la redevance est une somme-sic- due en contrepartie d'une concession, d'une utilisation du domaine public, d'un ouvrage public ou d'un service public ou encore d'un avantage particulier, à la différence de l'impôt perçu par voie d'autorité selon les facultés contributives de chacun, couvrant globalement l'ensemble des charges occasionnées par le fonctionnement des services publics et qui est sans contrepartie identifiable » (**DCC-19 317 du 5 septembre 2019**).

72. Illustration. À titre illustratif, est considérée comme redevance, « la perception de droits de péage qui sont des droits de passage versés par l'usager d'un ouvrage public, notamment routier, en contrepartie de son utilisation ».

73. La redevance exclue des impositions de toute nature. De la jurisprudence du juge constitutionnel béninois, il ressort que la redevance ne saurait être analysée comme une imposition au sens de l'article 98, tiret 7 de la Constitution. Il en est ainsi parce que ces droits constituent une contrepartie du service effectivement rendu aux usagers » (**Voir T. ERROL, « Chronique de droit des finances publiques et de droit public économique – 1er janvier au 31 décembre 2019 » –** ***Revue Constitution et consolidation (RCC) de l'État de droit et des libertés fondamentales en Afrique,*** **pp. 373-374).**

74. La couverture des charges d'un service public déterminé. La redevance a pour objet de couvrir les charges d'un service public déterminé, ou les frais d'établissement ou d'entretien d'un service public déterminé ou la rétribution de l'utilisation d'un bien. La redevance se différencie de l'impôt. Si l'impôt est destiné à la couverture des charges publiques en général, la redevance trouve donc sa contrepartie directe dans les prestations fournies par le service ou l'utilisation de l'ouvrage. La redevance suppose une équivalence entre la somme acquittée et le coût du service et parfois même une rentabilité.

75. L'inefficacité d'une approche purement administrative de la redevance et l'intégration d'une empreinte économique. L'approche purement administrative de la redevance est évolutive. Par exemple, en Côte d'Ivoire, la redevance domaniale « tient compte des avantages de toutes natures procurés au titulaire de l'autorisation » (**Art. 10, *al.* 1 de l'ordonnance n° 2016-588 du 3 août 2016 portant titres d'occupation du domaine public**) et « peut comporter plusieurs composantes fixes et variables ». Au Bénin, on perçoit de plus en plus « la volonté de l'État de tirer le meilleur profit de la gestion du domaine public » (**P. SOGLOHOUN, « L'occupation du domaine public au Bénin et en Côte d'Ivoire », *op. cit.*, p.21**) à travers la prise en compte des avantages et profits que tire l'occupant de la mise à disposition du bien.

76. Au total, on assiste de plus en plus à une conception de la redevance empreinte « d'une lecture économique » et l'insertion dans son assiette des éléments tenant à « la rentabilité ». Il apparaît donc que l'adressage du montant de la redevance peut être ajusté dans un but financier. Cet adressage peut se faire « à tout moment, même en l'absence de disposition textuelle », dans la mesure que l'administration a connaissance des faits survenus ou portés à sa connaissance postérieurement à la délivrance de l'occupation.

77. Une mise en œuvre de l'approche économique limitée et conditionnée. La prise en compte de la dimension économique dans la détermination du montant de la redevance, ne peut justifier des décisions discrétionnaires sans une quelconque transparence.

78. L'efficacité de la dynamique économique naissante est conditionnée par la capacité de l'autorité administrative à maîtriser l'enjeu économique et financier qui entoure certains actifs spécifiques et à en évaluer correctement la contrepartie financière que le Trésor peut en tirer convenablement. La science économique a pourtant progressé en la matière et les États, dans un monde de plus en plus globalisé de circulation des concepts, peuvent apprendre des « *mechanism designs* » fortement utilisés pour attribuer des valeurs à certains actifs spécifiques.

79. Illustration de la difficulté de la fixation du montant des redevances par le cas des GSM. Lorsque les techniques de détermination du montant de la redevance notamment sur l'exploitation de certains actifs spécifiques ne sont pas maîtrisées, elles peuvent conduire les États dans des situations assez inconfortables. C'était le cas au Bénin, par exemple, où l'exploitation des licences pour la téléphonie mobile de norme GSM au début des années 2000, avait été attribuée dans un premier temps pour un montant de 70 millions de francs CFA (soit 106 000 euros) avant que l'État ne soit contraint de revoir le montant et de porter le prix de la licence à 120 millions de francs CFA (182 000 euros). En 2007, à la suite d'un bras de fer qui a duré plusieurs semaines, les opérateurs ont finalement été contraints une troisième fois à s'engager en contrepartie de l'exploitation sur dix ans au paiement d'une somme de 45 millions d'euros. Cette situation a montré le déficit de capacité de l'État à appréhender certains enjeux liés à la concession de certains droits relevant de l'actif public qui recèle pourtant de potentialités en termes financiers.

1.4.3. La taxe

80. Contrairement aux impôts, soumis à la règle de non-affectation à une dépense particulière, **les recettes issues de la taxe sont affectées à une dépense précise**. La taxe est surtout perçue à l'occasion d'un service rendu, sans que la somme acquittée ne soit la contrepartie de ce service.

81. La taxe, une imposition de toute nature, relevant du législateur. Selon la cour constitutionnelle du Bénin, les taxes sont des impositions de toute nature et relèvent de la compétence du législateur.

Encadré 13: Quelle proportionnalité entre recettes issues de la taxe et dépenses visées : solution en droit comparé

Contrairement à l'impôt qui est sans contrepartie déterminée, la taxe suggère une redevabilité précise. Il se pose alors la question de savoir si le prélèvement de la taxe devrait être corrélé au niveau des dépenses engagées ou si une disproportion manifeste était admise entre recettes et dépenses. Le point d'application de cette interrogation s'est déporté sur le terrain de l'application en France de la Taxe d'Enlèvement des Ordures Ménagères (TEOM). Le Conseil d'État, dans sa décision du 5 mai 2021 (CE, n° 438897) a jugé qu'avec un excès de 14,6 %, entre produits et charges à couvrir, « le taux fixé ne peut être ainsi regardé comme manifestement disproportionné ».

1.5. FONCTIONS DE L'IMPOT

82. Une pluralité de fonctions. L'impôt a plusieurs fonctions. Elle permet de mettre les ressources à la disposition de l'État. Ensuite l'impôt est un instrument que les pouvoirs utilisent pour influencer les comportements des citoyens ou même promouvoir des activités économiques à travers des facilités fiscales au profit de certaines activités économiques en fonction d'objectifs précis. Le mécanisme de prélèvement permet d'atteindre des objectifs divers aux plans **économique**, **politique, environnemental (lutte contre la pollution avec la taxe du pollueur payeur par exemple), démographique (limitation ou promotion des naissances par exemple)**.

83. L'impôt au service du socialisme d'État selon l'économiste Adoplh Wagner. L'impôt permet également de corriger les inégalités dérivées du capitalisme soit par le système de progressivité (augmentation des tarifs au fur et à mesure que le revenu augmente) ou de la personnalisation (prise en compte de la situation du contribuable à l'occasion de l'imposition). Cela remet en cause la thèse selon laquelle « il aurait été plus judicieux d'établir un impôt léger et motivé par la générosité des riches envers les pauvres et non par un prétendu droit à transférer des parts de richesses à des classes sociales moins aisées » (**E. DOMET, *L'impôt et les théologiens. Étude philosophique, morale et économique,* Paris, Librairie Bloud et Barral, 1899, p. 44**). Écrivant sur les Finances publiques et l'impôt, l'économiste allemand WAGNER explique donc que : **« le socialisme d'État doit se donner deux tâches étroitement liées l'une à l'autre : relever les classes laborieuses aux frais des classes supérieures possédantes et enrayer volontairement l'accumulation**

immodérée des richesses dans certaines couches et chez certains membres de classe possédante ».

L'impôt met en œuvre « une action directe sur la richesse » et pourrait constituer un antidote au « danger que représente un enrichissement sans limite » (**Th. BERNS *« L'impôt au seuil des temps modernes », in* M. XIFARAS et *al.* (*Philosophie de l'impôt, op.cit.***), si l'on consent à le considérer comme tel.

84. L'impôt un mode convenu et pacifique de répartition des charges entre les citoyens. Le capitalisme est, entre autres, basé sur l'échange pacifique de biens. La règle est que le bien doit aller à celui qui sait le valoriser le mieux, et donc qui peut en payer le prix. Mais une telle théorie trouve une limite dans les biens collectifs. Leur jouissance selon la règle précédente peut remettre en cause l'idée d'échange pacifique. La taxation apparaît donc comme le moyen de garantir une jouissance paisible par tous. En la matière, l'impôt apparaît comme le mode convenu de répartition des charges grevant les biens collectifs et donc les charges publiques, entre les citoyens.

85. Un instrument de réalisation de bien-être social. L'impôt est l'instrument de réalisation de bien-être et de l'intérêt général. Aussi, la politique fiscale est-elle indissociable de la croissance économique. L'impôt est le meilleur moyen de mobiliser les ressources pour financer les services sociaux de base et promouvoir des investissements publics durables.

86. Un moyen de cohésion. Le système de taxation apparaît comme un moyen de solidarité du groupe social. C'est un moyen privilégié de la cohésion et de l'intégration de la communauté, puis de la nation et de l'État.

87. Quatre fonctions principales de l'impôt. En dépit de la pluralité d'utilisation, les fonctions de l'impôt peuvent être résumées en quatre points principaux :

- **La fonction (financière) de financement des dépenses publiques** : C'est la première fonction. À travers cette fonction, l'impôt, pour les économistes, doit correspondre au service rendu par l'État, c'est-à-dire au paiement effectué à l'État pour la protection qu'il dispense. En effet, dans la tradition économique dérivée de Locke, la protection de la propriété est la principale fonction dévolue à l'État. Chez cet auteur, le travail aboutit à la richesse. Par l'impôt, il s'agit donc de s'assurer la protection du produit du travail. La fonction de l'impôt est de protéger la propriété, y compris la propriété sur soi-même. Cette idée est à l'origine de la **doctrine du BÉNÉFICE** : C'est l'idée selon laquelle il doit y avoir équivalence entre l'utilité que retirent les citoyens des services publics qu'ils consomment et le prix fiscal qu'ils acquittent. Cette conception s'oppose à la **doctrine de la faculté contributive** défendue par John Stuart Mill. Selon sa pensée, la charge fiscale payée par chaque individu ne doit pas dépendre des dépenses du budget, mais des sacrifices que chacun peut consentir. Si, à l'opposé de la doctrine de la faculté contributive, la doctrine du bénéfice établit une relation étroite entre la pression fiscale et les dépenses de l'État, il faut à la vérité admettre que « l'impôt a toujours été plus qu'un simple prix, fût-il celui des services publics quoiqu'en l'acquittant, le sujet contribue en tant qu'individu, à la dépense publique effectuée aux frais de tous et peut en retirer des satisfactions privées » **(A. M'BEMBE, *Essai sur l'imagination politique dans l'Afrique contemporaine,* La Découverte, p.145).**

- **La fonction de redistribution** : La redistribution consiste à corriger les inégalités de la répartition des revenus et des richesses. Elle peut prendre une forme monétaire ou non monétaire. L'objectif de la redistribution n'est pas d'inverser les positions. Elle consiste à réduire les inégalités de revenus. Il s'agit de resserrer l'éventail des revenus. L'instrument privilégié de la redistribution verticale est l'impôt progressif sur le revenu. Il y a deux dimensions traditionnelles de la redistribution :

o **La redistribution horizontale** qui opère des transferts non motivés par la hiérarchie des revenus (on peut prendre en compte la taille de la famille, l'âge, le lieu de résidence). Il s'agit de corriger des inégalités résultant de la situation de personnes disposant du même revenu.

o **La redistribution verticale** qui prend en compte la hiérarchie des revenus et a pour objectif principal de réduire les inégalités de revenus ou de richesse.

- **La fonction de régulation de la conjoncture et la stabilité.**
- **La fonction de manipulation des comportements** : Cette fonction comportementale de l'impôt passe par un ensemble d'incitations fiscales qui visent à orienter les comportements des agents économiques. Ces incitations occupent une place de plus en plus importante dans les politiques fiscales. L'instrument fiscal apparaît davantage comme un élément essentiel de la politique budgétaire avec le recul du keynésianisme (politique de la dépense). C'est le but des dépenses fiscales.

Encadré 14: Transparence et justice des dépenses fiscales

En principe, la revendication de l'égalité fiscale est incompatible avec l'idée de contribution différenciée ou même d'exemptions et de privilèges. Tout privilège qui consacre une exemption est donc sous cet angle considéré comme injuste et abusif ***(C. LARRENE, L'égalité fiscale : une invention républicaine ?)*** *Les dépenses fiscales qui sont des allègements fiscaux liés à des objectifs économiques, sociaux et récemment environnementaux, y dérogent. Elles impliquent des renoncements à une fraction des recettes publiques. Selon la littérature économique, il s'agit de déformations introduites dans le système fiscal. Les incitations fiscales sont censées renforcer d'autres incitations qui proviennent du marché. Il s'agit aussi bien des exonérations que des abattements, crédits d'impôt, réductions de taux, abattements, et toutes aides sous forme de paiement. Pour le budget de l'État, les mesures dérogatoires au système fiscal de référence produisent des effets assimilables à ceux des dépenses de transfert. (DGAE, 2020). Elles sont présentées comme équivalentes à des dépenses directes, même si en fait elles favorisent les comportements d'évitement.*

En termes de justice fiscale, on considère que les dépenses fiscales favorisent les personnes dont les revenus sont les plus élevés. Cela surtout lorsque les dépenses fiscales sont associées à des comportements fortement corrélés avec le niveau de ressource (gros investisseurs). Aussi, les dépenses fiscales entraînent-elles des effets d'aubaine, lesquels créent des distorsions sur le marché, ce qui pose le problème de leur efficacité.

Pour être efficaces, il faut que les incitations fiscales atteignent les objectifs pour lesquels elles ont été instaurées. En l'absence d'une étude d'impact pertinente, il est difficile d'en apprécier les effets. C'est pourquoi l'OCDE recommande une évaluation périodique de ces incitations pour en apprécier l'efficacité. Cette recommandation est prise en compte en droit communautaire et transposée en droit national.

En application des dispositions du décret n° 2015-035 du 29 janvier 2015 portant Code de transparence dans la gestion des finances publiques en République du Bénin, issu de la transposition du droit communautaire, le rapport d'évaluation des dépenses fiscales est annexé au projet de Loi de finances et donc adressé à la représentation nationale.

L'évaluation recommandée est effectuée par rapport à un Système de Référence (SFR). Le Système Fiscal de Référence indique pour chaque impôt, droit ou taxe, l'assiette et le taux. Toute mesure dérogatoire au système de référence est considérée comme une dépense fiscale et entre dans le périmètre de l'évaluation (DGAE Bénin, 2021). L'actualisation régulière du SFR est facilitée par l'opérationnalisation d'une Unité de Politique Fiscale (UPF) qui joue un rôle déterminant dans les travaux d'évaluation.

Au Bénin, le dénombrement des dépenses fiscales de l'année 2018 permettait de relever 156 mesures contre 134 en 2017 estimées à plus de 153,97 milliards, contre 129,49 milliards en 2017. En 2019, elles étaient estimées à 219,2 milliards soit 24,6 % des *recettes totales contre respectivement 19 % et 18,2 % en 2018 et 2017. Ces chiffres montrent l'ampleur des dépenses fiscales et leur poids (**Référence : DGAE Bénin, 2020).***

LEÇON 2

LES DIFFÉRENTS TYPES D'IMPÔTS

88. La fiscalité n'est pas qu'une affaire de chiffres. Les choix des techniques fiscales ont des conséquences sur le corps social et il est intéressant de procéder à une typologie des impôts pour éclairer les différents aspects de la fiscalité afin d'appréhender leur impact et d'en saisir la catégorisation.

2.1. LES GRANDES CLASSIFICATIONS DES IMPÔTS

89. Les classifications sont variables et fonctions de plusieurs facteurs :

- **En fonction de la collectivité bénéficiaire.** Selon cette classification, on a les impôts d'État et les impôts locaux.
- **En fonction de la matière taxée.** À ce niveau, on a, par exemple, les impôts sur le revenu, les impôts sur le patrimoine, les impôts sur la dépense, etc.
- **En fonction du secteur économique**. Il ressort de cette classification qu'on peut avoir la fiscalité sur le tourisme, sur les télécommunications, sur l'épargne. La taxation des secteurs d'activité est fonction de la politique fiscale et des objectifs visés par les pouvoirs publics. L'attention devrait être portée sur certains secteurs qui pourtant contribuent énormément au PIB. Au Bénin, les secteurs concernés, sont par exemple les télécommunications, l'immobilier. Malgré la croissance remarquable de ces dernières années, ces secteurs ne permettent pas d'engranger des revenus substantiels pour le trésor public.
- **En fonction des agents taxés**. De cette division, on peut avoir la fiscalité sur les ménages et celle sur les entreprises.

2.2. Les classifications techniques

90. Plusieurs types de classifications en découlent.

2.2.1. Impôt direct-Impôt indirect

91. Le critère basé sur le rôle. Si l'impôt est prélevé sur la base d'un rôle, il est direct. Dans le cas contraire, il pourrait s'agir d'un impôt indirect.

92. Ce critère mérite d'être complété par un autre, notamment la notion d'incidence fiscale.

93. Le critère basé sur l'incidence fiscale. L'impôt supporté par l'assujetti est un impôt direct. *In fine,* l'impôt direct est une ponction sur le patrimoine ou sur les produits du patrimoine du contribuable. Dans le cas contraire, il s'agit d'un impôt indirect dont la charge est répercutée sur le redevable réel qui n'est pas le redevable légal.

Encadré 15: Translation de l'impôt

On a de nombreux travaux sur les concepts d'incidence et de translation. Un apport important de l'analyse économique consiste à démontrer que le redevable légal d'un impôt ne le supporte pas nécessairement dans la réalité. Généralement, et quel que soit l'impôt (direct ou indirect), les contribuables considèrent l'impôt comme un coût et s'efforcent de transmettre l'impôt sur d'autres en manipulant des variables tels que le prix, les salaires. L'un des comportements d'un agent peut être de majorer le prix du loyer du montant de la taxe foncière.

2.2.2. Impôt personnel-Impôt réel

- **L'objectivité de l'impôt réel**. L'impôt réel est objectif, car il n'y a pas de considération personnelle. Il frappe un bien (immeuble par exemple).
- **L'impôt personnel, une inquisition.** L'impôt personnel est attaché à la personne du contribuable et permet une prise en compte de sa situation personnelle. En contrepartie, l'administration a un droit de regard sur la situation du contribuable et est donc fondée à le contrôler.
- **Montesquieu hostile à l'impôt personnel.** Abordant la question de l'impôt sous l'angle de la liberté, Montesquieu

marque sa préférence pour l'impôt sur les marchandises. Le philosophe français estime que l'impôt par tête qui « engage directement les rapports de domination politique entre l'État et l'individu » (**C. LARRERE, LARRIERE, « L'égalité fiscale : une invention républicaine ? », *op. cit.***.) est plus naturel à la servitude ; ce contrairement à l'impôt sur les marchandises, qui serait plus naturel à la liberté, car moins direct à la personne et sans demande formelle, mais surtout renvoie aux rapports qui se soustraient à l'emprise directe du pouvoir (***ibid.***).

2.2.3. Impôt proportionnel-Impôt progressif

- **La progressivité et la personnalisation**. C'est une modalité particulièrement importante de la personnalisation de l'impôt permettant de moduler la taxation du revenu en fonction de sa consistance. Le taux de l'impôt croît en fonction de la progression de la base d'imposition.

Encadré 16: La progressivité, une conception redistributive de la justice fiscale

La progressivité découle d'une conception redistributive de la justice fiscale qui présente l'impôt comme un lien de solidarité et de réduction des inégalités. Défendant l'idée d'un impôt progressif, Adam SMITH écrivait : « Il n'est pas déraisonnable que les riches contribuent aux dépenses de l'État, non seulement en proportion de leur revenu, mais au-delà de cette proportion ».

- **Progressivité directe**. La progressivité est directe lorsque le taux de l'impôt progresse de façon continue.
  - **Progressivité globale.** Au contraire elle est globale lorsque les revenus sont répartis par classe.
  - **La proportionnalité et la justice fiscale.** Selon Domat, « les charges de l'État regardent les personnes, et chacun devant y contribuer à proportion des biens » (**J. DOMAT, *Droit public ou suite des lois civiles dans leur ordre naturel, Livre 1*, titre 5, section 1**). En conséquence, l'impôt doit être tel que chacun en porte sa part. C'est le sens de la proportionnalité qui, de façon technique, appréhende le revenu de façon globale par l'application d'un taux constant. L'impôt proportionnel découle d'une conception de la justice fiscale, celle commutative. Appliqué sans discernement, l'impôt proportionnel peut se révéler régressif au désavantage

des pauvres puisque ces derniers paieraient autant que les riches (**R. BONNEY éd.,** ***Systèmes économiques et finances publiques,*** **Paris, PUF, 1996, p. 19**).

Joseph CAILLAUX (**J. CAILLAUX,** ***Les impôts en France. Traité technique 1,*** **Paris, LGDJ, 1911**) rappelle certains principes de base de la proportionnalité que sont :

- *La modération.* Une ponction excessive est susceptible de laisser l'État désargenté car encourageant la fraude ou décourageant l'activité économique ;
- *L'équité.* Le système fiscal doit reposer sur un effort égal de tous pour le bien commun en misant sur la justice et la solidarité au détriment du clientélisme ;
- *La prudence.* La nécessité de la ponction sur le patrimoine ou sur ses revenus doit être conciliée avec les intérêts vitaux et les intérêts protégés des individus.

2.2.4. Impôt de quotité-Impôt de répartition

94. L'impôt de répartition, une technique archaïque. L'impôt de répartition est une technique archaïque. Elle consiste à définir le produit fiscal total de l'impôt ou contingent fiscal à l'avance puis à le répartir entre les contribuables.

95. L'impôt de quotité, une technique moderne. Cette méthode permet au pouvoir fiscal de déterminer une assiette et de fixer un taux. C'est une méthode moderne. Contrairement à l'impôt de répartition, le montant de l'impôt de quotité n'est pas connu à l'avance. Cela n'empêche pas de faire des prévisions au plus près des réalités, et ce, sur la base d'hypothèses solides.

2.2.5. Impôt spécifique- Impôt *ad valorem*

96. L'impôt spécifique vise une unité matérielle. Cet impôt est celui qui porte sur l'unité matérielle du produit frappé, unité définie en poids, volume, surface, nombre (Taxe Spécifique Unique sur les Produits Pétroliers par exemple, prélevé en fonction du nombre de litres du produit pétrolier).

97. L'impôt *ad valorem*, vise la valeur. Il est d'application plus générale et atteint la matière imposable, non dans son unité, mais dans sa valeur tout entière (la TVA par exemple qui frappe le chiffre d'affaires au taux légal).

2.2.6. Droits constatés-Droits comptants

98. Lorsque les opérations d'assiette-liquidation-recouvrement sont distinctes, on parle de **droits constatés (impôt sur le revenu par exemple).**

99. Lorsque les opérations d'assiette-liquidation-recouvrement sont faites dans un même mouvement, on parle de **droit au comptant (droits d'enregistrement par exemple).**

Encadré 17: Choix du système fiscal adéquat et théorie de la taxation optimale

La théorie de la taxation optimale propose un ensemble de résultats applicables au problème de la sélection des prélèvements. Selon la taxation optimale, l'administration doit lever un niveau donné de recettes fiscales en s'appuyant sur un ensemble limité d'instruments fiscaux (types de taxes, taux, etc.). Deux critères de choix sont retenus, l'efficacité et l'équité, entre lesquels le gouvernement effectue des arbitrages. Le problème normatif consiste alors à maximiser une fonction de bien-être élaborée. Elle permet notamment de représenter les objectifs du gouvernement au regard du critère d'équité. En théorie, des taxes n'induisant pas de distorsion sont concevables. Toutefois, la pertinence de la taxation optimale et sa capacité à inspirer la conduite des politiques est remise en cause par les critiques. Pour le Financial Times, *cette littérature n'aurait engendré que quelques principes généraux ayant acquis le statut de lieux communs.*

2.3. Les classifications issues du Code Général des Impôts (CGI)

100. La refonte du CGI permet de dévoiler une catégorisation administrative et légale des impôts ainsi qu'il suit :

2.3.1. Les impôts directs

Dans cette catégorie, on distingue :

- Les impositions des bénéfices ou des recettes des entreprises, notamment l'impôt sur les impôts sur les sociétés, les impôts sur les bénéfices d'affaires (IBA), la Taxe professionnelle Synthétique (TPS), les retenues à la source des impôts sur bénéfice ;

- L'impôt sur le revenu des capitaux mobiliers (IRCM), notamment les revenus mobiliers, les revenus des créances, dépôts, cautionnements ;
- L'impôt sur les revenus fonciers ;
- La Taxe sur les plus-values immobilières ;
- L'impôt sur les traitements et salaires ;
- La taxe sur le patrimoine notamment la taxe foncière unique, la taxe sur les véhicules à moteur, la taxe sur les armes à feu, la taxe sur les pirogues motorisées et barques motorisées, la taxe sur les taxis de ville de deux à quatre roues ;
- Les autres impôts directs et taxes assimilées notamment la taxe sur le développement du sport, le versement patronal sur salaires, la contribution des patentes, la contribution des licences.

2.3.2. Les impôts indirects

Au titre des impôts indirects, le CGI distingue :

- La taxe sur la valeur ajoutée ;
- Les autres taxes de consommation notamment la taxe sur les produits spécifiques, la taxe spécifique unique sur les produits pétroliers (TSUPP), la taxe sur les véhicules de tourisme, la taxe de développement locale, la taxe sur l'exportation de la ferraille et des sous-produits ferreux ;
- La taxe sur les activités financières et les assurances (TAFA) ;
- La contribution sur la vente de services de communications électroniques ;
- La taxe de séjour ;
- Les taxes locales optionnelles notamment la taxe de pacage,
- La taxe sur les spectacles, jeux et divertissements ;
- La taxe sur la vente des boissons fermentées de préparation artisanale ;
- La taxe sur la publicité, la taxe sur la consommation d'électricité et d'eau.

2.3.3. Les droits d'enregistrement, de timbre et de publicité foncière

On relève dans cette catégorie :

- les droits d'enregistrement ;
- le droit de timbre ;
- les droits de publicité foncière et hypothécaire.

LEÇON 3

APERÇU DU SYSTÈME FISCAL BÉNINOIS

101. Les impositions, une réalité préexistante à la colonisation. L'apparition des impositions dans les sociétés composant la nation béninoise n'est pas liée à la confrontation avec la colonisation. Si, ici comme ailleurs, hier comme aujourd'hui, « les défis de la fiscalité sont éternels et les principes intemporels » (**M. KEEN** ***et al., Rebellion, Rascals, and Revenue, op.cit.***), la colonisation a plutôt institué de nouvelles logiques et changé profondément la nature des institutions.

102. Les fondements historiques de l'impôt dans les sociétés précoloniales du Bénin. L'impôt dans les sociétés précoloniales du Bénin en général et du *Danxomé* en particulier a un fondement. Il est à la fois traditionnel et financier.

- **La légitimité traditionnelle du prélèvement**. La réalité préexistante à la colonisation est que le souverain qui est illustré dans la figure du Roi, est perçu comme « le maître de la vie, de l'honneur et des biens de ses sujets ». En conséquence, « les sujets ne possèdent leurs biens qu'à titre d'usufruit » dans la mesure où « la propriété en principe appartient au roi », ce dernier étant considéré comme le souverain. En tant que tel, il ne leur concède la jouissance des biens que moyennant l'acquittement de droit, qui constitue une manière pour le roi de reprendre une partie de son bien. Par ailleurs, les droits dus par les sujets sont appréhendés comme des *tributs* et formalisent la soumission, l'allégeance et le maintien des sujets dans l'obéissance. Ce qu'il faut comprendre, c'est que « grâce à l'impôt, les sujets ne perdent point la mémoire de leur condition ». En effet, « s'ils étaient libres de tribut, ils penseraient l'être de l'obéissance ». Ces derniers, pareils au mulet, doivent être accoutumés à leur charge (**A.**

M'BEMBE, ***De la postcoloniale. Essai sur l'imagination politique dans l'Afrique contemporaine, op. cit.*.).**

- **Le fondement financier du prélèvement.** Si la condition de sujet justifie l'acquittement du prélèvement, il n'en demeure pas moins que l'impôt prélevé permet de donner au Roi, les moyens d'entretenir son prestige, son royaume, protéger les populations et le territoire. Il apparaît « qu'en procédant de la sorte, la royauté a acquis une légitimité pour lever l'impôt et s'est présenté comme étant seul en mesure d'assurer l'intérêt général et le bien-être des populations. En contrepartie, les habitants devraient contribuer au financement du royaume » (**E. MOYSAN,** ***Finances publiques,*** **Ellipses, p.7.**). C'est ainsi que dans l'ancien royaume du *Danxomè*, le *Amlon Koué*, (littéralement l'argent du sommeil) ou taxe d'habitation ou de résidence, les droits de succession, les redevances sur les palmeraies, le commerce, contribuaient à la formation des revenus du Royaume. Ces ressources permettaient au roi d'entretenir sa cour et de financer les expansions militaires. Il y avait même des postes de douane, dénommés *Denu*, qui permettaient de recouvrer des taxes (*Dénu* kouê) sur les transactions passant par le Royaume ou à destination du Royaume. Les pratiques fiscales de cet *État* ont été liquidées par l'instauration par une autre communauté, la France, à la faveur de la colonisation, de nouveaux types de prélèvements auxquels les peuples autochtones sont désormais assujettis à son profit. La physionomie actuelle de la fiscalité béninoise, en rupture avec les pratiques fiscales traditionnelles, n'est pas sans lien avec les évolutions politiques et historiques qui trouvent leur source dans la rupture sociale et culturelle dont la colonisation est porteuse.

103. Aux sources de la connexité entre la législation fiscale béninoise et le droit fiscal français, la colonisation. Malgré de réelles mesures d'adaptation et de modernisation, le droit fiscal béninois conserve globalement les traits de l'héritage colonial français. Au-delà de l'héritage, il s'inspire fortement du droit fiscal français qui constitue d'ailleurs sa principale référence. Le droit fiscal béninois est un droit qui se modernise en s'enrichissant et en se nourrissant de concepts importés principalement du système fiscal français dans une entreprise d'inspiration, d'adaptation et de *conformisation* aux standards fiscaux internationaux. Cette situation est liée à l'héritage de la colonisation qui a consacré une certaine filiation culturelle, politique et juridique entre le système en vigueur en France et ceux des pays de l'UEMOA. Le Bénin n'échappe pas à cette entreprise de connexité.

- **Le lien ténu entre l'impôt et l'histoire des sociétés composant la Nation béninoise.** Selon Gabriel ARDANT, « peu d'institutions ont, autant que l'impôt, marqué la vie des hommes, leurs relations et leurs progrès ». (**G. ARDANT, *Histoire de l'impôt*, I, Tome I, Paris, Fayard, 1971**). En effet, l'impôt est un facteur qui a toujours structuré l'évolution des sociétés et la connexité avec la législation fiscale française en est une résultante. Il est donc aisé de voir à travers les évolutions de la société béninoise, des évolutions en matière fiscale. Il est également possible d'appréhender les évolutions politiques des sociétés à travers l'histoire de l'impôt et des rapports fiscaux entre les populations et les autorités politiques.

  Avant la colonisation, les ressources fiscales du Royaume se confondaient à celles du Roi, marque de l'emprise du Roi sur ses sujets à travers sa capacité à leur imposer des contributions. Le changement d'autorité après la colonisation qui a permis de vaincre la royauté préétablie et la prise de possession des différents territoires par le colonisateur se sont traduits par des changements en la matière. L'impôt étant considéré « comme un tribut au vainqueur » (**L. GARCIA, « Les mouvements de résistance au Dahomey (1914-1917) », *Cahier d'Études Africaines*/ Année 1970/37/pp. 144-178)**, il s'en est suivi un système fiscal colonial qui permettait au colonisateur de se procurer des ressources pour financer l'occupation coloniale et la domination des indigènes au-delà du seul *Danxomé*. Pour ce dernier, il apparaissait clairement que la mise en valeur et l'exploitation des richesses des colonies devraient passer par la participation effective des « indigènes » sous forme de portage, de corvées mais surtout de concours financiers obtenus grâce à la perception des impôts et taxes directs, notamment l'impôt de capitation. *In fine,* à partir des décisions prises en métropole, « les Européens encadraient et commerçaient ; les Africains produisaient, consommaient et ***alimentaient les caisses de l'État, permettant à la machine (coloniale) de fonctionner*** » (**H. d'ALMEIDA-TOPOR, *Histoire économique du Dahomey (Bénin), (1890-1920),* Paris, Harmattan, 1995**).

- **L'impôt, historiquement le versant financier du pouvoir politique et de sa contestation**. L'impôt est le versant financier de la soumission à une autorité politique.

  L'impôt est un instrument d'exercice de pouvoir et de sa contestation. Pour Cathérine COQUERY-VIDROVITCH, « la perception de l'impôt est un acte politique, un acte de souveraineté ». On comprend dès lors que la pénétration française en vue de contrôler les territoires du Dahomey soit accompagnée d'abord d'une limitation, puis d'une dépossession des souverains établis, de leur pouvoir fiscal. En effet, après la signature du traité de protectorat avec la France en 1882, le souverain du Royaume de *Xogbonu* (Porto-Novo) ne pouvait plus selon les termes de l'accord (article 4 du décret de reconnaissance du protectorat) créer de nouveaux impôts sans le consentement du résident français, garant des intérêts de la puissance protectrice. C'est donc ce dernier qui est désormais détenteur du consentement. De plus, « à partir de 1889, la douane et les taxes liées au commerce ne relevèrent plus de la compétence royale. Conformément au traité de protectorat, cet attribut régalien échappa au roi (…) » (**M. MENSA, *La construction du territoire du territoire et de la délimitation des territoires du Dahomey,* Thèse de doctorat de l'Université de Lille, soutenue en 2019**). Dans le plan mis en œuvre, la perception des droits de douane et des taxes liées au commerce doit s'accompagner de la disparition et de l'effacement du Roi pour permettre ensuite au colon de « s'emparer de la Cité afin d'avoir le droit d'établir des patentes et autres impositions (…) » (**ANOM-DAHOMEY IX, 3a-copie du rapport de Tautain, no 197/99, du 30 juin 1889, pp. 12-13, cité par H. DALMEIDA-TOPOR, *Histoire économique du Dahomey, 1890-1920, op.cit.,* p. 25).** C'est ainsi qu'à Porto-Novo,

« l'établissement des douanes dans le royaume, qui avait profité au budget local (colonial), eut pour conséquence de diminuer gravement les ressources de la Cour, contribuant, indubitablement à son déclin » (**S. AGNINIKIN, *Les origines du mouvement national au Dahomey-1900-1939,* Thèse de doctorat, Paris VII, 1980, p.76**). Il était clair pour la puissance protectrice à visée coloniale que : « du jour où elle percevra la douane, l'autorité du roi devrait disparaître à peu près complètement, pour ne pas dire tout à fait » (**H. d'ALMEIDA,** *ibid.*, **Archives nationales d'O.M., IX, 3.a**).
Ce qu'il faut comprendre, c'est que dans toute expédition, « dès lors que la puissance étrangère contrôle la fiscalité (…), le pouvoir échappe au commandement local » (**M. MENSAN, *Thèse précitée***). Et c'est ce qui fut fait dans le Royaume de *Xogbonu* (actuel Porto-Novo), contre la promesse d'une rente annuelle de 40 000 francs au Roi dépossédé (finalement ce furent 30 000 francs que le gouvernement colonial lui octroya et dont les comptes définitifs des recettes et dépenses du Dahomey gardent trace jusqu'en 1907- **Voir Archives nationales d'O.M, IX, 3.a**.). Il s'agissait d'une stratégie d'affaiblissement financier avec une compensation financière résiduelle, pour pousser le trône royal vers son déclin**. (M. MENSAN, *Thèse précitée*).** Par la suite, l'incapacité du Roi à trouver une solution aux mécontentements qui lui étaient exprimés par des populations désabusées par les taxes écrasantes instituées par la France et difficilement payables par elles, n'ont fait que révéler l'affaiblissement de la souveraineté royale vis-à-vis de ses sujets (***ibid.***). Dans la cité de *Xogbonu,* la dépossession du Roi de tout pouvoir fiscal, un des attributs inaliénables de la souveraineté, permit donc à la France, devenue plus impérialiste que jamais, surtout après 1885 (***ibid.*),** de s'imposer. L'impôt remplissait une fonction capitale dans la formation même de l'empire colonial et son institution fut indissociable de la mise sur pied et du financement d'un vaste appareil militaire et de prélèvement dans la colonie.
L'impôt est un instrument de défiance du pouvoir en raison de l'importance du pouvoir fiscal dans l'exercice du

pouvoir en général. Il est utilisé par les personnes gouvernées comme un instrument de contestation et de résistance à l'autorité.
Ceci s'est manifesté pendant la colonisation. L'attitude des peuples de la colonie du Dahomey vis-à-vis de l'établissement de l'impôt, en déterminait le positionnement à l'égard du colonisateur. Ainsi, pour le gouverneur colonial Noufflard, le recouvrement intégral (avant les révoltes) d'une taxe de capitation de 0,25 franc dans les cantons de la région de l'*Atacora*, était la preuve que les *Somba* ne sont pas réfractaires à la domination française. En revanche, la résistance des *Holli* est appréhendée comme une hostilité.
La résistance à l'occupation coloniale s'est manifestée chez certaines populations colonisées par le refus de se plier aux obligations fiscales coloniales. Le colon le ressentait ainsi et cela n'était pas sans conséquence dans la mesure où une telle forme de résistance ne manquait pas d'ébranler la colonie et de créer des ravages économiques énormes (**L. GARCIA, *Les mouvements de résistance au Dahomey-(1914-1917) -op. cit.)***. L'état d'insoumission a particulièrement persisté auprès des peuples *Holli* de l'actuel département du Plateau. Réfractaires à toute action politique française, ces derniers ne concédaient à payer un impôt qu'à force de persuasion et d'intimidation. **(*Ibid.*).**
Dans le cercle d'Abomey, il apparaissait qu'au cours de l'année 1914, « les chefs de village refusaient délibérément de se rendre aux convocations des chefs de canton pour le paiement de l'impôt » afin de marquer leur insoumission.
Le refus de l'impôt, comme expression de la contestation coloniale, n'est pas propre à l'ex Dahomey, occupé. L'illustration est donnée par les mouvements de résistance en Inde. C'était le cas lorsque « en 1931, le Mahatma Gandhi a contesté la légitimité de la domination britannique en prélevant une cuillère à café de boue salée, en la faisant bouillir dans de l'eau de mer et en produisant ainsi du sel illégal non taxé ».
Dans l'histoire, la rébellion fiscale a permis de souder les communautés autochtones contre l'État, l'occupant colonial considéré comme une force extérieure, lointaine, venue imposer ses desseins et les soumettre. L'impôt est donc un

alibi ou un amplificateur de revendications politiques ou de contestations sociales. En conséquence, « l'impôt demeure sous l'influence de facteurs exogènes, qu'ils soient politiques, économiques ou sociétaux » (**E. GOGUEL-MAZET et F. OLIVER, « Morale au tribunal », *op.cit.***) et vice versa. Pour M. KEEN et J. SLEMROD « les révoltes fiscales ne concernent que rarement l'impôt » (**M. KEEN et J. SLEMROD, *ibid.***). C'est vrai pour la colonisation au Dahomey où par exemple la contestation en 1921-1923, sous forme insurrectionnelle du paiement partiel de l'impôt en monnaie métallique, fut un prétexte pour dénoncer, en plus du harcèlement fiscal, d'autres brimades et exactions des gouverneurs et résidents. C'est aussi vrai dans d'autres contextes comme la révolte des paysans dans la Grande Bretagne de Tachter ou encore plus récemment le mouvement des gilets jaunes en France. Dans ce dernier cas, la taxe sur le carburant n'a été que l'amplificateur d'un mouvement de grogne qui couvait.

Le mimétisme fiscal, conséquence d'une « indépendance négociée ». De façon générale « les impôts ont été façonnés par les guerres (tout au long de l'histoire) et par les extensions de franchise (tout récemment) » (**M. KEEN et J. SLEMROD, *ibid.***). Prolongeant cette assertion, il est notoirement irréfutable que le système fiscal en vigueur dans les pays de l'UEMOA est façonné par l'expédition coloniale et porte encore les empreintes de la consolidation de la politique impérialiste qui l'a accompagné. L'indépendance qui fut négociée n'a pas fondamentalement liquidé les fondements du système.

Pour en comprendre les déterminants, il faut relever que la trajectoire vers l'indépendance des pays francophones de l'Afrique de l'Ouest, y compris le Dahomey (actuel Bénin), s'est manifestée dans un premier temps par la reconnaissance de l'autonomie à la colonie, à travers la Loi-cadre Gaston Deferre de 1956. L'idée est que les peuples colonisés puissent désormais vivre avec leur génie propre, fécondés avec leurs besoins, leurs goûts, leurs écoles, leurs arts, mais en s'inspirant de la culture française et sous le regard de la puissance coloniale. Un tel paradigme prend à contrepied la voie envisagée par le gouverneur Félix Éboué qui, dans sa circulaire du 8 novembre 1941, défendait l'idée d'une politique africaine de la *France libre,* dont la mise en œuvre doit permettre à l'Afrique de garder, en le perfectionnant, un droit africain. L'autonomie résultant de la Loi Gaston DEFERRE[25] permet de responsabiliser progressivement les cadres locaux en lieu et place des fonctionnaires colons. Cette responsabilisation concerne également la matière fiscale et la gestion des ressources qui en sont issues. La maximalisation de l'autonomie s'est réalisée à la faveur de l'indépendance acquise dès 1960. Seulement, cette indépendance fut négociée dans des termes qui ont consacré une certaine filiation.

Dès lors, les élites africaines « assimilées » qui ont pris les commandes des jeunes États, ont, dans la prolongation des lignes tracées à la conférence de Brazzaville, c'est-à-dire la référence aux institutions françaises, perpétué le modèle français. Le droit fiscal en vigueur n'est donc pas le produit d'une évolution du droit africain. Il résulte d'une assimilation entretenue avec des tentatives désespérées d'adaptation.

Ce qu'il faut retenir de la transition vers l'indépendance, c'est qu' « il a été considéré comme suffisant de ne tirer les conséquences de l'indépendance qu'en se contentant de substituer les nouvelles structures politiques qui constituaient l'expression de la souveraineté des nouveaux États en lieu et place des institutions de la colonisation, sans modifier fondamentalement le cadre du régime budgétaire et financier **(H. LENA, P. MANGA, J. MANDZOUNGOU, Chr. DJE BI DJE, K. DIOUBATE, D. NEWIADOWSKI, M. DEBENE, « La formation du système budgétaire et financier »,** ***in*** **P. LALUMIERE, B. CASTAGNEDE** ***(Dir),*** **Systèmes budgétaires, financiers, fiscaux et douaniers, Encyclopédie juridique de l'Afrique,** ***op. cit.*****, p. 27).** Ce mouvement qui, a été suivi dans la quasi-majorité des colonies, faisait ainsi naître une communauté de destin entre

[25] Il s'agit de la loi n°56-619 du 23 juin 1956 autorisant le Gouvernement français à mettre en œuvre les réformes et à prendre les mesures propres a assurer l'évolution des territoires relevant du ministère de la France d'outre-mer.

ces territoires et la France. Elle va se traduire après l'indépendance par l'attrait qu'exercent les textes français sur le droit financier en général et le droit fiscal en particulier. Un tel attrait est perpétué par le maintien de fonctionnaires coloniaux ou leur remplacement par des coopérants [26] qui ont travaillé à implémenter des modèles fiscaux à l'image de celui du colonisateur. Le partage de ce paradigme avec d'autres pays ouest-africains ayant également été colonisés par la France, a favorisé le phénomène de fédéralisme financier et fiscal. Dans une sorte de continuité postcoloniale, la convergence formelle et substantielle entre les différents pays de l'UEMOA est accompagnée d'une harmonisation, d'une coopération, et d'une coordination fiscale au niveau régional. Les paradigmes de ce post-colonialisme ont été renouvelés puis réévalués après la crise économique des années 1980 et 1990.

Encadré 18: La fiscalité ouest africaine, porteuse d'une géopolitique du post colonialisme ?

*En considérant les théories de Keen et Slemrod qui établissent un parallèle entre le passé et le présent en matière fiscale, lorsqu'ils estiment que « les systèmes fiscaux du passé ont plus en commun avec ceux d'aujourd'hui qu'on ne le pense » (J. Keen et M. Slemrod, Rebellion, Rascals and revenu, op. cit.), il est possible de voir dans les rapports fiscaux entre les ex-colonies et l'ex colon, des éléments de perpétuation des anciennes logiques. Cela peut même s'étendre aux acteurs de la conférence de Berlin de 1884-1885. En effet, pour l'État colonisateur « l'objet d'une colonie était d'être pour la métropole une source de profit ». C'est bien ce que proclamait à l'époque P. LEROY-BEAULIEU en ces termes : « La principale utilité des colonies est le commerce des métropoles » (***P. LEROY-BEAULIEU, De la colonisation chez les peuples modernes, Paris, 1874***). *Au regard de certaines conséquences fiscales des accords et des rapports qui lient les États, l'on est en droit de se demander s'ils ne perpétuent pas des logiques du passé. Les logiques coloniales voient les territoires conquis comme des sources d'approvisionnement de « matières premières à bon marché », un moyen de « faciliter le commerce des puissances impérialistes »,* (***E. ÉTIENNE, Chef du parti colonial, cité par M. AHAHANZO, Thèse préc.***)*. Pour y arriver, le colon mettait en œuvre le portage, les corvées, le travail forcé, l'impôt de capitation.*

Aujourd'hui, le fait d'écarter toute taxation gênant ce dessein en bénéficiant des dépenses fiscales et de pratiquer ***l'escalade tarifaire*** *qui handicape le développement de produits africains transformés et semi-transformés, ne fait que rappeler le dessein historique qui a suscité les premières expéditions vers l'Afrique. Lorsqu'elles ne sont pas encadrées ou maîtrisées, les dépenses fiscales peuvent en effet laisser croire à une*

[26] Le phénomène des coopérants subsiste toujours. Si les paradigmes initiaux ont évolué, ils n'ont pas été liquidés.

*perpétuation « camouflée » des logiques d'exploitation du continent au détriment de son développement. Les conventions fiscales, instruments d'autolimitation concédée en principe pour protéger les ressources souveraines, en évitant la double imposition deviennent en définitive des instruments d'affaiblissement fiscal des États, en promouvant la non double imposition. En l'absence d'une rationalisation des dépenses fiscales, l'on peut croire que plusieurs décennies après l'indépendance, les populations de l'espace UEMOA à travers leur État, continuent de contribuer fiscalement à l'exploitation des ressources de leur territoire. En effet, les États s'engagent pour des accords fiscaux avec les exonérations fiscales sur les investissements étrangers, extrêmement favorables pour les multinationales en vue de leur permettre de tirer profit de la mise en valeur des ressources de leurs pays. S'il est admis que les dépenses fiscales qui résultent des exonérations sont équivalentes à des dépenses et produisent des effets assimilables à ceux des dépenses de transfert (**DGAE, 2020**), il est donc aisé d'y voir la participation des populations via les pouvoirs publics, à l'exploitation des ressources de leur territoire. On aboutit à « un transfert de richesse des parties prenantes du pays concerné aux actionnaires de grandes sociétés étrangères pour la plupart rentables » (**justice network, 2020**). L'impôt, dans les rapports historiques entre ces parties était un instrument du régime concessionnaire. Ce régime concessionnaire consistait à la mise en valeur des territoires colonisés par l'État colonial via des concessions à des intérêts privés (compagnies et maison de commerce). L'administration coloniale garantissait le fonctionnement par divers moyens dont les impôts des indigènes. Cette dernière bénéficiait pour son œuvre, des taxes levées sur les indigènes. Aujourd'hui, les puissantes multinationales ont remplacé les anciennes maisons de commerce, les concessionnaires privés des territoires et bénéficient des contributions des anciens États colonisés devenus indépendants, sous forme de dépenses fiscales. Ces dernières utilisent le pouvoir pour, in fine, « imposer des impôts privés aux travailleurs, aux citoyens et aux consommateurs » (**justice network**). De façon plus aggravante, ces dépenses fiscales favorisent les comportements d'évitement, notamment la fraude et l'évasion fiscales. La déperdition des revenus fiscaux qui en résultent, à cause du désarmement fiscal qui accompagne la mise en valeur des ressources fossiles, est un véritable drame qui est ruineux pour les États* (***N. MEDE* et *al., La gouvernance fiscale mondiale et l'Afrique, REIDF, p. 80***).

Dans les rapports contemporains entre les deux parties, des conventions qui n'étaient pas exclusivement fiscales, sont susceptibles d'emporter des conséquences en la matière au détriment des États de l'UEMOA. L'existence de « conventions de coopération monétaire entre la France et les États de la zone franc consacrant le libre transfert des ressources financières entre eux et la France », favorise les transferts de bénéfices et autres ressources vers des États (souvent occidentaux) devenus des Territoires Non Coopératifs (ETNC) et communément appelés les paradis fiscaux. En instituant la liberté totale du point de vue économique, ces accords consacrent une absence de contrôle de changes entre pays de la zone. Les bénéficiaires sont donc les entreprises multinationales qui investissent en zone UEMOA. Ces dernières « (...) sont en effet assurées de pouvoir rapatrier à tout moment leurs capitaux et leurs bénéfices » (***M. BOUVIER et al., Finances publiques, 2019-2020, p. 629***) *sans éprouver aucune limite. Ceci se fait au mépris des intérêts des Trésors publics des pays de l'UEMOA dont le Bénin. Ces traités signés à l'époque de la colonisation et avant la décolonisation, mais constamment renouvelés avec quelques changements mineurs, rendent incertaine, toute chance de réinvestissement et donc d'émancipation de ces territoires. (**N. MEDE et al., Ibid.**). La quasi-systématisation du « délestage fiscal » au profit des seuls investissements étrangers dénote de l'incapacité des États à imaginer d'autres moyens de bénéficier des investissements utiles au développement. La société civile est-africaine dénonce, par exemple, au Rwanda et au Kenya, l'adoption d'un code des investissements pour attirer les investissements étrangers, au prix d'avantages colossaux comme la possibilité qui leur est offerte de rapatrier complètement les bénéfices engrangés, des incitations nuisibles à la* *collecte des ressources publiques et favorables à la fuite des capitaux et aux flux financiers illicites (***voir communiqué conjoint du Tax Justice Network Africa et East Africa Governance Tax Network-EAGTN-du 10 août 2021)***. À tout cela, il faut ajouter le système de corruption savamment entretenu pour éluder l'impôt. Pour les multinationales qui s'adonnent à la petite corruption des fonctionnaires, le gain fiscal est très élevé car « plus la corruption de l'administration est élevée, plus les transferts de bénéfices sont importants » (***Katarzyna Bilicka, André Seidel,*** **« Profit shifting and corruption »,** ***Working Papers in Economics,*** **n° 05/18, Department of Economics, University of Bergen***). C'est ainsi qu'au Cameroun, la société maritime française Bourbon est poursuivie en France pour versement présumé de 150 000 euros (100 millions de francs CFA) pour échapper à un redressement fiscal de 11 millions d'euros (plus de 7,2 milliards de francs CFA (Voir* **F. PIGEAUD, « Le Cameroun, un eldorado pour les multinationales peu scrupuleuses ? », publication *Mediapart* du 6 août 2021)***, soit un versement 0,15 % du montant dû au Trésor public, à reverser dans les poches de fonctionnaires. Les relations fiscales et financières formelles et informelles entre l'ex colonisateur et les pays formant son pré-carré et résultant des conventions est de nature à faciliter le transfert vers les paradis fiscaux des profits réalisés dans ces pays. Ceci n'est pas sans lien avec l'indépendance négociée au prix d'importantes limitations apportées à la « souveraineté fiscale » qui devrait normalement accompagner l'accession des pays à la souveraineté internationale. Selon Montesquieu, « l'exemption d'impôts dont jouissaient les citoyens de certaines cités (...) signalait leur position dominante ». Ce dernier ajoute qu'« un peuple dominateur (...), peut s'affranchir de tout impôt, parce qu'il règne sur les nations sujettes » (***Montesquieu, EL, XIII, 12***). Au regard de ce qui précède, la « domination » fiscale sur les pays de l'UEMOA est attestée. La voie empruntée par l'ex colonisateur est également de plus en plus empruntée par les puissances émergentes dont la Chine. Dans une réflexion plus actuelle et plus contemporaine, il ne s'agit pas de revenir à un moyen-âge fiscal. Ce qui est souhaitable, c'est la mise en œuvre d'une diplomatie fiscale qui garantisse les intérêts des pays de l'UEMOA en considérant l'instrument fiscal, d'abord comme un instrument essentiellement politique et géopolitique. Si on considère que les investissements étrangers sont utiles pour stimuler la croissance, il est établi qu'ils « affluaient vers les pays dotés d'une croissance économique soutenue, d'institutions solides et d'un système politique et social stable, ce qui remet en cause le mythe en vertu duquel dérégulation forcenée et cessions de souveraineté conduisent magiquement sur la voie des investissements » (Katarzyna* ***Bilicka, André Seidel, ibid.)****. Ceci est sans préjudice de l'effet incitatif des dépenses fiscales en lien avec des motifs d'intérêt général dont il faut s'assurer au préalable avant toute concession dans ce domaine.*

104. Le droit fiscal béninois inscrit dans le processus de l'harmonisation fiscale communautaire. Le processus d'harmonisation communautaire est lié à la communauté de destin qui lie les pays de l'UEMOA. C'est ce qui a facilité le processus d'harmonisation financière et fiscale qui a pour socle normatif le cadre harmonisé des finances publiques au sein de l'UEMOA et divers règlements communautaires qui tendent à mettre en place une discipline financière commune et une fiscalité harmonisée au sein de l'espace UEMOA dans le cadre d'une intégration politique. L'idée est de capitaliser les logiques politiques communes. Cette idée se conjugue sur le plan fiscal avec la volonté d'éliminer les disparités préjudiciables aux objectifs de construction du marché commun. Compte tenu de cette réalité, le droit fiscal béninois, en plus de chercher à garantir les conditions optimales de prélèvement au profit de la puissance publique, se réforme sous l'effet du droit communautaire dans le cadre du processus d'intégration régionale portée par les organes de l'UEMOA.

105. L'intégration du Bénin à la nouvelle gouvernance fiscale mondiale. Même si le droit fiscal béninois est considéré comme un ersatz du droit fiscal français, il faut préciser que de nouveaux défis liés à la nouvelle gouvernance fiscale mondiale émergent de plus en plus. Ces défis participent de la volonté de faire face aux comportements d'évitement développés par les multinationales et grands groupes qui font perdre aux États des sommes faramineuses (**voir leçon n°10**). Ces défis concernent également les transformations structurelles de l'économie et la création de richesses, auxquelles les règles fiscales traditionnelles ne sont plus adaptées. Les télécommunications et l'économie numérique constituent ces nouveaux défis.

106. Le code général des impôts, socle de la législation fiscale. Pour faire face à l'ensemble des défis qui se posent au pays en matière fiscale, le Bénin dispose d'un Code général des Impôts qui restitue l'essentiel de la législation fiscale applicable. Le code a fait l'objet, pour le compte de l'année 2022, d'une refonte d'ampleur. La codification des textes fiscaux et la refonte qui s'ensuit, permettent d'éviter qu'aussi bien le fisc que le contribuable ne se perdent dans le « maquis fiscal qui se constitue à mesure que les parlementaires empilent de nouvelles dispositions législatives ». Il est notoirement admis que, de façon périodique, les textes fiscaux sont modifiés soit pour satisfaire les doléances des parties prenantes, soit pour répondre aux engagements politiques ou même sous la pression internationale. Les différentes modifications ne sont pas systématiquement codifiées. Cela pose le problème de clarté et d'intelligibilité dans la législation fiscale.

107. Le défi de la cohérence et de l'intelligibilité des textes. À la lecture du Code général des impôts, on découvre une large palette de prélèvements fiscaux et parafiscaux. La réalité est que le code recelait d'un grand nombre d'impôts et taxes dont les règles sont organisées autour de plus de 1180 articles. À cela, il fallait ajouter les différentes mesures d'origine législative et réglementaire qui affectent les normes fiscales de façon périodique et qui peuvent en rajouter à la confusion qui anime déjà le contribuable. Cela posait le problème de la complexité du système fiscal béninois et la nécessité de sa simplification et de sa transparence. La quête d'un système fiscal clair, rationnel, lisible et intelligible est un enjeu important, un objectif qui est poursuivi depuis toujours. La refonte a permis de passer de 1181 articles à 657 articles désormais numérotés de 1 à 657. C'est un effort de simplification qui devrait améliorer la clarté des textes. On comprend dès lors l'intérêt de la codification intervenue et qui montre l'accélération des réformes au rythme des évolutions politiques.

108. L'accélération des réformes fiscales au rythme des évolutions politiques. La fiscalité est fortement corrélée aux évolutions politiques. Par exemple, l'avènement du renouveau démocratique au Bénin et l'option pour le libéralisme dans la Constitution, qui marquent la rupture avec la révolution et l'orientation marxiste, ont été suivis dès 1990 de plusieurs initiatives visant à adapter aussi bien la structure organisationnelle et fonctionnelle que l'assiette et même les taux et les modalités de recouvrement. Ces réformes ont permis d'inscrire le système fiscal béninois dans la dynamique de modernité avec des efforts d'adaptation au contexte même de sa mise en œuvre. Le vent de la démocratisation au Bénin s'est accompagné de grandes réformes qui ont été opérées depuis le début de la décennie de 1990. C'est pendant cette période qu'intervient la réforme de la TVA qu'on peut qualifier de réforme réussie. Elle a permis de moderniser la taxation du chiffre d'affaires et surtout d'augmenter de façon sensible le produit fiscal au Bénin. Elle est suivie, une décennie après, de l'institution d'une imposition duale des personnes (physiques/morales). Cette dernière a permis avec la loi de finances 2010 de séparer l'imposition des personnes physiques de celle des personnes morales contrairement à la logique cédulaire qui avait cours. Tout ceci est complété par la refonte, à partir de 2022, du code général des impôts au soutien des mesures visant depuis 2016, une plus grande commodité dans l'imposition et le recouvrement avec l'informatisation des procédures de déclaration et de recouvrement, des mesures visant à limiter la fraude et l'évasion fiscale grâce à une circulation des informations entre différentes régies notamment les services douaniers et fiscaux, la mise en place des machines électroniques certifiées pour une meilleure collecte de la TVA. Au total, chaque alternance politique est marquée par des mesures fiscales qui portent les marques des régimes successifs qui gouvernent le pays. Mais s'il y a une constante qui est partagée par tous les gouvernements et promue par les partenaires techniques et financiers depuis le renouveau démocratique, c'est la notion de fiscalité de développement qui traverse en toile de fond les réformes fiscales.

109. L'émergence de la fiscalité de développement. Les dynamiques fiscales font écho à la notion de fiscalité de développement. Il s'agit d'améliorer la productivité, ce qui nécessite un effort d'investissement. Au regard des défis auxquels sont confrontés les pays de l'Afrique au Sud du Sahara, l'investissement devrait se faire à un rythme plus soutenu. Si le rôle de l'État est primordial, les entreprises et les ménages ne sont pas moins concernés. Pour l'État, il faut prélever sur les revenus présents (des ménages et des entreprises) pour investir et préparer l'avenir. Il faut aussi permettre aux entreprises d'investir. La fiscalité de développement consacre des mesures concrètes et proactives visant à faire de l'impôt « une composante essentielle de toute stratégie de croissance favorable aux pauvres et de développement à long terme » (**OCDE, 2010**). L'idée est que la fiscalité serve « à fournir des ressources suffisantes sans affaiblir l'investissement, à établir un cadre concurrentiel et équitable qui facilite les flux commerciaux et la consommation » (**L. QUENUM, *Rapport sur la fiscalité de développement*, 2009**). Cette préoccupation qui est partagée et diffusée dans les autres pays de l'UEMOA semble ouvrir une brèche pour l'admission en leur sein des théories du *Public choice* qui ont commencé à populariser dans les années 1980. Ces théories « postulent que toute augmentation d'impôts ne peut que décourager la capacité d'entreprendre et conduire à la diminution des recettes fiscales ». (**N. DELALANDE, A. SPIRE, *Histoire sociale de l'impôt, op. cit.***). La fiscalité de développement est souvent associée à des mesures incitatives pour attirer l'investissement surtout étranger qui bénéficie d'importantes dérogations. Cela rétrécit l'assiette de l'impôt. Or, le prélèvement fiscal doit atteindre un niveau suffisant pour financer le développement des pays. L'UEMOA recommande dans ce cadre un ratio de prélèvement par rapport au PIB de 20 %. Un tel objectif est compromis par l'ensemble des mesures mises en œuvre pour faire appel aux capitaux extérieurs. Ceci, au détriment des ressources internes. Au regard du résultat peu probant d'une telle option (plus idéologique qu'idéaliste), une réorientation de la fiscalité pour attirer les ressources internes, notamment l'épargne des ménages, en vue de stimuler la croissance et favoriser l'investissement, devrait être explorée. Il s'agit d'éviter de faire du territoire national un paradis fiscal pour les investisseurs étrangers et un enfer fiscal pour l'épargne des ménages et des entreprises.

110. Les défis de l'amélioration du taux de prélèvement fiscal. Le Bénin est confronté au défi de la mobilisation suffisante des ressources fiscales pour financer le développement. Alors que la norme communautaire est de 20 %, le taux de prélèvement fiscal au Bénin reste à 9,4 % en 2020 (**Commission de l'UEMOA, *Rapport annuel de l'Union*, Edition 2020**). Or, le taux moyen de pression fiscale dans la zone est de 12,9 % en 2020 (selon les données de l'UEMOA). Des marges de progrès subsistent donc pour permettre à l'État de se procurer des ressources nécessaires à l'atteinte des objectifs de croissance et de développement durable.

111. La quête d'un système fiscal adéquat. Le Bénin est toujours confronté au double défi de la mise en œuvre d'un système fiscal adapté à son environnement économique et social et conforme aux normes et standards reconnus sur le plan international et qui permet un bon rendement fiscal. Le défi majeur, qui doit être relevé, est d'imaginer une fiscalité bien calibrée à la structure économique nationale et à la psychologie des acteurs, en ayant à l'esprit le souci de l'efficacité et de l'équité de l'impôt. L'équité est en effet « le fondement essentiel du consentement à l'impôt, et sans lequel il ne peut donc exister d'impôt juste et accepté par tous » (**Th. PIKETTY et *al.*, *Pour une révolution fiscale, op.cit.***).

112. En attendant que tout ceci soit effectif, l'imposition au Bénin est organisée autour des régimes d'imposition.

Encadré 19: Prosopographie du système fiscal béninois

En examinant le paysage global de la fiscalité béninoise, on peut relever un certain nombre de constatations :

- La fiscalité béninoise est basée sur la prééminence des pratiques admises par l'administration, notamment en cas de silence, d'ombre ou d'interprétation de la loi. Cela est renforcé non seulement par le caractère marginal du recours contentieux, mais aussi la position du juge administratif béninois qui estime qu'en l'absence de jurisprudence, la

*pratique de l'administration sert de référence (***Arrêt cour suprême Chambre administrative Cour suprême du Bénin, n° 66-15/CA du 29 juillet 1971, Société anonyme des anciens établissements R.DRQUOT c./ Décision n° 1076/DI en date du 22/09/1966 du Directeur des impôts, sur le premier moyen et le deuxième moyen***).*

- La fiscalité béninoise est assise sur divers objets économiques : travail, capital, dépense, etc. L'on peut alors légitimement se poser la question de savoir la matière imposable idéale ? (Consommation, capital, revenu ?).

- Les recettes fiscales représentent la principale source de financement des dépenses budgétaires. Elles représentent en 2019 plus de 76 % des recettes totales de l'État et plus de 80 % des recettes du budget général (calcul à partir des chiffres RELF/Chambre des comptes).

- Les recettes fiscales nationales représentent une part plus importante (plus de 58 %) que les recettes douanières (plus de 41 %) (cf. ATAF, 2020). Cette tendance est conforme à la décision n° 10/2006, portant adoption du programme de transition fiscale au sein de l'UEMOA en 2008, et la libéralisation des échanges commerciaux. C'est désormais à la fiscalité intérieure de jouer un rôle prépondérant (au détriment de la fiscalité de porte) dans le financement du développement et des politiques sociales sur les ressources propres. Une telle transition participe également des mutations attendues de la création de la ZLECAF (Zone de libre-échange continentale en Afrique) par l'Union africaine.

- Les impôts indirects sont d'une proportion significative par rapport aux impôts directs. En 2019, elles représentaient plus de 78 % des recettes fiscales contre moins de 22 % pour la fiscalité directe (à partir des données ATAF, 2020). Cela dénote de l'efficacité de la mise en œuvre des impôts indirects dont l'assiette est essentiellement axée sur la consommation.

- La TVA représente plus de 40 % des recettes fiscales totales en 2019 (ATAF, 2020). On en déduit qu'une part importante des prélèvements est supportée par les ménages quand on considère que le poids de la TVA est reporté sur le consommateur. Pourtant, la TVA peut paraître régressif car elle touche davantage les populations pauvres que celles aisées. Il apparaît donc que l'impôt est d'autant plus efficace économiquement qu'il est injuste socialement. Au fond, l'impôt atteint plus efficacement non pas ceux qui sont capables de payer, mais ceux qui sont incapables de s'en défendre.

- La pression fiscale n'est pas satisfaisante. Depuis 2009, soit plus d'une décennie, le Bénin n'a jamais respecté ce critère de convergence. Ce qui n'est pas le cas de ses partenaires comme le Sénégal, la Côte d'Ivoire et le Togo. L'UEMOA recommande que le ratio Recettes Fiscales/PIB nominal soit d'au moins 20 % (critère de second rang des indicateurs de convergence du pacte de convergence). Pour l'année 2020, le taux de pression fiscale s'établit à moins de 10 %.

- La proéminence du secteur informel fait supporter au secteur formel un taux important de taxation de l'ordre de 35 % (L'Afrique des Idées, 2016), ce qui dénote de l'effort de l'administration fiscale sur le secteur formel.

*- La faible performance en matière de taux de prélèvement par rapport au PIB est sans préjudice de l'accroissement des recettes fiscales nominales. Entre 2011 et 2019, les recettes fiscales ont augmenté au Bénin d'en moyenne 10,77 %. Seulement, la moyenne sur la période dans la CEDEAO est de 14,33 % (***calculs à partir des données de l'ATAF***). Cette augmentation des recettes est tirée par certains impôts dont la TVA, qui, en dehors de l'effet des réformes mises en œuvre, est sensible aux variations du PIB (élasticité qui fait que les recettes augmentent parfois plus rapidement que celui-ci) sauf en cas de dysfonctionnement nécessitant des ajustements. L'augmentation de recettes peut également s'expliquer par exemple par le niveau d'inflation entraînant une augmentation automatique et mécanique de la TVA en raison du renchérissement des prix ainsi qu'une hausse de l'IS.*

- En dépit du faible niveau de prélèvement par rapport au PIB, l'augmentation des recettes sera ressentie par les populations d'autant plus qu'il est difficile d'éviter certains

impôts comme la TVA. Ce ressenti peut s'étendre à d'autres impôts comme l'impôt sur la propriété dont le montant peut être bonifié en raison d'une bonification des bases foncières (valeurs locatives) sans que le taux n'augmente. (Une enquête (Afrobaromètre 2018) révèle que 76 % de personnes enquêtées avouent qu'il est plutôt difficile d'éviter le paiement de l'impôt sur les droits sur la propriété).

- Selon les données de la Banque mondiale (Étude sur la fiscalité en Afrique de l'Ouest, Rapport de synthèse, juin 2019), le Bénin constitue avec la Côte d'Ivoire, la paire de pays dans lesquels les recettes fiscales n'ont pas évolué en proportion du PIB. En plus de refléter une insuffisante capacité du pays à mobiliser efficacement des ressources internes pour l'atteinte des Objectifs de Développement Durable (ODD)-la norme étant de 20 %-, cette situation révèle qu'une part importante ou même la totalité de l'accroissement du PIB échappe à la fiscalisation. Les raisons de cette « soustraction fiscale », pour le cas du Bénin, peuvent s'expliquer par la fraude fiscale, les exonérations ou une croissance tirée par des secteurs peu fiscalisés (agriculture par exemple). En tout état de cause, on peut affirmer que les efforts de l'administration fiscale sont encore insuffisants pour relever les défis qui se posent au système fiscal béninois.

- La Banque mondiale précise que l'Impôt sur les revenus non-salariés reste non efficace par rapport à l'Impôt sur les salariés avec une marge pour l'amélioration des recettes. Seuls 20 % à 40 % du revenu potentiel sont collectés. L'impôt est très bas au Bénin, par rapport à celui de ses pairs africains.

Graphique 1: Recettes fiscales directes et indirectes en pourcentage du PIB, 2019 (Source : ATAF, 2020)

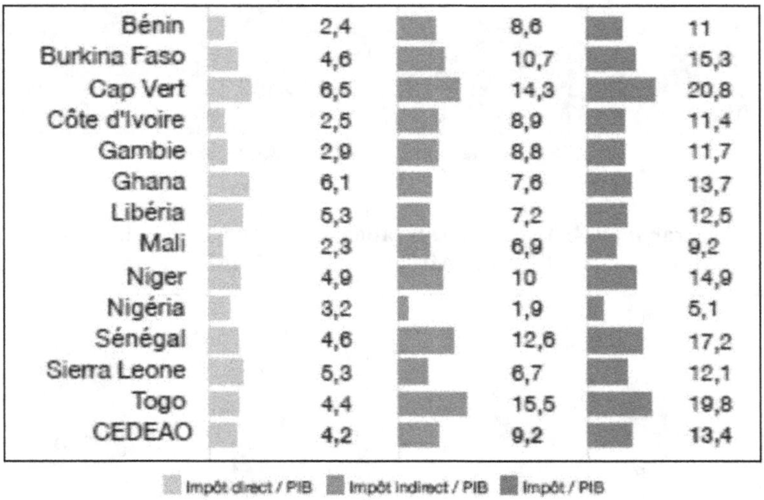

Graphique 2: Répartition des recettes fiscales totales dans l'espace CEDEAO en 2019 (Source : ATAF 2019)

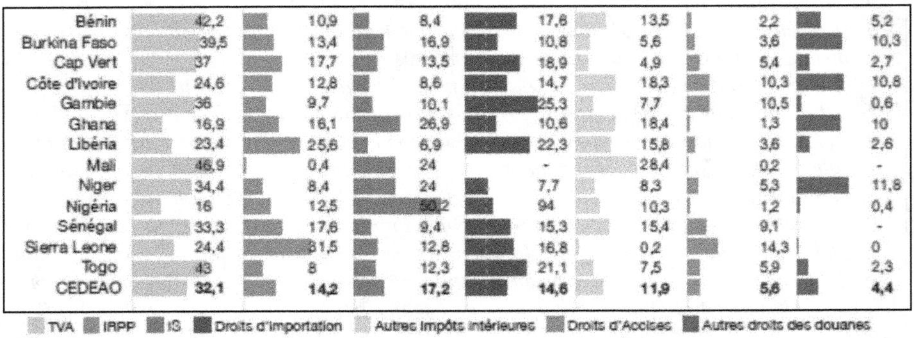

Graphique 3: Part des recettes intérieures et douanières dans les recettes totales en 2019 (ATAF, 2020)

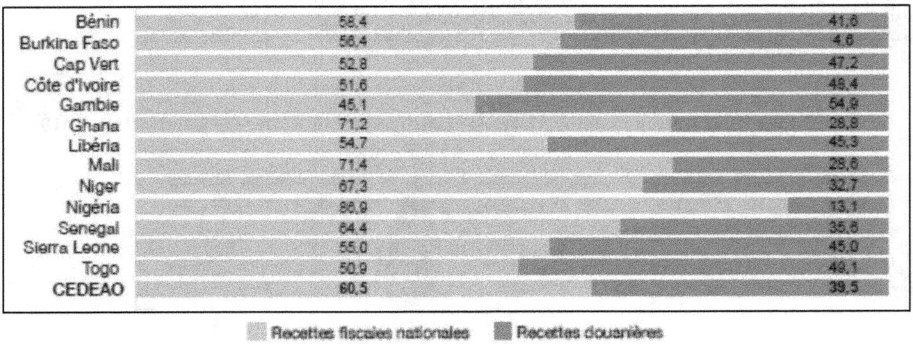

Graphique 4: Taux réel de taxation dans les pays de l'UEMOA (Source : Afrique des Idées, 2016)

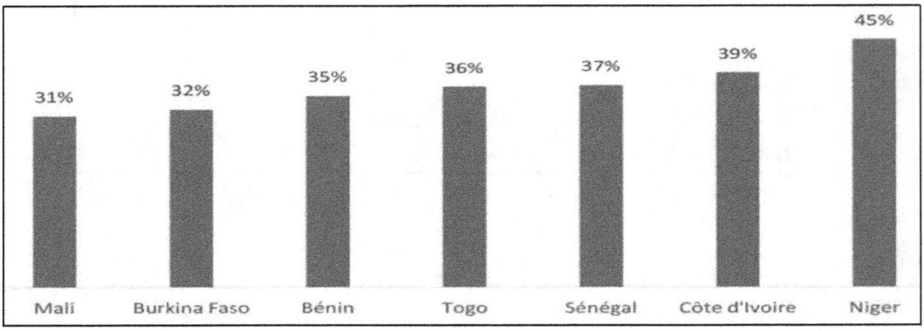

Graphique 5: PIB Nominal et recettes fiscales en Afrique, 2019 (Source : ATAF, 2020)

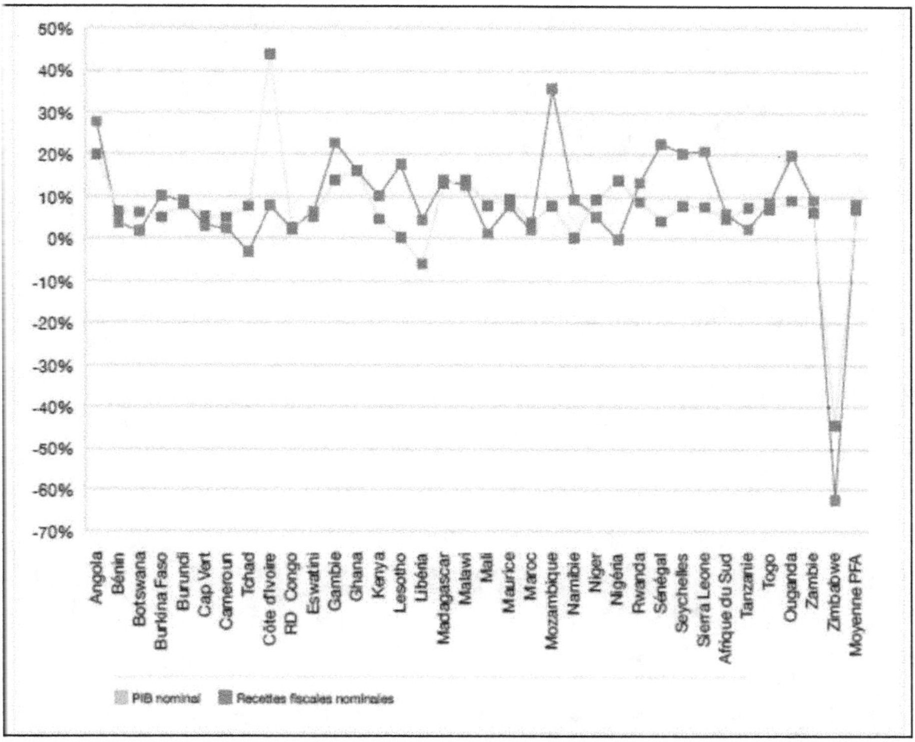

Graphique 6: Contribution en points de pourcentage à la croissance totale des recettes fiscales, 2019 (Source : ATAF, 2020)

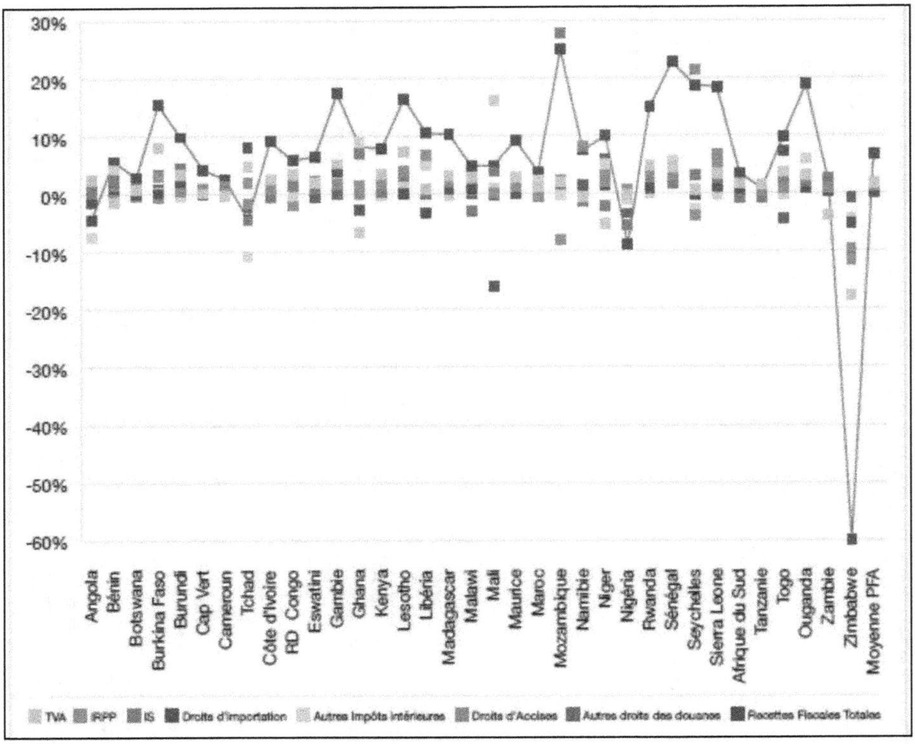

<u>Sources</u> : ATAF, 2020

3.1. LES REGIMES CLASSIQUES D'IMPOSITION

113. Deux régimes d'imposition. On distingue deux régimes : le régime du bénéfice réel et le régime de la TPS (Taxe Professionnelle Synthétique), né sur les cendres de la TPU (Taxe Professionnelle Unique). Pour les contribuables relevant de ce dernier régime, les obligations comptables sont réduites.

3.1.1. Régime du bénéfice réel

114. Champ d'application. Le régime du bénéfice réel s'applique aux entreprises réalisant un chiffre d'affaires annuel supérieur à cinquante (50) millions de francs CFA. Il en est de même des entreprises nouvelles déclarant un chiffre d'affaires prévisionnel supérieur à cinquante (50) millions de francs CFA.

3.1.2. Régime de la TPS (Taxe Professionnelle Synthétique)

115. Institution de la TPS. La réforme de la TPS intervenue en 2015 vise à fiscaliser le secteur informel en simplifiant le calcul et la liquidation de l'impôt. La simplification apportée par la TPS par rapport à la TPU est que la liquidation de l'impôt ne prend plus en compte ni la valeur locative ni les éléments d'exploitation et de production. L'imposition se base essentiellement sur le chiffre d'affaires et exclut désormais la prise en considération de la nature de l'activité.

116. Champ d'application. Le régime de la TPS concerne les personnes physiques dont le chiffre d'affaires est inférieur ou égal à 50 millions de FCFA.

117. Cette subdivision est sans préjudice des régimes institués spécifiquement pour les contribuables établis à l'étranger.

3.2. Le regime des contribuables etablis a l'etranger

Le régime des contribuables établis à l'étranger prend plusieurs formes.

118. Les entreprises qui exercent des activités au Bénin ou y possèdent des biens sans y avoir leur siège social, et qui y sont imposables à l'impôt sur les sociétés ou à l'impôt sur les bénéfices d'affaires, sont tenues de désigner un représentant au Bénin nanti des pouvoirs en vue de les représenter valablement.

119. Les entreprises dont le siège social est situé hors du territoire national sont tenues de déposer en même temps que leur déclaration annuelle des résultats, deux exemplaires de leurs états financiers.

120. Les holdings ou sociétés mères sont tenues de déposer au plus tard deux mois après leur déclaration annuelle des résultats, les états financiers consolidés de l'ensemble constitué par toutes les entreprises qu'elles contrôlent.

121. Les entreprises qui sont sous dépendance ou qui possèdent le contrôle d'entreprises établies hors de la République du Bénin

et dont le chiffre d'affaires annuel hors taxes ou l'actif brut est supérieur ou égal à un milliard CFA de francs (1 000 000 000), sont tenues de souscrire par voie électronique, une déclaration annuelle des prix de transfert au plus tard le 30 avril de chaque année.

122. Les contribuables établis à l'étranger, mais qui disposent au Bénin d'une ou de plusieurs propriétés immobilières ou en concèdent la jouissance gratuitement ou moyennant un loyer inférieur à la valeur locative réelle, sont soumis à l'impôt sur les sociétés sur une base qui ne saurait être inférieure à la valeur locative réelle. Ne sont pas considérés comme des contribuables et donc ne sont pas concernés les organismes à but non lucratif qui exercent des activités désintéressées.

123. Prélèvement libératoire sur les ventes d'hydrocarbures réalisées au Bénin par les personnes non domiciliées. Les entreprises n'ayant pas leur domicile fiscal au Bénin, mais qui cèdent directement aux importateurs agréés locaux ou étrangers, les hydrocarbures dont elles disposent sont soumises à un prélèvement libératoire de 0,3 F CFA par litre vendu. Ce prélèvement est opéré par les dépositaires des stocks d'hydrocarbures. La retenue concerne les hydrocarbures dont ils disposent dans les bacs édifiés au Bénin.

124. Les assujettis à la TVA non domiciliés. Ces derniers désignent un représentant domicilié au Bénin qui s'engage à remplir toutes les formalités nécessaires et à exécuter tous les paiements exigibles pour son compte. À défaut, la TVA ainsi que les pénalités sont dues par les destinataires ou bénéficiaires des opérations imposables et par toute personne physique ou morale qui, par sa position dans l'exécution de l'opération, est chargée de la facturation de la prestation ou de la collecte des sommes dues pour le compte du prestataire étranger.

125. Les prestataires non-résidents sont soumis à une retenue à la source sur les sommes qui sont dues aux personnes physiques ou morales non-résidentes au Bénin et n'y disposant pas d'établissement stable en rémunération de prestations de toute nature fournies ou utilisées au Bénin. La retenue ne s'applique pas lorsque le prestataire est établi dans un État ayant conclu avec le Bénin une convention de non double imposition et d'assistance administrative en vue de lutter contre la fraude et l'évasion fiscales.

Le taux de la retenue est fixé à 10 % pour les personnes physiques et à 12 % pour les personnes morales. Cette retenue concerne :

- les sommes versées en rémunération de l'exercice d'une activité non commerciale ;
- les produits de droits d'auteur perçus par les écrivains ou compositeurs ou par leurs héritiers ou légataires ;
- les produits perçus par les inventeurs au titre soit, de la concession de licence d'exploitation de leurs brevets, soit de la cession ou concession de marques de fabrique, procédés ou formules de fabrication ;
- les sommes payées en rémunération des prestations de toute nature fournies ou utilisées au Bénin ;
- les sommes payées en contrepartie des travaux immobiliers.

126. En dehors des contribuables établis à l'étranger, il y a le régime des personnes non connues au fichier des contribuables ou non immatriculées.

3.3. Le regime des personnes non connues au fichier des contribuables

127. Un prélèvement sur les opérations effectuées. Le législateur a institué un prélèvement de 10 % (article 137 CGI) sur les importations, les exportations, les ventes et les prestations réalisées par les personnes physiques ou morales non connues au fichier des contribuables de la DGI. La retenue s'applique pour :

- les marchandises importées ou exportées par les entreprises non connues au fichier de la DGI ;
- les marchandises importées et mises à la consommation au Bénin et dont le connaissement est l'objet de rectification portant sur la nature du titre entraînant un changement de propriétaire, à l'exception des véhicules neufs et des véhicules d'occasion ;
- les paiements faits aux fournisseurs de biens et aux prestataires de services non connus au fichier des contribuables de la DGI par les comptables publics, les

organismes de l'État, les entreprises publiques et semi-publiques.

Les régimes d'imposition sont institués pour permettre le paiement de l'impôt. L'impôt est donc recouvré au Bénin suivant des modalités.

3.4. La segmentation administrative des entreprises

Pour une gestion rationnelle des contribuables, l'administration a opéré une segmentation des entreprises en fonction de l'intensité de leurs activités. Le tableau ci-après synthétise la segmentation.

Tableau 1: Segmentation administrative des contribuables

Grandes entreprises	Moyennes entreprises	Petites et Micros entreprises	
		Petites	**Micro[27]**
*CAAHT[28] □ 1 milliard	50 millions □ CAAHT □ 1 milliard	20 millions □ CAAHT □ 50 millions	CAAHT □ 20 millions
Régime réel		**Régime du forfait TPS**	
*CAAHT □ 50 millions		CAAHT □ 50 millions	

128. Les segmentations sont instituées pour rationaliser la gestion et faciliter le paiement de l'impôt aux contribuables. Les modalités de paiement varient en fonction des régimes applicables.

3.5. Les modalités de paiement de l'impôt

129. Le caractère portable et non quérable de la créance fiscale. L'impôt est déterminé et payé, soit spontanément, soit après la mise en œuvre de l'action en recouvrement du receveur. La créance fiscale est en principe portable et non quérable. C'est ce principe qui justifie l'action en recouvrement en cas de défaillance.

[27] N'est plus formellement institué par le Code Général des Impôts 2022

[28] Chiffre d'affaires hors taxe (sur valeur ajoutée)

130. L'action en recouvrement. À défaut de déclaration, le receveur met en œuvre l'action en recouvrement pour contraindre le contribuable.

Sinon, le principe est le paiement spontané de l'impôt.

131. Le paiement spontané. Le paiement spontané se fait suite à une déclaration faite par le contribuable lui-même. Les déclarations fiscales se font à des échéances précises qui sont le mois ou le trimestre et l'année selon l'impôt en cause. Elles peuvent être consécutives aux mécanismes d'acomptes provisionnels et de la retenue à la source.

132. Les modalités de déclaration variables selon le régime. Les modalités de paiement varient en fonction du régime d'imposition du contribuable.

3.5.1. Pour les contribuables soumis au régime du réel

133. En matière d'IBA ou d'IS. Les contribuables relevant du régime réel doivent souscrire une déclaration de leur bénéfice avant le 1er mai de chaque année. Ils déclarent et paient des acomptes périodiques sur la base de leur déclaration annuelle.

134. Les autres impôts. Les contribuables doivent souscrire mensuellement au plus tard le 10 du mois suivant les déclarations d'impôts sur le chiffre d'affaires et les autres impôts à paiement périodique (IRCM, TVA, etc.).

3.5.2. Pour les contribuables soumis à la TPS

135. Les contribuables concernés doivent souscrire une déclaration annuelle relative à l'exercice précédent.

3.5.3. Spécificités pour les contribuables percevant des revenus fonciers

136. Les personnes percevant des revenus fonciers sont tenues de remettre chaque année au plus tard le 10 février, au service des impôts compétent, un état annexé des noms de leurs locataires, les loyers perçus l'année précédente ainsi que les retenues qui ont été pratiquées sur ces loyers.

137. Une retenue à la source sur le montant brut des loyers doit être effectuée par les personnes locataires (personnes morales) et reversée.

Encadré 20: Le principe de mutabilité

Le principe de mutabilité du service public qui concerne également le service des impôts prescrit une adaptation de l'administration aux évolutions technologiques. C'est dans ce cadre que sont instituées les téléprocédures (télédéclaration et télépaiements).

3.5.4. Le recouvrement par d'autres administrations

138. D'autres administrations peuvent être sollicitées pour le paiement des impôts. Il s'agit :

- **de l'administration douanière,** par exemple, pour la TVA au cordon douanier ;
- **du trésor public** pour la redevance au profit de l'office de radiodiffusion et télévision du Bénin, la TVA sur les marchés publics.

Encadré 21: Les sources de recettes exploitables pour optimiser l'impôt

Selon la commission de l'UEMOA, des possibilités existent pour accroître les taux actuels de pression fiscale dans les États. Ces moyens passent par l'amélioration de la performance des administrations fiscales en vue d'accroître leur productivité. Au Bénin, de nombreux gisements fiscaux de l'économie formelle et de l'économie informelle demeurent encore inexploités, qu'il s'agisse de la taxation de la richesse ou du capital, ou encore de la taxation foncière.

À cet effet, l'organe communautaire identifie certaines matières dont entre autres :

*- **Le foncier :** Selon la Banque mondiale, les impôts fonciers sont sous leur potentiel en référence avec d'autres pays comparables au Bénin. Selon les analyses économiques, le secteur immobilier connaît une croissance soutenue depuis plusieurs années dans les États de l'Union. Sur le plan fiscal, les retombées budgétaires du potentiel de ce secteur sont presque dérisoires, dues essentiellement à un manque de volonté politique d'asseoir une fiscalité moderne capable d'atteindre de manière efficace la capacité contributive des contribuables. Il y a aussi les faiblesses des capacités des services gestionnaires pour bien administrer avec efficacité et transparence les impôts déjà existants.*

Il est impossible de nos jours d'accroître le rendement de l'impôt sans augmenter les recettes tirées du foncier. Une telle initiative pourra aboutir à des résultats concrets si les États mettent le focus sur l'efficacité dans la taxation aussi bien du capital que des revenus qui en découlent.

*- **Le secteur agropastoral** : composante essentielle du secteur primaire qui a un poids moyen de 26,5 %*

Dans le PIB de l'Union, l'agriculture et l'élevage ne peuvent rester en dehors du système fiscal. Même lorsque les lois fiscales de certains pays prévoient leur imposition, en pratique, aucune fiscalité effective directe n'est assise sur les revenus des acteurs. Or, il existe aujourd'hui de véritables acteurs économiques exerçant dans plusieurs segments de l'économie rurale et générant des revenus substantiels, capables de supporter une fiscalité. Il revient donc aux Gouvernements de créer une fiscalité bien calibrée à la structure du secteur et à la psychologie des acteurs, en ayant à l'esprit le souci de l'efficacité et de l'équité de l'impôt (possibilité de retenue de l'impôt à la source pour certaines catégories de revenus).

Le secteur informel *: Le secteur informel est essentiel et constitue un prolongement de l'économie formelle. Avec une part assez importante dans le PIB, ce secteur ne contribue pas au fardeau fiscal à la hauteur de son poids dans l'économie. Par exemple, le secteur formel de distribution ne couvre que 10 % du marché, le reste du marché étant alimenté par l'informel, ce qui représente une assiette importante. La sous-fiscalisation est due à des motifs sociopolitiques. Il n'en demeure pas moins que des gains de rendement budgétaire peuvent être obtenus. Pour cela, il faudrait élargir l'assiette fiscale pour espérer plus d'impôts. Il faut penser à mieux appréhender la connexité entre les deux sphères en sortant une conception binaire formel/informel. Cela pourrait aider à améliorer le taux de pression fiscale au Bénin.*

- Le secteur des télécommunications *: le secteur des télécommunications dispose d'un grand potentiel de croissance et génère des flux importants de revenus dont le fisc n'a pas le plus souvent, une bonne maîtrise du fait de la diversité des produits commercialisés, de la complexité de certaines transactions commerciales et du caractère international des opérations. Sur demande des directeurs généraux des impôts des États de l'Union, la Commission a commandité en 2011, une étude visant à mettre à la disposition des administrations fiscales un système d'audit et de contrôle des recettes de télécommunications afin d'améliorer, de manière significative, le montant des impôts et taxes payés par les entreprises de téléphonie. L'étude a proposé une solution technologique pour rendre efficace le droit de contrôle que la loi accorde à l'administration fiscale. Les États se doivent d'investir dans des outils technologiques et dans la formation des cadres pour mieux appréhender le potentiel fiscal du secteur des télécommunications et des nouvelles technologies de l'information. La Banque mondiale recommande l'élimination totale des dépenses fiscales liées au GSM (Banque mondiale, 2019).*

- La réduction des dépenses fiscales *: L'évaluation des dépenses fiscales est un outil d'amélioration de la gestion des finances publiques en ce sens, qu'elle instaure la transparence et la mesure d'impact des décisions à caractère fiscal. En disposant des données pertinentes sur les exonérations fiscales, les États pourront utilement initier des réformes allant dans le sens de la réduction drastique desdites exonérations.*

Par ailleurs, on peut mettre l'accent sur ce que le Professeur MEDE appelle les défis de la nouvelle Économie :

L'économie numérique. *La mondialisation et les nouvelles technologies font prospérer toute une économie numérique. La révolution numérique a engendré l'a-territorialité qui a fondamentalement changé la notion d'établissement stable. L'écart se creuse entre la nouvelle réalité économique faite de mondialisation et de dématérialisation et des règles fiscales conçues dans le cadre des États-nations (**N. MEDE, Leçon inaugurale, Les recettes en débat**, op. cit.). De nouveaux biens constituant des actifs numériques naissent et sont source de valeur et de richesse.*

- Les nouveaux lieux de réalisation et d'exposition de revenus. *Les plateformes virtuelles et les réseaux sociaux (whatsapp, facebook, instagram, etc.) sont de nouveaux espaces d'échanges de biens et de services. Ces espaces génèrent d'importantes transactions qui peuvent cacher des opérations fiscalement taxables. Par ailleurs, les réseaux sociaux constituent un champ particulièrement fertile d'exposition d'indices d'éléments de train de vie susceptibles de guider d'éventuelles impositions notamment personnelles.*

- La redistribution familiale. *Dans les pays africains, la famille aussi bien à l'interne qu'à l'échelle transnationale (diaspora, migrants), joue un rôle dans l'acquisition de* *ressources monétaires et non monétaires. Il est admis que le montant des transferts monétaires et non monétaires vers les familles restées au pays dépasse celui de l'aide au développement (***Philipe VAN PARIJS, « Philosophie de la fiscalité du troisième millénaire »*, *in* Th. BERNS et *al.* (*Dir*), *Philosophie de l'impôt, ibid*).**

LEÇON 4

LES CATÉGORIES D'IMPÔT D'ÉTAT DU SYSTÈME FISCAL BÉNINOIS

139. Une pluralité d'impôt au profit du budget national. Le Code Général des Impôts institue plusieurs catégories d'impôts d'État. La refonte intervenue en 2022, aboutit à une catégorisation qui met en avant la nature directe ou indirecte de l'impôt (niveau « livre »), la matière visée (niveau « titre »), le type d'impôt (niveau « chapitre »). Une telle configuration constitue une nouvelle étape vers les tentatives de rationalisation et de lisibilité du code général des impôts après la réforme de 2010 qui a consacré la séparation de l'imposition des personnes physiques de celle des personnes morales. Il s'agit d'un retour à la logique cédulaire autrement organisée. Une fois encore, les capacités techniques du contribuable sont sollicitées pour appréhender cette nouvelle présentation, ce qui peut en rajouter aux difficultés qu'il a à maîtriser un système fiscal qui tarde à se stabiliser.

140. Une catégorisation fonctionnelle des impôts. L'abandon de la séparation de l'imposition des personnes physiques de celle des personnes morales au profit de logique cédulaire ne consacre pas le retour total à l'ancien système qui superposait aux impôts cédulaires (Impôt sur les bénéfices industriels et commerciaux, Impôt sur les bénéfices non commerciaux, Taxe immobilière sur loyer), un impôt général sur le revenu. La présentation des impôts qui alimente le budget national dans le cadre de la refonte du CGI nous oriente exclusivement sur les impôts les plus importants.

4.1. Les impôts directs

141. Dans cette catégorie, on distingue plusieurs types d'impôt notamment l'impôt sur les sociétés, l'impôt sur les bénéfices d'affaires (IBA), la Taxe professionnelle synthétique (TPS), les retenues à la source des impôts sur bénéfice.

4.1.1. L'impôt sur les bénéfices d'affaires (IBA)

4.1.1.1. Personnes concernées.

142. De façon globale, l'IBA concerne toutes les personnes physiques (y compris les professionnels libéraux) et assimilées dont le revenu fiscal est domicilié au Bénin et qui réalisent des bénéfices découlant de l'exercice, pour leur propre compte, d'une activité à caractère lucratif à l'exclusion des activités d'exploitation agricole, de pêche et d'élevage, les revenus des peintres, sculpteurs, graveurs, dessinateurs et autres personnes considérées comme artistes et ne vendant que le produit de leur art, qui sont exonérés.

Sont également concernés :

- Les associés des sociétés non soumises à l'impôt sur les sociétés et les indivisaires pour la part de bénéfices sociaux correspondant à leurs droits dans la société ou leurs parts dans l'indivision ;
- Les professionnels libéraux et les titulaires de charges et offices dont les titulaires n'ont pas la qualité de commerçants ;
- Les titulaires de revenus perçus de manière habituelle ou exceptionnelle, ne se rattachant pas à des revenus soumis à l'impôt sur les traitements et salaires (ITS), à l'impôt sur le revenu des capitaux mobiliers (IRCM), à l'impôt sur les revenus fonciers (IRF) ou à la taxe sur les plus-values immobilières (TPVI).

4.1.1.2. Activités concernées

143. Les activités imposables à l'IBA concernent les bénéfices industriels, commerciaux, artisanaux et agricoles, les bénéfices non commerciaux, les produits des droits de propriété intellectuelle ou industrielle, les bénéfices réalisés par les agriculteurs, les éleveurs et les pêcheurs, ainsi que les profits réalisés par les chercheurs et obtenteurs de nouvelles variétés végétales, les locations d'établissement commercial et industriel, les locations d'un local meublé et d'une manière générale les bénéfices et revenus de toutes opérations ou exploitations lucratives.

4.1.1.3. Mise en œuvre de l'impôt

144. Détermination du bénéfice imposable. Le bénéfice imposable est le bénéfice net, déterminé d'après le résultat d'ensemble des opérations de toutes natures effectués par les contribuables l'année précédente.

145. Taux applicable. L'impôt est calculé par application d'un taux de 30 %. Ce taux est réduit à 25 % pour les établissements d'enseignements scolaires, universitaires, techniques et professionnels.

Impôt minimum. Le minimum de perception est de 1,5 % des produits encaissables. Toutefois, ce minimum est porté à :

- 10% des produits encaissables pour les sociétés à prépondérance immobilière ;
- 1 % des produits encaissables pour les autres entreprises ;
- 0,60 FCFA par litre, applicable aux stations-services au volume des produits pétroliers vendu.

Dans tous les cas, l'impôt ne peut être inférieur à 250 000 F CFA.

Encadré 22: Charges déductibles et théorie des actes anormaux de gestion.

*La théorie des actes anormaux de gestion est constamment convoquée en matière de déduction de charges sur le plan fiscal. Pierre-François Racine, en 1984, affirmait que « le concept d'acte anormal de gestion est le fruit de l'acclimatation ou de la transplantation en droit fiscal du concept commercial d'acte non conforme à l'intérêt social ». Il en découle que « la notion d'acte anormal de gestion est une transposition en droit fiscal de la notion d'acte non conforme à l'intérêt social appliquée en droit commercial » (**Fr. LAFAILLE, Acte anormal de gestion, abandon de créances, gestion commerciale normale, Lexbase fiscale, n°869, 17 juin 2021**). Elle peut être définie comme « tout acte qui, parce qu'il n'est pas assorti d'une contrepartie suffisante pour l'exploitation, diminue indûment le résultat fiscal, ce qui se traduit par un manque à gagner fiscal » ou encore l'acte par lequel une entreprise décide de s'appauvrir à des fins étrangères à son intérêt. C'est le sens de l'article 20 CGI- qui dispose que le bénéfice est établi sous déduction de toutes charges à condition d'être exposées dans l'intérêt direct de l'exploitation ou de se rattacher à la gestion normale de l'entreprise. Ainsi, l'administration, peut à charge pour elle d'apporter la preuve du caractère anormal, rejeter toute dépense ou perte à la charge de l'entreprise qui ne se rattacherait pas à une gestion normale ou n'aurait pas été exposée dans l'intérêt direct de l'entreprise. L'anormalité est alors caractérisée lorsqu'un acte de gestion n'est pas engagé dans l'intérêt de l'exploitation. La charge engagée ne peut, pour cette raison, être tenue pour une charge déductible du bénéfice net de l'entreprise. Fiscalement, les charges qui sont engagées dans le cadre d'un acte anormal de gestion et caractérisées comme telles, ne sont pas fiscalement déductibles et sont donc réintégrées au résultat. La liste n'est pas exhaustive. Il peut s'agir d'une dépense spécifique, d'une renonciation à un profit ou d'un abandon de créances, de la cession, par l'entreprise, d'un bien à un prix très inférieur à sa valeur vénale, des libéralités excessives y compris au profit d'associés ou au sein de* *groupes pour soutenir une entreprise d'un même groupe. Sans être une atteinte à la liberté d'entreprendre, l'acte anormal apporte quand même une limitation au principe de la liberté de gestion et son corollaire, le principe de non immixtion de l'administration dans la gestion de l'entreprise. Ce qu'il faut comprendre c'est que l'intérêt de l'entreprise (et cet intérêt rencontre également celui du fisc), c'est de réaliser un certain bénéfice. Pour cela, il faut limiter la déduction des charges engagées dans la perspective de garantir cette convergence des intérêts. Il revient aux vérificateurs de l'administration de porter une appréciation sur la nature anormale ou non des charges engagées. Ceci sans préjudice pour le contribuable d'user des voies de recours s'il a des réserves. Ce dernier peut repousser les prétentions du fisc en prouvant l'existence d'une contrepartie substantielle retirée de l'acte suspecté anormal.*

Faut-il le préciser, la normalité ou l'anormalité d'un acte de gestion est une question faussement simple. Le mécanisme pour aboutir à la qualification est délicate et « particulièrement ardue ». La normalité ou l'anormalité est donc difficile « à cerner puisqu'elle repose sur la notion de risque, *notion économique et non point juridique » (**Fr. LAFAILLE, ibid.**). La chambre administrative de la Cour suprême du Bénin a quand même eu l'occasion d'apporter quelques précisions en la matière. Par exemple, elle exclut de prendre en compte au titre des frais normaux d'établissements déductibles du bénéfice « certains faux frais tels que les droits de succession et de mutation par décès qui devraient être mis à la charge de l'héritier et non de l'entreprise, et des honoraires indûment versés à un fonctionnaire non habileté à percevoir une quelconque rémunération » (**Arrêt cour suprême Chambre administrative Cour suprême du Bénin, n° 66-15/CA du 29 juillet 1971, Société anonyme des anciens établissements R.DRQUOT c./ Décision n° 1076/DI en date du 22/09/1966 du Directeur des impôts**).*

En droit comparé (France), malgré une politique jurisprudentielle plutôt sévère, le juge peut être particulièrement tendre en ce qui concerne certaines dépenses qui ne sont pas forcément en lien avec l'objet social. C'est le cas lorsque le Conseil d'État juge que « les sommes détournées par un clerc comptable à l'insu du notaire qui l'employait et que celui-ci avait dû rembourser à ses clients avaient le caractère de charges nécessitées par l'exercice de la profession »

(Florent Tap, RDF, n° 9, Mars 2021), M. Cozian, F. Deboissy, M. Chadefaux, Précis de fiscalité des entreprises : Paris, LexisNexis, 43e éd., 2019, p. 123, Concl. P.-F. Racine ss CE, plén., 27 juill. 1984, n° 34588, SA Renfort Service : JurisData n° 1984-601181 ; Lebon, p. 292 ; Dr. fisc. 1985, n° 11, comm. 596 ; RJF 10/1984, n° 1233, CE, 7e et 8e ss, 29 mai 1991).

Encadré 23 : Le traitement fiscal des revenus occultes/illicites et les revenus non dénommés

- Les revenus non dénommés et profits divers. *Même s'ils sont occasionnels, dès lors que leur source est susceptible d'être renouvelée et qu'ils ne se rattachent pas à des revenus soumis à l'ITS, l'IRCM, l'IRF ou la TPVI, ils sont imposés en tant que revenus assimilés à l'impôt sur les bénéfices des affaires.*

Le droit comparé offre des illustrations potentiellement riches d'enseignements mais particulièrement surprenantes de la taxation des revenus non dénommés et profits divers :

- les subsides et avantages reçus d'un tiers marié par une femme célibataire entraient dans la catégorie des bénéfices non commerciaux (CE, 29 juillet 1983, n° 34223) ;

- le bénéfice par une femme de la part du même donateur, de cent dix versements du même donateur, qui lui avaient permis en outre d'aménager et d'acquérir un appartement confortable devraient être regardés non comme des dons mais comme des revenus imposables aux revenus non commerciaux dans la mesure où l'intéressée a eu la libre disposition de ces versements réguliers ***(CE, 14 mai 1965, n° 61358).***

En droit comparé, la précision est apportée que le contribuable ne saurait invoquer le caractère délictueux de son activité pour soutenir que les ressources qu'il en tire ne sont pas imposables.

- Les avantages et rémunérations occultes. *Il s'agit notamment des commissions, courtages, ristournes commerciales ou non, gratifications et toutes autres rémunérations, versées à des personnes dont elles ne révèlent ni l'adresse des bénéficiaires ni leur identité, par les entreprises. Ils sont assujettis à l'impôt sur le revenu à raison du montant global des sommes. Ces revenus sont catégorisés comme des revenus occultes et imposés au titre des revenus de valeurs mobilières.*

- Fiscalité béninoise et lutte contre la corruption*. Un rôle actif est confié à l'administration fiscale par l'article 14 de la loi béninoise n° 2011-20 du 12 octobre 2011 portant lutte contre la corruption et autres infractions connexes. Il y est en effet interdit la déduction fiscale des dépenses constituant des pots-de-vin ainsi que toutes dépenses engagées à des fins de corruption et autres infractions connexes. Tout agent public qui enfreint cette disposition encourt des sanctions. Il va sans dire que le contrôle des déductions aussi bien en matière d'IS ou d'IBA, sur les bénéfices ou en matière de TVA, doit permettre d'écarter les dépenses qui se révèlent être ces types de dépenses et donc à l'occasion de les dévoiler conformément au code pénal. L'efficacité de ces dispositions reste encore largement perfectible. Cette disposition valide rétrospectivement une décision du juge administratif béninois qui exclut des charges déductibles de l'impôt sur le bénéfice, des sommes indûment versées à un fonctionnaire non habileté à percevoir une quelconque rémunération » (****Arrêt cour suprême Chambre administrative Cour suprême du Bénin, n° 66-15/CA du 29 juillet 1971, Société anonyme des anciens établissements R.DRQUOT c./ Décision n° 1076/DI en date du 22/09/1966 du Directeur des impôts****).*

- La doctrine allemande et la taxation des activités illicites. *La doctrine allemande des années 1920 rappelle que renoncer à taxer les revenus de source délictueuse créerait une rupture d'égalité. Cela reviendrait à imposer les travailleurs intègres et exempter celui qui vivrait aux dépens de l'ordre public établi (****Albert Hensel****).*

Encadré 24: L'appréhension fiscale des revenus des particuliers fortunés : Echos d'ailleurs (Afrique du Sud)

L'une des particularités dans les pays africains en général est la prééminence du secteur informel avec l'existence d'unité de différentes tailles dans lesquelles une seule personne contrôle toutes les fonctions principales. À défaut d'une comptabilité formelle et sincère, il est difficile d'appréhender l'ampleur des revenus générés par les activités informelles. Seulement, ce secteur de l'économie qui échappe au fisc ne génère pas moins de grands fortunés qui doivent leurs richesses à des activités transfrontalières avec différentes capitales africaines, asiatiques et parfois européennes. Mais de façon plus globale, c'est la complexité de l'appréhension des revenus et actifs des particuliers et la facilité avec laquelle ils peuvent être dissimulés qui expliquent une approche particulière pour assurer la conformité fiscale volontaire de ces derniers. L'appréhension du revenu des particuliers dans leur globalité nécessite des liaisons lourdes dont les administrations fiscales ne disposent pas dans le contexte africain. C'est pourquoi, il faut mettre en place des stratégies adaptées dont l'incitation à la conformité volontaire.

Pour améliorer les recettes fiscales, l'Afrique du Sud a mis en place une unité dédiée au contrôle de la conformité des particuliers fortunés. Cette unité a été mise en place au sein du South African Revenue Service (SARS) depuis 2008/2009 et déploie des stratégies sur les actifs, revenus et richesses dissimulées des particuliers fortunés. Après avoir mis en place des critères d'identification du statut de « particuliers fortunés », en fonction de l'importance du revenu, l'Unité a progressivement adapté son mode de fonctionnement en fonction des enjeux. C'est ainsi qu'en 2016/2017, elle a pris la forme d'une équipe interfonctionnelle. En 2021, il a été décidé de concentrer les actions de l'unité sur les personnes dont les actifs valent au moins 4,35 millions d'euros. L'une des techniques mises en œuvre est le profilage. L'idée est d'améliorer la capacité du SARS à détecter et répondre aux risques posés par ce segment de contribuables

***(Transparence fiscale en Afrique 2021, Rapport de progrès de l'Initiative Afrique, ATAF-OCDE, Union Africaine)**.*

Encadré 25: Obligation de délivrance de facture normalisée et observation sur les sanctions applicables

Sauf autorisation accordée par le directeur général des impôts, les contribuables soumis à l'IBA et l'IS doivent délivrer pour leurs opérations, une facture normalisée émise et transmise à travers une machine électronique certifiée par la DGI. Ainsi, toute personne soumise à une telle obligation et qui se soustrait de la délivrance de facture aux normes, est passible d'une amende égale à cinq (5) fois le montant non facturé. Le montant de l'amende ne peut, en aucun cas, être inférieur à cinq cent mille (500 000) francs CFA par facture non délivrée plafonnée à cinq cent mille (500 000) pour les petites entreprises, deux millions pour les moyennes entreprises et cinq millions pour les grandes entreprises. En cas de récidive, le montant de l'amende est égal à dix (10) fois le montant pour lequel la facture normalisée n'a pas été délivrée, avec un minimum d'un million (1 000 000) de francs par facture non délivrée. Dans ce cas, l'amende (plafonnée à 1 million pour les petites entreprises, 5 millions pour les moyennes entreprises et 10 millions pour les grandes entreprises) est appliquée cumulativement avec une fermeture administrative de trois (3) mois sur décision du directeur général des impôts. La fermeture administrative devient définitive si l'entreprise récidive une deuxième fois. Lorsqu'il s'agit d'une entreprise dont les dirigeants sont de nationalité étrangère, l'interdiction de séjour en République du Bénin, sur demande du ministre chargé des finances, est faite à ses dirigeants cumulativement avec les sanctions précitées. Tout ceci est sans préjudice du paiement de l'impôt et des poursuites pénales.

S'il faut inscrire de telles dispositions dans l'objectif de lutte contre la fraude fiscale qui, d'une certaine manière, participe de l'objectif constitutionnel de mobilisation de ressources publiques ***(Cour constitutionnelle du Bénin, 2020)****, il faut à la vérité se questionner sur le caractère manifestement disproportionné ou non des dispositions précédemment citées. À l'analyse des dispositions textuelles, la sanction est encourue quand bien même le contribuable justifierait d'une comptabilisation régulière de la transaction et même de la déclaration et du paiement de l'impôt dû. On est bien fondé à se demander si la sanction prévue n'est pas disproportionnée au regard du manquement visé et surtout de l'avantage que le contribuable pourrait en tirer.*

Il semble que le législateur s'est beaucoup plus préoccupé de l'effet dissuasif des dispositions.

4.1.2. L'IMPOT SUR LES SOCIETES (IS)

146. L'impôt sur les sociétés obéit à des règles précises concernant aussi bien les personnes imposables que les modalités de mise en œuvre.

4.1.2.1. Personnes imposables

147. Relèvent de cet impôt, les sociétés de capitaux et les sociétés de personnes sur option. Sont donc passibles de cet impôt :

- **En raison de leur forme**, les sociétés anonymes, les sociétés par actions simplifiées et les sociétés à responsabilité limitée, les sociétés coopératives, les groupements et leurs unions et fédérations, ainsi que les confédérations des sociétés coopératives et des groupements, quelle que soit leur activité.
- **En raison de leur activité,** les personnes morales se livrant à une exploitation ou à des opérations à caractère lucratif, les établissements publics, les organismes de l'État ou des collectivités décentralisées qui jouissent de l'autonomie financière et qui se livrent à une activité de caractère industriel ou commercial, les personnes morales se livrant à des opérations d'intermédiaires pour l'achat ou la vente d'immeubles ou de fonds de commerce ou qui, habituellement, achètent en leur nom les mêmes biens en vue de les revendre, les personnes morales qui procèdent au lotissement et à la vente des terrains leur appartenant, les personnes morales qui louent des appartements meublés, les personnes morales qui donnent en location un établissement commercial ou industriel muni du mobilier et du matériel nécessaire à son exploitation, que la location comprenne ou

non tout ou partie des éléments incorporels du fonds de commerce ou d'industrie, les adjudicataires, concessionnaires et fermiers de droits communaux, les sociétés d'assurances et de réassurances, quelle que soit leur forme, les banques et établissements financiers, les personnes morales qui exercent des activités pétrolières et minières.

- **Sur option**, les personnes morales non expressément assujetties, notamment les sociétés en nom collectif, les sociétés en commandite simple et les groupements d'intérêt économique (GIE), les sociétés en participation, les sociétés civiles.

4.1.2.2. Tarifs de l'impôt

148. Taux applicables. Les taux sont applicables en fonction du type d'activité. Le taux est de :

- 25 % pour les personnes morales ayant une activité industrielle à l'exception des entreprises extractives, les écoles privées d'enseignement scolaire, universitaire, technique et professionnel ;
- 30 % pour les personnes morales autres que celles exerçant des activités industrielles ou d'enseignements scolaires, universitaires, techniques et professionnels ;
- Par détermination de convention pour les sociétés bénéficiant d'une convention minière ou pétrolière sans que le taux retenu ne soit inférieur au taux de droit commun.

Encadré 26: Observation sur la possibilité de taux conventionnel dérogatoire du taux légal

La possibilité d'un taux conventionnel pour les industries extractives n'est pas suffisamment encadrée notamment pour la fourchette supérieure qui n'est pas clairement fixée. Mieux, l'application de taux préférentiel et dérogatoire est en contradiction avec le principe ***de taux unique*** retenu par l'UEMOA qui doit se trouver dans une fourchette entre 25 % et 35 %.

149. Impôt minimum (voir article 47 CGI). Il existe un impôt minimum fixé à :

- 10 % des produits encaissables pour les sociétés à prépondérance immobilière ;
- 1 % des produits encaissables pour les autres entreprises ;

- 0,60 FCFA par litre, au volume des produits pétroliers, vendus (applicables aux stations-service).

Dans tous les cas, l'impôt ne peut être inférieur à 250 000 F CFA.

Encadré 27: Érosion de la base de l'IS au Bénin

Selon les données de l'ATAF (2020), les recettes de l'IS en pourcentage du PIB, seraient inférieures à 2 % et en pourcentage des recettes totales, inférieures à 10 %, entre 2018 et 2019. La Banque mondiale en conclut que l'IS, impôt essentiel, est sous son potentiel au Bénin. Il serait notamment affecté par les prix de transfert et l'optimisation fiscale agressive, mais aussi les conventions spécifiques sur des secteurs clés tels que les GSM.

Banque mondiale, Étude sur la fiscalité en Afrique de l'Ouest, Juin 2019

4.1.3. LES AUTRES IMPOTS DIRECTS

150. Revenus concernés. L'imposition directe concerne d'autres revenus notamment :

151. L'impôt sur les revenus fonciers (IRF). Les personnes physiques et assimilés, l'État, les communes, les établissements publics à caractère administratif, culturel ou scientifique, les associations, les organisations non gouvernementales titulaires uniquement de revenus fonciers, lorsqu'ils reçoivent les revenus fonciers sont soumis à l'IRF. Sont également concernées, les personnes physiques associées de sociétés à prépondérance foncière non soumise à l'impôt sur les sociétés. On peut citer :

- Les revenus des propriétés bâties, ainsi que l'outillage des établissements industriels attachés au fonds à perpétuelle demeure ou reposant sur des fondations spéciales faisant corps avec l'immeuble, et les revenus de toutes installations commerciales ou industrielles assimilées à des constructions ;
- Les revenus des propriétés non bâties de toute nature y compris ceux des terrains occupés par les carrières, mines, étangs, salines et marais salants ;
- Les revenus accessoires provenant notamment de la location du droit d'affiche, de la concession du droit d'exploitation de carrières, de redevances tréfoncières ou autres redevances analogues ayant leur origine dans le droit de propriété ou d'usufruit.

152. Base d'imposition. Le revenu imposable dans la catégorie de l'IRF est constitué du montant brut des loyers. Ce montant est augmenté du montant des dépenses incombant normalement au propriétaire et mises par les conventions à la charge des locataires, et diminué du montant des dépenses supportées par le propriétaire pour le compte des locataires.

Il est fait application d'un taux de 12 %.

NB : Le montant obtenu par application du barème est majoré de 4 000 FCFA au titre de prélèvement au profit de l'office de radiodiffusion et de télévision du Bénin (ORTB).

153. La Taxe sur les plus-values immobilières (TPVI)

- **Champ d'application**. Cette taxe est due à raison des plus-values réalisées par les personnes physiques ou morales à l'occasion des cessions de terrains bâtis ou non, des droits immobiliers, des titres de société à prépondérance immobilière, des titres miniers. La cession s'entend de la vente, de l'échange, de l'apport en société, de la distribution de dividendes en nature effectuée par prélèvement d'immeuble, des donations et successions.
- **Modalités de détermination de l'impôt**. L'impôt est calculé sur la plus-value. Cette plus-value s'entend de la différence entre d'une part la somme ou contre-valeur moyennant laquelle l'immeuble, le droit réel immobilier ou le droit relatif à un titre minier est aliéné, ou l'estimation pour laquelle il fait l'objet d'un apport en société pur et simple ou à titre onéreux et d'autre part, son prix ou sa valeur d'acquisition, c'est-à-dire la somme ou contre-valeur déboursée par le cédant pour obtenir la propriété de l'immeuble ou du droit réel immobilier (déterminée à partir du prix d'achat ou de l'estimation de la valeur d'acquisition de l'immeuble ou du droit réel immobilier et des ouvrages qu'il comporte à l'époque de l'acquisition). Les estimations se font à partir des actes de toute nature ayant date certaine. À défaut d'actes ou de tout autre document permettant d'établir avec certitude le prix d'acquisition, il est procédé à la détermination à partir du prix de référence fixé et révisé par période, par arrêté du ministre des Finances.

Lorsque la cession porte sur un bien faisant l'objet de construction, il est fait obligation au cédant de souscrire une déclaration détaillée du prix de cession en apportant les précisions distinctes sur la valeur de la parcelle et celle de la construction. Dans ce cas, la plus-value sur la construction est fixée à 10 % de son prix de cession.

- **Liquidation.** Les droits exigibles sont déterminés par application d'un taux de 5 % du montant de la plus-value. La taxe exigible ne peut être inférieure à 1 % de la valeur de cession du bien. Une part du produit de la taxe est affectée au budget de la collectivité locale du lieu de situation du bien immobilier cédé.
- **Exemptions.** Ne sont pas soumis à la TPVI, les plus-values réalisées à l'occasion de l'aliénation des immeubles des personnes publiques, des sociétés à participation publique ayant pour objet l'amélioration de l'habitat ou celui des organismes publics ou privés dont les acquisitions sont exonérées de droit d'enregistrement. Il en est de même des plus-values résultant de cession des immeubles inscrits à l'actif du bilan des entreprises soumises à l'IS ou l'IBA.
- **Modalités particulières de paiement.** La Taxe est acquittée au moment des formalités d'enregistrement des actes d'aliénation ou des déclarations de mutation. Elle est retenue et acquittée par le cessionnaire sur la somme versée au cédant en cas de cession de droits attachés à des titres miniers. Son acquittement est un préalable à toute mutation foncière.

Encadré 28: Tenants et aboutissants de la Taxe des plus-values

L'institution de la Taxation des plus-values immobilières est une mesure visant à élargir l'assiette de l'impôt et diversifier les sources de recettes fiscales. Les plus-values issues de transactions immobilières opérées par les particuliers, « qui peuvent être importantes, sont généralement le fait des investissements réalisés par l'État et qui concourent au développement des différentes localités ». Il s'agit *in fine,* pour le budget de l'État, de tirer profit de la plus-value acquise par les contribuables en cas de cession des terrains bâtis ou non bâtis, des droits relatifs aux mêmes immeubles ou droits relatifs aux titres miniers en les soumettant à ladite taxe. Le Bénin rattrape ainsi son retard sur d'autres pays de la sous-région dont le Togo, qui avait institué une telle taxe. Pour la Direction générale des affaires économiques, l'institution de la taxe de plus-values immobilières est pertinente. Pour améliorer le rendement de la taxe, il faudrait une franche collaboration des maires et des acteurs et auxiliaires de la justice notamment les notaires. Le partage d'une partie des recettes mobilisées avec les localités où se situent les immeubles pourrait améliorer l'implication des communes dans la collecte de la taxe.

En termes d'impact sur le comportement, le taux de l'impôt peut déterminer la décision de réalisation d'un immeuble. En effet, des impôts plus élevés sur les gains immobiliers peuvent avoir pour conséquence de réduire la fréquence de cession des actifs afin de réduire l'impôt dû (***Tax foundation***).

154. Impôt sur les traitements et salaires (ITS) :

- **Champ d'application.** L'ITS concerne les revenus provenant des traitements, émoluments et salaires publics ou privés, ainsi que les rétributions accessoires de toute nature, les indemnités de fin de carrière et les rémunérations versées aux dirigeants des sociétés soumises à l'IS (voir article 119 CGI). L'impôt est dû lorsque le bénéficiaire est domicilié au Bénin alors que l'activité rémunérée s'exerce hors du Bénin ou lorsque le bénéficiaire est domicilié hors du Bénin à la condition que l'activité rétribuée s'exerce au Bénin ou que l'employeur soit domicilié ou établi au Bénin (article 121-1 CGI).

Ne sont pas concernées les allocations familiales, allocations d'assistance et majorations de salaires ou indemnités à caractère de prestation de sécurité sociale. Il en est de même des rémunérations et gratifications de toutes natures versées dans le cadre d'une convention stage régulièrement conclue pour une durée ne pouvant excéder trois (3) mois au profit des élèves, étudiants ou apprentis âgés de moins de trente (30) ans.

Encadré 29: Institution de la déclaration unique des impôts sur les salaires et des cotisations sociales sur un même formulaire

En vue de doper les recettes issues des impôts salariaux, il a été institué un système unique de déclaration d'impôts sur salaires et de cotisations sociales. En effet, les impôts sur salaires ainsi que les cotisations sociales sont des retenues à la source, calculées sur la même base que constituent les salaires. Ainsi, au terme de la loi n° 2019- 46 du 27 décembre 2019 portant loi de finances pour la gestion 2020, l'obligation de déclarer ces prélèvements sur un même formulaire disponible en ligne est instituée. Il est donc possible de les payer à la même échéance suivant les dispositions du CGI. Cette nouvelle disposition qui est applicable aux entreprises utilisatrices de téléprocédures, a pour objectifs principaux de : (i) réduire les tracasseries aux entreprises en leur faisant gagner du temps dans le processus de déclaration et de payement des impôts sur les traitements et salaires et des cotisations sociales ; (ii) réduire les anomalies observées entre les déclarations faites par les entreprises au niveau des services des impôts et ceux de la CNSS et (iii) augmenter le rendement des recettes d'IRPP-TS, de VPS et les cotisations sociales perçues.

Source : Direction générale des affaires économiques. Évaluation des mesures fiscales contenues dans la Loi de finances, gestion 2020.

- **Calcul de l'impôt**. L'impôt est calculé par application à la base imposable qui inclut les montants bruts des traitements, émoluments, salaires, pécules, gratifications, rétributions des heures supplémentaires, avantages professionnels en argent ou en nature et indemnités de toute sorte y compris les indemnités de transport, d'un barème à taux progressif.

Tableau 2: Tranche d'imposition à l'ITS

Tranche X	Taux applicable
X ≤ 60 000 FCFA	0 %
60 001 FCFA < X ≤ 150 000 FCFA	10 %
150 001 FCFA < X ≤ 250 000 FCFA	15 %
250 001 FCFA < X ≤ 500 000 FCFA	19 %
X > 500,000 FCFA	30 %

Encadré 30: La progressivité en matière fiscale

La progressivité est appliquée à l'ITS. Cette technique est fortement défendue par le courant solidariste qui se trouve au milieu des courants libéraliste et socialiste. L'Impôt à taux progressif est le symbole d'un système fiscal qui réduit les écarts de Revenu. Pour la Banque mondiale, la progressivité de l'Impôt est un enjeu important pour l'égalité des sexes et contribue à atténuer les préjugés sexistes.

Encadré 31: L'atténuation de la personnalisation

La suppression de la réduction pour charges de famille atténue la personnalisation de l'impôt et peut créer une sorte d'iniquité consistant à traiter de la même manière des personnes qui ne sont pas soumises aux mêmes charges. Cette suppression semble donc se faire au détriment de la justice fiscale, même si par ailleurs elle permet de corriger une pratique qui consistait à ne faire bénéficier de la réduction qu'aux parents de sexe masculin, notamment dans la fonction publique. .

155. Impôt sur le revenu des capitaux mobiliers (IRCM). Cet impôt est perçu sur les revenus des capitaux mobiliers versés par une entreprise exploitée au Bénin ou perçus par une entreprise exploitée ou par une personne domiciliée au Bénin. Dû, que les sommes soient ou non prélevées sur les bénéfices, l'IRCM a plusieurs assiettes notamment :

- **Les revenus des créances, dépôts et cautionnements.** Ils concernent les créances hypothécaires, privilégiées et chirographaires, les dépôts de sommes d'argent à vue ou à échéance fixe, les cautionnements en numéraires et comptes courants, les bons de caisse ainsi que les intérêts, arrérages et tous autres produits des obligations et emprunts des personnes publiques et des sociétés commerciales ayant le pouvoir d'émettre des obligations.
- **Les revenus des valeurs mobilières.** Ils concernent les revenus distribués par les personnes morales soumises à

l'IS, les dividendes, intérêts, arrérages, revenus et tous autres produits des actions. Sont également concernés les revenus occultes.

La base d'imposition des RCM est déterminée :

En ce qui concerne les revenus des valeurs mobilières :

- pour les actions, par le montant des dividendes fixé par les délibérations d'actionnaires ;
- pour les obligations ou emprunts, par les intérêts distribués dans l'année ;
- pour les parts d'intérêts et commandites, soit par les délibérations des assemblées générales des associés soit des conseils d'administration à défaut de délibération ;
- pour les lots, par le montant même du lot ;
- pour les primes de remboursement par la différence entre la somme remboursée et le taux d'émission des remboursements ;
- pour les rémunérations de l'administrateur général ou des membres des conseils d'administration des sociétés, par les délibérations des assemblées générales d'actionnaires ou des conseils d'administration, les comptes rendus ou tous autres documents analogues ;
- pour les plus-values de cession de valeurs mobilières, par la différence entre le prix de cession et le prix d'acquisition ;
- pour les bénéfices réputés distribués des établissements stables, par le montant des bénéfices comptables diminué du montant de l'impôt sur les sociétés ;
- et pour les autres revenus ayant le caractère de revenus distribués, par tous les éléments déterminés par l'Administration.

Pour les revenus des créances, dépôts et cautionnements. La base d'imposition est constituée par le montant brut des intérêts, arrérages et tous autres produits de valeurs. Ainsi, l'impôt est dû par le seul fait soit du paiement des intérêts, soit de l'inscription des intérêts au débit ou au crédit d'un compte du débiteur, soit du créancier.

156. Le montant de l'impôt est obtenu par application d'un taux de :

- Pour les revenus des valeurs mobilières autres que les obligations :

10 % pour :
  - o Les dividendes ;
  - o Les bénéfices des établissements stables ;

15 % pour tous les autres types de revenus imposables.
- Pour les revenus des obligations, les taux sont de :
  - o 6 % pour les revenus des obligations et pour les lots et primes de remboursement payés aux créanciers et aux porteurs d'obligations ;
  - o 3 % pour les produits des obligations émises par les États membres de l'UEMOA, par les collectivités publiques et leurs démembrements dont la durée est comprise entre 5 et 10 ans et 0 % si la durée des obligations est supérieure à 10 ans ;
  - o 5 % pour les plus-values dégagées lors des cessions d'actions par les particuliers ou les personnes morales non-résidentes.
- Pour les revenus des créances, dépôts et cautionnements, l'impôt est calculé par application d'un taux de 15 %.

157. Taxe sur les Véhicules de tourisme

- **Fait générateur**. L'importation et la première cession de véhicules de tourisme rend exigible la taxe sur les véhicules de tourisme.
- **Champ d'application**. L'impôt sur véhicules de tourisme concerne les véhicules de tourisme dont la puissance est égale ou supérieure à 13 chevaux à l'exclusion des véhicules acquis par les missions diplomatiques ou par les organisations internationales.
- La Taxe est déterminée par application d'un taux de 10 % applicable :
  - o en matière d'importation sur la valeur en douane majorée des droits et taxes perçus ;
  - o en régime intérieur, par le prix de vente sortie-usine à l'exclusion de la TVA.

158. Taxe sur les véhicules à moteur

- **Fait générateur**. La possession d'un véhicule d'au moins trois roues par une personne physique le rend assujetti à la Taxe sur les Véhicules à Moteur (TVM) qui est établie au nom du propriétaire d'un véhicule.

- **Champ d'application**. L'impôt sur véhicules à moteur concerne les véhicules à moteur d'au moins trois roues, immatriculés et utilisés pour le transport public ou privé des personnes ou des marchandises à l'exclusion des véhicules immatriculés au nom de l'État béninois ou de ses démembrements, les véhicules immatriculés au nom des corps diplomatiques et consulaires, des organisations du système des Nations unies, des organisations inter-étatiques et fondations à caractère international ainsi que les ONG et organismes internationaux ayant signé un accord de siège avec la République du Bénin.
  Cet impôt frappe quatre catégories d'assiette : les véhicules de transport privé de personnes ou de marchandises, les véhicules de transport public de personnes ou de marchandises, les véhicules à moteur à trois roues.
- **Tarif.** Le tarif de l'impôt est de :

Pour les véhicules de transport privé de personnes ou de marchandises :

- inférieur ou égal à 7 chevaux : 20 000 francs CFA
- de 8 à 10 chevaux : 30 000 francs CFA
- de 11 à 15 chevaux : 40 000 francs CFA
- au-dessus de 40 chevaux : 60 000 francs CFA

Pour les véhicules de transport public de personnes ou de marchandises. Cette catégorie couvre les transporteurs par voie de terre de personnes et de marchandises.

Le tarif est de :

Pour les véhicules de transport public de personnes

- 0 à 9 places..38 000 francs CFA
- 10 à 20 places...57 000 francs CFA
- Plus de 20 places..86 800 francs CFA

Pour les véhicules de transport public de marchandises

- 0 à 2,5 tonnes ....49 500 francs CFA
- 2,6 à 5,00 tonnes ....57 000 francs CFA
- 5,01 à 10, 00 tonnes ....86 800 francs CFA
- Plus de 10 tonnes ....136 400 francs CFA

- Pour les véhicules à moteur de trois (03) roues15 000 francs CFA

Pour les véhicules utilisés par les sociétés ou par toute entreprise publique ou privée. Le tarif de la TVS est annuel et son montant est fixé à :

- 150 000 francs CFA pour les véhicules dont la puissance fiscale n'excède pas 7 chevaux ;
- 200 000 francs CFA pour les autres véhicules.

159. Le Versement Patronal sur Salaires (VPS). Cet impôt est dû par les personnes physiques ou morales qui paient des traitements, émoluments, salaires et rétributions. Il est à la charge de l'employeur.

Tarif. Le taux est de 4 % des salaires et accessoires versés aux employés. En ce qui concerne les établissements d'enseignement privés, le taux du VPS est de 2 %.

Graphique 7: Niveau de prélèvement sur les TS

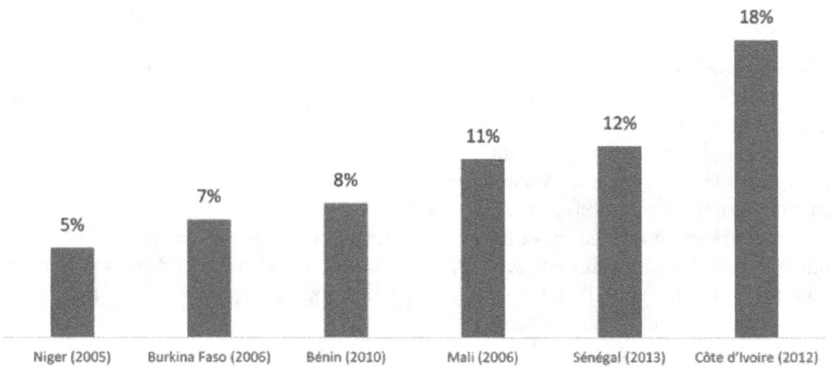

Source : Bureau International du Travail, Recensement pour le Sénégal

Le rendement des impôts directs est fortement handicapé dans les pays en développement. En réalité, l'impôt direct « fait appel au principe déclaratif et nécessite des liaisons lourdes et coûteuses ». En l'absence de tels moyens, le produit de cet « impôt est souvent réduit à un impôt sur les salaires renforcés par des retenues à la source sur certains revenus tandis que les revenus non salariaux des entrepreneurs individuels, travailleurs individuels, échappent largement à l'impôt » (Chambas, 2005). Selon une étude du Bureau International du Travail (BIT, 2010), seuls 8 % des emplois sont soumis à l'Impôt au Bénin.

Encadré 32: Les régimes incitatifs

Le CGI a institué un certain nombre d'incitations fiscales notamment :

Les incitations à l'investissement. Elles concernent :

• ***Les investissements dans les projets jugés prioritaires*** qui peuvent bénéficier d'un régime fiscal dérogatoire selon des modalités arrêtées par l'exécutif et définies par décrets pris en conseil des ministres ;

• ***Les incitations à la création d'entreprise nouvelle*** qui permettent l'application d'une réduction de l'impôt (IS ou IBA) dû par les entreprises nouvelles (25 % au titre du premier exercice, 25 % au titre du deuxième exercice, 50 % au titre du troisième exercice) si le contribuable concerné n'est pas soumis à un rappel de droits suite à une procédure de contrôle fiscal ou si l'entreprise est créée dans le cadre d'une reprise totale ou partielle d'activités préexistantes ;

• ***Les incitations à la création de start-up*** s'appliquent aux start-up innovantes dans le domaine des technologies de l'information et de la communication constituées en société et dont le chiffre d'affaires annuel ne dépasse pas cent millions de francs CFA hors taxe et ayant obtenu une labellisation. Lorsqu'elles remplissent les conditions du label suivant des modalités précisées par décret pris en conseil des ministres (article 147-2 CGI), elles bénéficient de l'exonération de l'impôt sur les sociétés et du versement patronal sur salaires pendant les deux premières années d'activités et d'une réduction de 50 % au titre de la troisième année.

Les incitations fiscales à la formalisation des entreprises-centres de gestion agréés. Il s'agit de mesures législatives destinées aux personnes physiques et morales ayant la qualité de commerçant ou non, d'industriel, d'artisan ou d'agriculteur non connues du fichier des contribuables et dont le chiffre d'affaires est inférieur ou égal à cinquante millions de francs CFA hors taxe. Ces personnes bénéficient d'une réduction de 40 % de l'IS ou de l'IBA ou encore de la TPS, si elles adhèrent à un centre de gestion agréé, de la première année à la quatrième année, à compter de la date d'adhésion au centre de gestion agréé.

Incitation à la création d'emplois salariés. Un crédit d'impôt annuel non renouvelable est accordé aux assujettis à l'impôt sur les sociétés ou à l'impôt sur les bénéfices d'affaires justifiant d'une année d'activité. Il s'agit de personnes de nationalité béninoise accédant à un premier emploi, embauchées en contrat à durée indéterminée. Ce crédit accordé sur demande, varie entre 100 000 francs CFA et 500 000 francs CFA en fonction du nombre d'emplois créés (article 149-3 CGI).

Les sociétés conventionnées ou agréées. Les entreprises agréées au régime sectoriel, notamment en matière d'investissement, de mines ou de pétrole, ainsi que celles titulaires d'agréments octroyés par l'État, sont exonérées des impôts, droits et taxes dans le cadre de leur agrément ou cahier des charges.

4.2. LES IMPÔTS INDIRECTS

160. Les impôts sur la dépense regroupent la taxe sur la valeur ajoutée (TVA), les taxes sur les produits spécifiques qui regroupent les droits d'accises.

Encadré 33: Les libéraux favorables à la taxation de la dépense

La taxation de la dépense est une idée promue par les libéraux pour qui la dépense révèle mieux le niveau de vie des citoyens. ***Pour*** *cette* ***école de pensée c'est le seul mode de taxation qui permet au contribuable de consentir le niveau de pression fiscale qu'il est prêt à supporter. En ce sens, cela ne pénalise ni l'épargne ni l'investissement.***

Partisans d'impôts sur la dépense par application d'un tarif proportionnel, parce que la proportionnalité ne modifierait pas la structure économique, les libéraux estiment que l'impôt juste et neutre est l'impôt proportionnel.

Pourtant, il est admis que dans la mesure où les personnes ayant de faibles revenus les affecteront aux charges de première nécessité, elles seront plus atteintes par l'impôt proportionnel sur la dépense. Alors qu'un contribuable qui dispose de revenus consistants n'affectera aux dépenses de survie qu'une part de ce revenu, ce qui lui permet de dégager des excédents pour l'épargne. Ainsi, plus on monte dans le niveau d'aisance, plus l'impôt sur la dépense baisse. En fait chaque portion du revenu n'a pas la même utilité. Plus le revenu est important, plus son utilité marginale baisse. ***C'est pour cela que Rousseau pense que "celui qui n'a que le simple nécessaire ne doit rien payer du tout, la taxe de celui qui a du superflu doit aller au besoin jusqu'à concurrence de tout ce qui excède le nécessaire".*** *Toute cette controverse prouve bien que « l'accord n'existe pas sur les conditions que doit remplir l'impôt pour être considéré comme juste » (**G. JÈZE**).*

4.2.1. La taxe sur la valeur ajoutée (TVA)

161. Une création française. Création française de l'année 1954 (invention de Maurice Lauré, ancien Ingénieur des PTT devenu Inspecteur des impôts), la TVA fait dépendre le poids de l'impôt de la valeur atteinte par les biens et services consommés ou intermédiaires au stade de la consommation finale. La signification du sigle a été détournée par ses détracteurs qui pensent qu'avec la TVA « **Tout Va Augmenter** ». (**N. DELALANDE, *Histoire sociale de l'impôt, op. cit.***). Malgré cela, elle a été répliquée dans la plupart des États africains et même dans le monde. Elle fait l'objet d'une harmonisation « de façon que les taux nationaux ne soient pas trop éloignés les uns des autres » (***ibid.*)**.

4.2.1.1. Généralités

162. Mécanisme. L'assujettissement à la TVA est déterminé par la nature des opérations effectuées ou des produits concernés, indépendamment de la situation personnelle de l'assujetti ou de son client. Le paiement étant fractionné, le mécanisme fonctionne de sorte que les taxes ayant grevé les consommations intermédiaires et les biens d'équipements soient déductibles. La généralisation du droit à déduction qui y est associée, permet d'assurer la neutralité de l'impôt dans le circuit économique. De façon technique, l'entreprise assujettie facture la TVA à chaque stade de production et commercialisation des biens et services, et la reverse aux services fiscaux mais en déduisant la TVA qu'elle a elle-même payée à ses fournisseurs. Le mécanisme peut aller jusqu'à l'obtention d'un remboursement de TVA par le Trésor si la TVA payée sur les achats a été supérieure à la TVA encaissée (**Voir J.-L. ALBERT, *Finances publiques, op.cit.*, p. 619**). La TVA réellement due par l'entreprise est la TVA nette obtenue après déduction de la TVA qu'elle a payée en amont, à ses fournisseurs de biens et de services, indispensables à son activité et au cordon douanier. La déduction de la TVA payée en amont doit répondre aux conditions requises par la loi. *In fine,* **« seule la valeur ajoutée par l'entreprise est en réalité imposée (mais la taxe n'est pas assise sur la valeur ajoutée) » (J.-L. ALBERT, *ibid.*).**

163. N'étant pas un impôt pour les opérateurs économiques, la TVA n'est pas un frein à l'investissement et les producteurs pourront ainsi rénover leurs installations pour améliorer leur rentabilité et compétitivité.

164. Un impôt efficace et indolore. La TVA est l'un des impôts les plus rentables au Bénin avec un coût minimum de perception dans la mesure où l'assujetti supporte une bonne partie du coût de gestion. Le produit de cette taxe en 2016 avoisinait les 300 milliards soit plus de la moitié des recettes.

165. La taxe est en effet collectée par l'opérateur économique assujetti auprès de ses clients pour le compte de l'État et supporté par le consommateur final. Ce système permet d'opérer la collecte avec un minimum de moyens administratifs.

166. En tant qu'impôt indirect, la TVA passe pour être plus indolore et plus démocratique ; seulement, comme tout impôt indirect, elle n'est pas modulable car le contribuable n'est pas connu.

167. Un cadre juridique communautaire harmonisé. S'il est vrai que les taux sont fixés par les législateurs nationaux, le cadre juridique de la TVA est harmonisé au niveau sous régional (UEMOA). L'objectif est d'éviter la mise en place de taux discriminants entre les produits nationaux et étrangers, d'une part, et d'éviter que les taux appliqués dans les pays ne soient des entraves à la libre circulation des biens et services au sein de l'espace (parce qu'éloignés les uns des autres), d'autre part. C'est ainsi que la directive n° 02/2009/CM/UEMOA du 27 mars 2009 prescrit, en son article 29, aux États membres un taux compris entre 15 % et 20 %, avec la possibilité d'appliquer des taux réduits entre 5 % et 10 % à un nombre maximum de dix produits ou services choisis dans une liste établie par la directive.

4.2.1.2. Opérations imposables et base d'imposition

168. Affaires imposables. La TVA est établie sur les affaires réalisées au Bénin par les personnes physiques ou morales qui, habituellement ou occasionnellement, achètent pour revendre ou accomplissent des actes relevant d'une activité industrielle, commerciale, artisanale ou d'une activité non commerciale, extractive ou forestière, à l'exclusion des activités salariées.

Exonérations. Certaines activités et opérations sont exonérées. Ces exonérations sont motivées par des raisons socio-économiques. C'est le cas de certains produits de première nécessité, des consultations médicales, des soins et de toutes prestations présentant un caractère médical y compris le transport des blessés et des malades ainsi que les prestations entrant dans le cadre de l'hospitalisation, fournies par les hôpitaux, les cliniques et autres établissements assimilés. D'autres exonérations sont motivées par la volonté de ne pas appliquer concomitamment l'impôt avec d'autres taxes spécifiques (cas des opérations des banques et assurances, soumises à la taxe sur les activités financières et assurances-TAFA).

Pour le bénéficiaire de l'exonération, il y a un désavantage. Son bénéfice exclut le droit de déduction de la taxe ayant grevé ses achats. Le législateur permet à certaines activités exonérées d'être assujetties sur option, afin de bénéficier du droit à déduction (**J-L ALBERT, *Finances publiques, op.cit.***).

169. Base d'imposition. La base d'imposition est le montant hors TVA des ventes et prestations réalisées.

170. Taux. Le taux de la taxe est de 18 %. Il est de 0 % pour les opérations d'exportation. Les exemptions accordées dans le cadre des relations internationales et la gestion des projets ou marchés à financement extérieur font l'objet d'une procédure de prise en charge par l'État de la TVA due, par l'octroi de certificat de crédit comme moyen de paiement.

Encadré 34: Obligation de facturation par machine électronique

Toute opération réalisée par un redevable doit faire l'objet d'une facture normalisée ou d'un document en tenant lieu : décompte de travaux, feuilles d'honoraires, acomptes, etc. La facture normalisée ou tout document en tenant lieu est émise et transmise par une Machine Électronique Certifiée de Facturation. Les redevables de la TVA sont tenus de mettre en place un système de facturation électronique soumis à une procédure de certification par la Direction Générale des Impôts.

Encadré 35: Neutralité, équité et rendement de la TVA

L'une des critiques faites à la TVA est qu'il s'agit d'un impôt qui pèse sur les pauvres. L'argument consistant à prétendre que la TVA ne crée pas de distorsion est rejeté car cet impôt générerait des effets de dégressivité alors même qu'il est proportionnel.

Mais il est admis que c'est un impôt favorable à l'activité économique et à la promotion des investissements dans la mesure où elle ne grève pas la production. Son bon rendement s'explique par sa large assiette et sa neutralité. Elle favorise la compétitivité des entreprises exportatrices en les allégeant de toute charge. Mais cette performance serait meilleure si par la multiplication des exonérations, l'on n'aboutissait pas à un rétrécissement de son assiette. Or, la TVA est perçue comme un impôt important dans la stratégie de soutenabilité de la transition fiscale. L'effort doit être fait en faveur de la réduction des exonérations pour maximiser le produit fiscal issu de cet impôt.

Selon Chambas, des progrès substantiels peuvent permettre d'accroître le rendement de la TVA, d'améliorer sa neutralité économique et son équité. Pour en améliorer le rendement, l'approfondissement des réformes visant à suivre l'évolution des valeurs ajoutées des moins fiscalisés afin d'en tirer le meilleur profit, la mise en place d'un dispositif pour un suivi croisé des déclarations de TVA collectées et de TVA récupérables, l'instauration de la déclaration électronique de la TVA sans oublier la mise en place d'une base de données des déclarations de TVA pour en faciliter le suivi et en renforcer le contrôle, sont nécessaires.

4.2.2. La taxe sur les produits spécifiques

171. Il s'agit d'une taxe applicable aux produits spécifiques, importés ou fabriqués en République du Bénin et livrés à la consommation intérieure. Sont concernées toutes importations ou cessions de produits spécifiques, effectuées à titre onéreux ou à titre gratuit et réalisées en droit ou en fait aux conditions de livraison en République du Bénin. Cette taxe regroupe les anciens droits d'accises, frappant certains biens comme l'alcool, le tabac, le café, les armes et munitions, etc. Les droits d'accises font également l'objet d'une harmonisation au sein de l'espace UEMOA (directive n° 03/2009/CM/UEMOA du 27 mars 2009). Les taxes spécifiques sont diverses. Leurs tarifs sont regroupés dans le tableau ci-après :

Tableau 3: Tarif de la Taxe sur les produits spécifiques

Produits		Taux
Cigarettes, cigares, cigarillos, tabac à fumer et autres succédanés de tabacs		50 %
Produits de parfumerie et cosmétiques		15 %
Sachets en matière plastique		5 %
Marbre, lingots d'or et pierres précieuses		10 %
Boissons	Boissons non alcoolisées à l'exception de l'eau non gazéifiée	7 %
	Eau minérale importée	20 %

	Jus de fruits importé	20 %
	Boissons non alcoolisées énergisantes	20 %
	Boissons alcoolisées que sont les bières et cidres	20 %
	Vins	40 %
	Liqueurs et champagnes	45 %
Farine de blé		1 %
Pâtes alimentaires importées		5 %
Huiles et corps gras alimentaires	Préparation pour soupe ou bouillons préparés	10 %
	Huiles et autres corps gras alimentaires	1 %
Café, Thé		10 %

4.2.3. Taxe spécifique unique sur les produits pétroliers (TSUPP)

172. Champ d'application. La TSUPP est un impôt qui frappe les importations de produits pétroliers ainsi que les premières cessions de produits pétroliers par les raffineries installées sur le territoire du Bénin, y compris les prélèvements qu'elles effectuent pour leurs besoins propres.

173. Base d'imposition et taux. La base imposable est déterminée par le nombre de litres ou de kilogrammes cédés ou prélevés.

Le tarif de la taxe est de :

- 65 FCFA/litre pour le super carburant ;
- 55 FCFA/litre pour l'essence ordinaire ;
- 0 FCFA/litre pour le pétrole ;
- 20 FCFA/litre pour le gas-oil ;
- 17 FCFA/litre pour les lubrifiants (huiles) ;
- 0 FCFA/litre pour le fuel oil ;
- 23 FCFA/kg pour les graisses ;
- 0 FCFA/kg pour le pétrole liquéfié (butane).

4.2.4. La Taxe sur les Activités Financières et les assurances (TAFA)

174. Champ d'application. La TAFA est une taxe qui frappe les opérations réalisées par les banques, les bureaux de change et les établissements financiers. Cet impôt frappe également les intérêts rémunérant des prêts entre entreprises notamment les comptes courants d'associés et les contrats d'assurance.

175. Exclusion du champ d'application. Sont exonérés de la taxe :

- les opérations réalisées par la BCEAO ;
- les opérations de prêts et de crédits au Trésor public et aux collectivités locales ;
- les opérations de cession des certificats spéciaux de créances salariales sur l'État ;
- les opérations de crédits, de prêts, avances, dépôts en compte, engagements ou opérations assimilées réalisées entre banques, entre banques et établissements financiers, entre établissements financiers installés ou non en République du Bénin ;
- les opérations de crédit-bail, soumises à la TVA ;
- les opérations de prêts consentis par les banques aux entreprises de construction de logements économiques ou sociaux agréées comme telles et dont les prix de référence sont fixés par les pouvoirs publics ;
- les prestations de services directement liées aux opérations du marché financier et effectuées par les intermédiaires financiers agréés par le CREPMF ;
- les opérations de crédits, de prêts, avances et dépôts en compte, engagements ou opérations assimilées réalisées entre banques, entre systèmes financiers décentralisés agréés par l'État et les établissements financiers installés ou non en République du Bénin ;
- les opérations de collecte de l'épargne et de distribution du crédit effectuées par les sociétés ayant le statut de système financier décentralisé ;
- les opérations de réassurance, sous réserve des dispositions de l'article 918 ;
- les contrats d'assurance vie ;
- les assurances de crédit à l'exportation ;
- les opérations de transfert d'argent, soumises à la TVA.

176. Base d'imposition et taux. La base d'imposition est constituée :

- Par le montant brut hors taxe des intérêts, commissions et autres rémunérations perçues par les banques et établissements financiers ou, dans le cas des prêts entre entreprises, par le prêteur.

En matière d'assurances, la taxe est perçue sur le montant des sommes stipulées au profit de l'assureur et de tous les accessoires dont celui-ci bénéficie directement ou indirectement du fait de l'assuré.

Le taux est de :

- 20% pour les assurances contre incendie ;
- 5 % pour les assurances de transport ;
- 10 % dans tous les autres cas.

Encadré 36: Les droits d'accises des instruments complémentaires de recettes

Les droits d'accises sont composés des taxes sur les produits spécifiques, la taxe spécifique unique sur les produits pétroliers, la taxe sur les véhicules de tourisme. Ces droits sont susceptibles d'accroitre de façon substantielle le niveau de recouvrement des ressources en raison de l'importance des consommations des biens concernés et de la faible élasticité de la demande de ces biens par rapport au prix. Ils permettent également de limiter la consommation de certains biens à externalité négative en créant une distorsion voulue. Malgré leur potentiel, les droits d'accises sont peu efficaces au Bénin. Ils représentent 0,35 % du PIB alors que la moyenne en Afrique subsaharienne était d'environ 1,7 % du PIB (2015). Toute mesure d'amélioration du rendement doit tenir compte du fait que les droits d'accises peuvent être néfastes pour la compétitivité.

4.3. LES DROITS D'ENREGISTREMENT

177. Seront présentés les généralités sur l'enregistrement, les tarifs des droits, l'assiette, les délais d'enregistrement.

4.3.1. Généralités

178. L'enregistrement, une opération historiquement prestigieuse. En France, pendant longtemps, les inspecteurs de l'enregistrement chargés d'accomplir cette formalité étaient au sommet de la hiérarchie en termes de réputation. Il en est ainsi en raison de leur origine sociale et de la nature de leur mission. Issus le plus souvent de la bourgeoisie de province, ils étaient en contact régulier avec les notaires et autres officiers ministériels. C'est donc eux qui sont responsabilisés pour percevoir les droits (**N. DELALANDE et *al.*, *Histoire sociale de l'impôt, op.cit.***).

179. Le formalisme de l'enregistrement. L'enregistrement est une formalité qui consiste en l'inscription, la reproduction, l'analyse et la mention sur un registre, par un fonctionnaire public, d'un acte juridique qui constitue le fait générateur de l'impôt. Les droits perçus à l'occasion de cette opération constituent le Droit d'Enregistrement. Il s'agit d'un véritable impôt perçu sur l'opération juridique bien que présentant quelques similitudes avec les taxes.

180. L'exécution de la formalité se concrétise par l'apposition, sur les minutes, brevets ou originaux, d'une mention d'enregistrement. Elle est mise gratuitement sur tous les exemplaires d'un même acte présenté en même temps à la formalité.

4.3.2. Champ d'application

181. Il faut distinguer les actes obligatoirement soumis à la formalité de l'enregistrement des actes dont les auteurs ont la faculté de s'y soumettre ou pas.

4.3.2.1. Les actes obligatoirement soumis à l'enregistrement

182. Les actes soumis en raison de la nature de l'acte. Il s'agit de :

- jugements et arrêts ;
- sentences arbitrales ;
- ordonnances de référé ;
- actes judiciaires et actes extrajudiciaires des huissiers et autres officiers publics.

183. Les actes soumis en raison de l'auteur de l'acte. Il s'agit de :

- actes rédigés par les notaires ou reçus au rang de leurs minutes ;
- actes d'exploits des huissiers.

184. Les actes soumis en raison de l'objet de l'acte. Dans cette catégorie, on a :

- actes écrits sous-seing privés translatifs de propriété (ventes, mutations à titre gratuit), d'usufruit, de jouissance (location) de biens meubles, d'immeubles, de clientèle ou de droit de bail ;

- actes de partage de meubles et d'immeubles ;
- actes de sociétés (formation, prorogation, dissolution, transformation, augmentation et réduction du capital) ;
- les cessions d'actions, de parts sociales, d'obligations ou de créances négociables ;
- les marchés et commandes publics portant sur la fourniture de biens, de travaux ou de services et les contrats de sous-traitance de ces marchés ;
- actes portant contrat de mariage ;
- procès-verbaux d'adjudication aux enchères publiques de biens meubles corporels ou incorporels ;
- actes portant acceptation ou réfutation de succession, legs ou communauté ;
- contrats de marchés
- actes de prêts et de créances, les engagements directs ainsi que les engagements par signature ;
- promesses de vente.

185. Conséquence du défaut d'enregistrement. Le défaut d'enregistrement de ces actes entraîne comme conséquence, outre l'application des sanctions fiscales, l'interdiction d'utiliser l'acte publiquement ou de le faire valoir au cours d'une instance judiciaire.

4.3.2.2. Enregistrement facultatif, acte volontairement présenté et enregistrement par suite d'usage

186. Périmètre. Tous les actes écrits sous seing privé, autres que ceux suscités, peuvent faire l'objet volontairement, de la part des parties, d'un enregistrement. Ils sont alors soumis à un droit fixe. C'est le cas par exemple des procurations, déclarations sur l'honneur, promesses unilatérales de bail, testaments olographes non déposés en l'étude d'un notaire, etc.

187. Par ailleurs, les actes qui ne sont pas soumis obligatoirement à la formalité lors de leur rédaction doivent être enregistrés lorsqu'il en est fait usage par acte public, devant une autorité constituée ou en justice. Exemple : plan d'architecte mentionné dans une vente d'immeuble.

4.3.3. Catégorisation des actes authentiques soumis à l'enregistrement

188. En dehors des actes sous seing privés, l'administration distingue pour les actes authentiques six (06) grandes catégories :

- Actes Innommés
- Statuts
- Prêts et Garanties
- Cessions d'Installations
- Actes Judiciaires
- Actes d'Huissiers et de Commissaires-Priseurs

4.3.4. Effets de l'enregistrement

189. Effet général. L'enregistrement a pour but de :

- percevoir des droits au profit du Trésor public ;
- conférer date certaine et force probante aux actes qui y sont soumis.

190. Effet particulier pour certaines catégories d'actes. Pour certaines catégories, l'enregistrement est une condition de validité. C'est le cas des :

- prêts sur gage (l'article 2074 du Code civil subordonne le privilège du créancier gagiste à l'existence d'un acte public ou sous seing privé dûment enregistré) ;
- ventes de fonds de commerce (certaines publications légales en cas de cession de fonds de commerce ne sont envisageables qu'après enregistrement de l'acte de cession) ;
- promesses unilatérales de vente portant sur certains biens (immeubles, fonds de commerce, droit au bail) qui sont nulles quand elles ne sont pas enregistrées ;
- les testaments faits hors du Bénin. Aucune opération ne peut être exécutée sur les biens mentionnés et situés sur le territoire national sans enregistrement préalable.

4.3.5. Territorialité

191. Il y a un principe général et les cas particuliers.

4.3.5.1. Cas général

192. Les actes passés et utilisés au Bénin, doivent être enregistrés. L'enregistrement est requis quand bien même l'acte est passé hors du Bénin alors que les immeubles, fonds de commerce ou droit au bail, titres de société sur lesquels ils portent sont situés au Bénin ou immatriculés en République du Bénin. L'enregistrement n'est en principe pas applicable, au Bénin, aux mutations de propriété, d'usufruit ou de jouissance, à titre gratuit ou à titre onéreux, lorsque ces mutations portent sur des immeubles ou fonds de commerce ayant leur assiette matérielle hors du territoire de la République du Bénin. La formalité de l'enregistrement peut toutefois être demandée pour les immeubles situés hors du Bénin. Le régime applicable varie selon qu'il existe ou non des droits d'enregistrement dans le pays de situation de l'immeuble.

4.3.5.2. Directives de l'UEMOA en ce qui concerne les successions

193. Les biens immobiliers dépendant d'une succession ne sont soumis au droit d'enregistrement que dans l'État où ils sont situés (article 25 de la directive 03/2009/CM/UEMOA portant harmonisation des législations des États membres en matière de droits d'accises).

194. Les biens meubles corporels ou incorporels laissés par un défunt ayant eu au moment de son décès son domicile dans l'un des États membres de l'UEMOA et, investis dans une entreprise, sont soumis à l'impôt sur les successions :

- Dans l'État où l'entreprise possède un établissement stable si cette dernière ne possède qu'un établissement stable dans l'un des États membres.
- Dans chacun des États où l'entreprise a un établissement si cette dernière possède un établissement stable dans plusieurs États membres (article 26 la directive 03/2009/CM/UEMOA portant harmonisation des législations des États membres en matière de droits d'accises).

195. Dans les autres cas, les biens sont soumis aux droits de succession dans l'État membre où le défunt avait son domicile au moment du décès (article 29 de la directive 03/2009/CM/UEMOA portant harmonisation des législations des États membres en matière de droits d'accises).

4.3.6. Tarifs des droits

196. Les droits d'enregistrement peuvent être fixes, proportionnels ou progressifs.

4.3.6.1. Droits fixes

197. Le droit fixe s'applique aux actes qui ne constatent ni transmission de propriété, d'usufruit ou de jouissance de biens meubles et immeubles, ni condamnation au paiement de sommes et valeurs, ni apport en mariage, ni apport en société, ni partage de biens meubles ou immeubles, ni marché, et d'une façon générale, à tous autres actes, mêmes exempts de l'enregistrement, qui sont présentés volontairement à la formalité.

198. Le minimum de perception est de 2 500 F CFA.

199. Sont tarifés au droit fixe :

- les certificats de propriété ;
- les actes de société ;
- les ordonnances de référé, jugements et arrêts des juridictions (jugements et arrêts ne contenant pas des condamnations pécuniaires) ;
- acceptation pure et simple de succession ; les renonciations pures et simples à succession ;
- les contrats de mariage ne contenant que la déclaration du régime adopté par les futurs époux, sans constater l'énumération des biens apportés par chacun d'eux ;
- la sous-traitance totale ou partielle de marchés publics ;
- etc.

4.3.6.2. Droits proportionnels

200. Le droit proportionnel est établi sur les transmissions de propriété, d'usufruit ou de jouissance de biens meubles ou immeubles entre vifs, les condamnations au paiement de sommes et valeurs, ainsi que pour les partages de biens meubles ou immeubles.

201. Les droits proportionnels sont obtenus par application d'un pourcentage à la valeur inscrite dans l'acte.

202. Les actes concernés sont :

- les mutations à titre onéreux d'immeubles, de droits réels immobiliers ou de parts de sociétés à prépondérance immobilière ;
- les mutations à titre onéreux de fonds de commerce ou de clientèle, d'un office ou d'une charge ;
- les cessions de droit à bail ou du bénéfice d'une promesse de bail portant sur tout ou partie d'un immeuble, quelle que soit la forme qui lui est donnée par les parties, qu'elle soit qualifiée de cession de pas de porte, d'indemnité de départ ou autrement ;
- les baux de meubles, fonds de commerce et d'immeubles, les sous-baux et prorogations conventionnelles ou légales de baux, les baux à construction, les baux à vie ;
- les mutations à titre onéreux de yachts ou de bateaux de plaisance intervenues entre particuliers ;
- les partages de biens meubles et immeubles entre copropriétaires, cohéritiers, coassociés ;
- les donations entre vifs ;
- l'acte constitutif d'emphytéose ;
- le crédit-bail immobilier ;
- les apports à titre onéreux d'immeuble, de fonds de commerce ou de droit au bail ;
- les échanges ;
- les décisions du tribunal et de la cour d'appel prononçant des condamnations pécuniaires ainsi que les jugements et arrêts de liquidation d'astreinte ;
- les parts et portion de biens meubles indivis acquis par licitation ;
- les marchés publics, les actes constatant les adjudications, marchés pour constructions, réparations, entretiens et autres prestations de service.

4.3.6.3. Droits gratis, exemption de droits

203. Les exemptions de droits concernent les actes que la loi a dispensés d'enregistrement. Lorsqu'ils sont présentés volontairement, ils sont soumis au droit fixe de 2 500 francs CFA.

204. L'enregistrement gratis concerne certains actes qui devraient être soumis aux droits fixes, proportionnels ou progressifs, mais que la loi a expressément exonérés de droits tout en rendant la formalité obligatoire.

205. Les actes concernés sont :

- les actes dont les droits sont à la charge de l'État, des collectivités locales, des établissements publics, des associations constituées sous le régime de la loi du 1er juillet 1901 dont la donation originaire ou, à défaut, les recettes annuelles sont constituées à raison de 80 % au moins de fonds publics ;
- le crédit-bail sur fonds de commerce ;
- les actes de mutations d'immeubles au nom des sociétés commerciales et industrielles pour les transactions de montant ne dépassant pas 50 000 000 de francs CFA ;
- les ventes à crédit et locations-ventes de maisons ou d'appartements dont le prix ou la valeur vénale unitaire ne dépasse pas six millions de francs, le prix du terrain lui-même étant taxé au tarif ordinaire des mutations immobilières ;
- les ventes de stock de marchandises corrélatives à la cession d'un fonds de commerce.

Encadré 37: Les droits de succession, un instrument de politique fiscale et de redistribution ?

Les droits de succession ont une longue histoire. L'histoire du Royaume du *Danxomé* relate qu'il existait des droits de succession dont la mise en œuvre était fictive et rituelle. En effet, les biens mobiliers des chefs de famille ou des notables défunts étaient présentés au roi qui les faisait immédiatement remettre à la famille avec son cadeau de participation aux funérailles (Mercier). Mais les droits de succession tels que nous les connaissons aujourd'hui sont inspirés du modèle mis en place en France. Les droits de succession y ont été créés par la Révolution française. C'est d'ailleurs l'impôt le plus ancien dans ce pays. Ils ont la particularité d'être prélevés une fois seulement dans la vie (ou quelques fois en cas de donations). Après l'avoir appliqué pendant plusieurs décennies, le législateur béninois, depuis 2016, a exonéré de droits, les successions et atténué les droits sur les legs et donations entre vifs. Cela participe d'une stratégie pour inciter à la formalisation et lutter contre l'insécurité foncière. Dans la perspective des réformes des droits d'enregistrement (considérées comme archaïques), on pourrait tenir compte des recommandations de l'OCDE. Selon cette organisation, les droits de succession et plus globalement les droits sur mutations à titre gratuit, pourraient jouer un rôle important dans la lutte contre les inégalités et l'amélioration des ressources publiques. Seulement, par le passé, lorsqu'ils étaient perçus, leur rôle dans l'amélioration des ressources publiques était plutôt limité. Les recettes générées étaient de faibles niveaux. Leur rôle dans la lutte contre les inégalités n'avait plus non plus été documenté. Mais il existerait « des arguments solides en faveur d'une plus grande utilisation des droits de succession, mais une meilleure conception sera nécessaire si ces impôts veulent atteindre leurs objectifs ». L'étude qui a abouti à une telle conclusion concerne les pays de l'OCDE mais pourrait bien inspirer les pays de l'UEMOA dont le Bénin.

C'est parce qu'il s'agit d'un impôt qui intervient au moment du transfert de richesse que la réforme des droits d'enregistrement en général, et des droits de mutation à titre gratuit en particulier, peuvent donc consister à combiner un triple objectif à savoir la mobilisation des ressources, le resserrement des inégalités de patrimoine et l'égalité des chances (Études sur les politiques fiscales de l'OCDE, Rapport de mai 2021).

Seulement, la fonction redistributive et l'argument égalitaire ne sont pas partagés par tous. Car cela consisterait à envisager l'héritage comme « une aubaine pour l'héritier ». Or, l'héritage serait un choix altruiste du point de vue du léguant et la taxation de la succession appréhendée sous ce regard comme une punition du défunt, « jugé fiscalement coupable d'avoir affecté une partie de ses ressources à l'épargne (laquelle a de surcroît déjà fait l'objet d'une taxation en cascade) en vue de la transmettre à ses descendants ». Pis, « la faible liquidité et la divisibilité limitée des actifs transmis contraignent les héritiers à vendre une fraction du capital afin de pouvoir acquitter les droits de succession. Cela peut avoir des effets sur l'entrepreneuriat en ce qu'il peut limiter « l'émergence de nouvelles entreprises » et dans le cas de la succession d'entreprise « empêcher la dilution de l'actionnariat familial » *In fine,* la solution peut passer par une bonne combinaison qui tienne compte des orientations de la politique fiscale retenue, et une adaptation de la solution au contexte local dans le respect des principes du droit fiscal.

Référence : David Lisnard, Vicotor Fouquet, Aurelien Véron, (2021) et OCDE, 2021.

4.3.7. Assiette des droits

206. L'assiette des droits dépend parfois des théories en matière d'enregistrement.

4.3.7.1. Les théories en matière d'enregistrement

207. L'enregistrement des actes dépend d'une analyse fine de leur contenu. Parfois, l'apparition de certaines dispositions ou stipulations dans l'acte appelle des traitements particuliers.

4.3.7.1.1. Dispositions dépendantes

208. Sont considérées comme dépendantes, les dispositions multiples d'un acte lorsqu'elles sont liées entre elles de telle manière que la soustraction de l'une d'elles de l'acte qui les constate, porte atteinte à l'équilibre de cet acte et à son unité. Lorsqu'un acte renferme deux dispositions tarifées différemment, mais qui, à raison de leur corrélation, ne sont pas de nature à donner ouverture à la pluralité des droits, la disposition qui sert de base à la perception est celle qui donne lieu au tarif le plus élevé.

209. La comparaison doit être donc établie entre les taux prévus et non pas entre les montants effectifs des droits.

210. Dans le cas où les diverses dispositions dépendantes sont considérées isolément, assujetties à des tarifs de nature différente, la disposition à taxer est la « disposition principale », c'est-à-dire la disposition dont l'objet est le plus important d'après la nature de l'acte et la commune intention des parties.

4.3.7.1.2. Dispositions indépendantes

211. Sont considérées comme indépendantes, les dispositions diverses d'un acte lorsqu'elles peuvent faire l'objet d'un acte séparé, c'est-à-dire qu'il est possible de scinder l'acte sans dénaturer le contrat et sans qu'il y soit porté atteinte aux droits et obligations des parties. Lorsque dans un acte quelconque, il y a plusieurs dispositions indépendantes ou ne dérivant pas nécessairement les unes des autres, il est dû pour chacune d'elles, et selon son espèce, un droit particulier. Les dispositions indépendantes et non sujettes au droit proportionnel sont affranchies de cette pluralité de droit.

212. Ainsi, les règles de perception varient selon que :

- Toutes les dispositions donnent lieu à un droit proportionnel. Tous ces droits sont perçus cumulativement.
- Toutes les dispositions sont assujetties à un droit fixe. Dans ce cas, il n'est perçu que le droit fixe le plus élevé.
- Certaines dispositions sont assujetties au droit proportionnel et les autres au droit fixe : en principe, les droits proportionnels sont perçus. Toutefois, si le total des droits proportionnels est inférieur au droit fixe le plus élevé, ce dernier sera seul exigé lors de l'enregistrement de l'acte.

4.3.7.1.3. Conventions taxables

213. En matière d'enregistrement, le droit n'est dû que sur une stipulation dont l'effet est actuel et certain. Les modalités qui peuvent affecter une convention peuvent exercer une influence sur l'exigibilité des droits.

4.3.7.1.3.1. Titre complet

214. Le droit édicté pour une opération juridique déterminée n'est exigible sur l'acte qui la constate, que si cet acte en forme le titre complet, et fait donc la preuve de l'opération considérée.

215. Lorsque l'écrit constitue un titre complet, sa forme n'exerce en principe aucune influence sur l'exigibilité de l'impôt qui peut être perçu même sur de simples lettres missives. L'acte qui ne constitue pas, même en apparence, le titre d'une opération juridique est un acte imparfait, soumis seulement au droit fixe des actes innomés.

4.3.7.1.3.2. Convention verbale constatée ultérieurement par écrit

216. Un écrit postérieur peut former le titre d'une convention réalisée antérieurement, à condition de fournir aux parties les éléments nécessaires pour la poursuite de leurs droits respectifs.

217. Le droit applicable à cette opération, dit droit de titre, est, en conséquence, exigible s'il n'a pas été déjà perçu.

4.3.7.1.3.3. Actes nuls ou imparfaits

218. L'administration ne juge pas de la validité des actes présentés à la formalité. Elle est fondée à percevoir le droit afférent à l'objet de la convention, même si celle-ci est annulable, à moins qu'elle n'ait été annulée judiciairement avant enregistrement.

219. Par contre, le droit n'est pas exigible sur les actes imparfaits. Par exemple, en matière de vente, le contrat est parfait quand les parties conviennent de la chose et du prix. Un contrat de vente sans prix stipulé est donc un acte imparfait, insusceptible d'enregistrement.

4.3.7.1.4. Conditions pouvant affecter une convention

4.3.7.1.4.1. Condition suspensive

220. L'obligation contractée sous une condition suspensive est celle qui dépend ou d'un évènement futur et incertain ou d'un évènement actuellement arrivé mais encore inconnu des parties. Ainsi, la condition suspensive affecte l'existence même du contrat qui ne peut être enregistré tant que la condition ne s'est réalisée que comme un acte innommé soumis au droit fixe. Dès que la condition se réalise, les droits proportionnels deviennent exigibles, comme si la convention avait été pure et simple dès l'origine. La preuve de la réalisation de cette condition peut être apportée par tous les moyens compatibles avec la procédure écrite en matière d'enregistrement. Si la condition ne se réalise pas, la perception du droit proportionnel est définitivement écartée.

4.3.7.1.4.2. Condition résolutoire

221. La condition résolutoire est celle qui, lorsqu'elle s'accomplit, opère la révocation de l'obligation et remet les choses au même état que si l'obligation n'avait pas existé. L'acte affecté d'une condition résolutoire est enregistré dans les conditions de droit commun dès sa rédaction. Il est donc immédiatement, passible de droit proportionnel, car la condition résolutoire ne suspend pas l'effet de l'acte, mais le rend simplement annulable si les circonstances de la résolution surviennent.

4.3.7.1.5. Terme

222. La condition diffère du terme en ce que ce dernier ne suspend point l'engagement dont il ne fait que retarder l'exécution. Le terme est, en effet, un évènement futur, mais certain. L'acte comportant la fixation d'un terme, est enregistré dans les conditions de droit commun.

4.3.7.1.6. Condition potestative

223. Il existe deux sortes de conditions potestatives :

- la condition potestative par opposition à fortuit, est celle qui fait dépendre l'exécution de la convention d'un évènement qu'il est au pouvoir de l'une ou l'autre des parties contractantes de faire arriver ou d'empêcher ; elle produit, suivant le cas, les mêmes effets que la condition suspensive ou la condition résolutoire ;
- la condition purement potestative est celle qui fait dépendre le contrat de la seule volonté des parties ; la condition purement potestative de la part du créancier ne modifie en

rien le contrat si celui-ci est unilatéral, mais peut l'empêcher s'il est synallagmatique.

4.3.7.1.7. Clause alternative ou facultative

- L'obligation alternative donne à l'une des parties le droit d'opter entre deux prestations, l'une et l'autre comprises dans l'obligation.

Seule doit être soumise à l'impôt, l'obligation qui sera exécutée. L'enregistrement donne lieu à la perception la moins élevée. Un supplément de droit est réclamé si c'est l'autre obligation qui est exécutée.

- L'obligation facultative donne simplement au débiteur la faculté de se libérer d'une prestation, seule comprise dans l'obligation, en accomplissant une autre prestation. C'est donc la première prestation qui doit être immédiatement taxée. Mais si c'est l'autre prestation qui est exécutée et si elle donne lieu à des droits supérieurs à ceux perçus, l'excédent est réclamé par l'administration.

224. En dépit de ces théories, la détermination des droits n'est pas toujours évidente. La détermination de la nature juridique de l'acte importe dans la liquidation des droits.

4.3.7.2. La détermination de la nature juridique de l'acte

225. L'importance de la nature et du contenu d'un acte. Déterminer la nature juridique et le contenu de l'acte est important, car c'est de cela que dépendent la catégorie des droits applicables et même le taux.

Aussi convient-il de souligner que l'administration n'est pas liée par les stipulations des parties. Elle établit l'impôt afférent à l'acte non d'après la nature apparente que les parties ont voulu donner, mais **d'après sa nature réelle ou la substance des dispositions sans égard à leur validité ni aux clauses quelconques de résolution et d'annulation ultérieures**.

226. Conséquence des manquements du contribuable. En cas de qualification erronée ou de diminution fictive de prix en vue d'éviter ou de minimiser le paiement des droits, les contrevenants et fraudeurs doivent savoir :

- qu'en cas d'expropriation, le juge, pour fixer l'indemnité d'expropriation, a l'obligation de tenir compte des chiffres déclarés par le contribuable ;
- qu'ils s'exposent à diverses sanctions : sur le plan fiscal, la contre-lettre (c'est-à-dire la clause secrète mentionnant le prix réel) est d'abord frappée de nullité, de sorte que le vendeur n'a aucun moyen juridique d'obtenir le paiement de la partie du prix dissimulée ; ensuite, le CGI punit toute dissimulation ou tentative de dissimulation frauduleuse tendant à se soustraire au paiement total ou partiel d'impôts (article 504 CGI). Les sanctions vont des amendes comprises entre 500 000 FCFA et 2 000 000 FCFA jusqu'à des peines d'emprisonnement allant de 1 an à 5 ans.

227. Ces sanctions ne sont toutefois applicables que lorsqu'il y a vraiment dissimulation de prix, c'est-à-dire quand l'administration, mettant en cause la sincérité de l'acte, peut apporter la preuve du caractère réel de l'acte caché en démontrant que le prix réel est supérieur à celui indiqué dans l'acte.

228. En raison des difficultés à établir la preuve, des désaccords liés à la rectification du prix ou l'évaluation d'un bien ayant servi de base à la perception d'une imposition peuvent naître. Ils sont susceptibles d'être traités par plusieurs moyens :

- **La commission de conciliation**. Le contribuable peut soumettre le litige à une commission de conciliation. Cette commission est saisie par le contribuable dans les trente jours à compter de la réception de la proposition de rectification adressée par l'administration fiscale. Il en est ainsi en cas de désaccord sur le prix ou l'évaluation devant servir de base à la perception du droit proportionnel, notamment lorsque l'administration estime que la valeur déclarée paraît inférieure à la valeur réelle. Les différends susceptibles d'être portés devant la Commission doivent porter sur au moins cinq millions de francs.
- **La dénonciation d'une insuffisance**. L'administration peut aussi démontrer qu'il y a, non pas dissimulation, mais insuffisance de prix ou d'évaluation. La sincérité de l'acte n'est alors pas mise en doute ni la fraude alléguée. L'administration doit simplement établir que le prix est

inférieur à la valeur vénale du bien au jour de l'acte (et non pas inférieur au prix réellement stipulé). Or, la valeur vénale est définie d'après un critère simple, commode et facile à appliquer : le critère économique, tiré du jeu des lois de l'offre et de la demande. La valeur vénale n'est autre que le prix d'une transaction se déroulant dans des conditions normales compte tenu du montant des ventes ou locations de biens semblables. La valeur vénale s'apprécie à la date de l'acte apparent portant transfert de propriété.

- **Le droit de préemption.** L'administration peut exercer son droit de préemption sur autorisation du Ministre chargé des finances, sans que le service ait à justifier de cette autorisation, par surenchère de 1 /10e, c'est-à-dire obliger le contribuable à lui rétrocéder le bien objet de la transaction au prix porté dans l'acte majoré de 10 %. Ce droit peut être exercé dans un délai de trois (3) mois, à compter du jour de l'enregistrement d'une mutation.

Encadré 38: La nécessité d'un meilleur encadrement du droit de préemption

Le droit pour l'administration de surenchérir en s'attribuant le droit de se voir proposer la vente d'un bien sans possibilité pour l'acquéreur d'exercer des recours contre l'acte extrajudiciaire de l'incorporation au domaine privé mérite d'être encadré. En effet, le fait pour l'administration de n'avoir pas à justifier l'autorisation appelle des ajustements législatifs et réglementaires. Pour les besoins de la transparence et dans le respect de l'Etat de droit, ces ajustements peuvent consister à définir les zones dans lesquelles le droit de préemption peut s'exercer, mieux préciser les mobiles qui peuvent justifier le droit de préemption et les conditions dans lesquelles ce droit s'exerce. Cela pourra permettre de prévenir d'éventuelles expropriations sous le couvert de la préemption.

4.3.8. Délais applicables

229. Il existe un délai général et des délais spéciaux.

4.3.8.1. Délai général

230. Le délai d'enregistrement est en **général un (1) mois. Ce délai court à compter de la passation de l'acte** ou de la mutation. Pour les actes notariés comprenant plusieurs dates, le délai court du jour où la convention est devenue parfaite à l'égard des contractants. Pour les marchés publics, le délai court à compter de la date de notification du marché.

231. Le lieu de la formalité est :

- Le service des impôts dont dépend la personne qui accomplit la formalité en ce qui concerne les notaires, greffiers et huissiers ;
- Le service des impôts où se trouve le bien pour les actes portant mutation d'immeubles, de droits réels immobiliers, de droit au bail ou de fonds de commerce ;
- Le service des impôts dont dépend la société pour les actes constitutifs ou modificatifs de société ainsi que les actes portant mutation de titres de sociétés ;

4.3.8.2. Délais spéciaux

- **Le testament** doit être enregistré dans **un délai de trois (03) mois** suivant la date de décès du testateur pour les testaments déposés chez les notaires ou par eux reçus ;
- **Les actes d'huissiers** et de ceux ayant le pouvoir de faire des exploits et procès-verbaux doivent être enregistrés dans un délai de quinze jours à compter de leur date ;
- **Les actes obligatoirement soumis à l'enregistrement passés hors du territoire national sont enregistrés dans un délai de deux mois ;**
- **Les mutations par décès** doivent être enregistrées :
  - dans les **six (06) mois suivant le décès lorsque le *de cujus* est décédé au Bénin ;**
  - dans le délai **d'une année dans tous les autres cas.**

À défaut d'actes, les mutations à titre onéreux et les baux font l'objet dans le mois de l'entrée en possession, de déclarations détaillées et estimatives sur lesquelles seront calculés les droits.

4.3.8.3. Computation des délais

232. Les délais fixés pour l'enregistrement sont de rigueur. Leur inobservation donne lieu à des sanctions légales. Le jour où l'acte a été passé ou la mutation réalisée n'est pas compté dans le délai.

233. Les délais sont prorogés jusqu'au premier jour ouvrable qui suit, lorsque le dernier jour du délai expire un des jours de fermeture.

Encadré 39: L'amélioration des procédures d'enregistrement

Pour faciliter les formalités d'enregistrement, l'administration fiscale a mis en place une plateforme d'enregistrement des actes en ligne dénommée « e-enregistrement ». Cette plateforme permet aux usagers de soumettre leur demande en ligne en vue de la pré liquidation.

Par ailleurs, l'enregistrement s'insère désormais dans la mise en place d'un guichet unique et simplifié au profit des contribuables à l'effet de réduire le coût de conformisation de l'impôt. Ainsi, l'administration fiscale a mis en place un système de déconcentration de la formalité d'enregistrement. La formalité de l'enregistrement des contrats, des bons de commande, des actes de créance et des actes sous-seing privés dont l'une des parties est une entreprise est désormais accomplie pour les grandes et moyennes entreprises auprès des services gestionnaires desdites entreprises.

Tableau 4: Nature des actes et tarifs applicables

NATURE DES ACTES	Articles du Code	Taux du Droit	
		Droit fixe	Droit Proport.
1. Droit d'Enregistrement			
Bail			
- d'immeuble à durée limitée, à construction	341-a, b		1 %
- d'immeubles à vie ou pour un temps illimité	341-2		5%
-Emphytéose	341-3		1%
-de meubles en temps limité	342-1		1%
-de meubles en temps illimité	342-2		5%
Actes judiciaires			
1. Droit de condamnation	349-1		5%
3- Condamnation en matière sociale	349-2-a		4%
4- Liquidation d'astreinte	349-2-b		25%
5- Simple police, police correctionnelle et première instance ou police criminelle	350-b		
6- Divorce	350-5		
7- jugement de 1re instance	350-d	40 000	
8- arrêt de Cour d'Appel	350-2	70 000	
9-Jugements en matière gracieuse	542-8		
Marchés publics			
1- Bons de commande, et autres marchés	346-1		1%
2-Sous-traitance de marché principal	346-2		10 000
Mutations à titre gratuit			
1-Mutation par décès			
2-Donation entre vifs			

NATURE DES ACTES	Articles du Code	Taxe du droit	
		Droit Fixe	Droit Proport.
Partage	343		0,5 %
MUTATIONS À TITRE ONÉREUX :			
A- Immeubles			
1-Immeubles, droits immobiliers, parts de sociétés à prépondérance immobilière	331-1		Gratis
2 Au nom des sociétés commerciales ou industrielles pour transactions de moins de 5 millions	331-a		
3-Echange	332		
B. – Meubles et objets mobiliers			2 %
1- Fonds de commerce ou clientèle, office ou charge	334		
2-Droit au bail	335		5 %
C-Mutations simultanées de meubles et d'immeubles			5 %
1-Avec stipulation de prix particuliers pour les objets mobiliers	339		
2- Sans stipulation de prix particuliers	339		5 %

LEÇON 5

LES IMPÔTS LOCAUX

234. Une fiscalité considérée comme archaïque et non consistante. La fiscalité locale se répartit en fiscalité directe locale et en fiscalité indirecte locale. Certaines langues estiment que l'État s'est arrogé les impôts les plus rentables (comme la TVA, l'IS) et a laissé aux communes les impôts archaïques au rendement médiocre (impôts fonciers, impôts professionnels...).

235. Un effort de modernisation et d'amélioration de rendement. Au Bénin, un effort de modernisation et d'amélioration de la fiscalité locale a été entamé au début des années 1990 avec l'institution du Registre Foncier Urbain (RFU) permettant d'améliorer la détermination de la valeur locative et surtout l'adressage. Mais seule une vingtaine de communes ont pu se doter de cet outil de modernisation de la fiscalité locale. Parmi cette vingtaine, il y en a qui n'ont que le RFU simplifié, ce qui constitue un handicap sérieux à la mobilisation efficiente des ressources.

236. La dernière initiative d'adaptation de la fiscalité locale au contexte socio-économique a été l'institution de la Taxe Professionnelle Synthétique (TPS). C'est un essai de réponse à la fiscalisation des petites et micro-entreprises ainsi que les petites unités de commerce qui composent majoritairement la population fiscale des communes.

5.1. Les impôts directs locaux

237. Nous présentons la taxe foncière unique et les impôts professionnels que sont la licence et la patente.

5.1.1. La taxe foncière unique

238. Elle concerne aussi bien les propriétés bâties que les propriétés non bâties.

5.1.1.1. Les propriétés bâties

239. Domaine. Une contribution foncière est annuellement établie sur les propriétés bâties, telles que les maisons, fabriques, manufactures, usines et en général tous immeubles construits en maçonnerie, fer ou bois, et fixés au sol à perpétuelle demeure, à l'exception de ceux qui en sont expressément exonérés.

240. Assiette. Le préalable à la mise en œuvre est la détermination de la base d'imposition qui est la valeur locative de la propriété (article 157 CGI).

241. Détermination de la valeur locative. La valeur locative est le prix que le propriétaire retire de ses immeubles lorsqu'il les donne à bail ou, s'il les occupe lui-même, celui qu'il pourrait en tirer en cas de location. Elle est déterminée au moyen de baux authentiques ou de locations verbales passées dans les conditions normales. En l'absence de ces actes, l'évaluation est établie par voie de comparaison avec des locaux dont le loyer est notoirement connu. Lorsqu'aucun de ces procédés ne peut être appliqué, la valeur locative est déterminée par voie d'appréciation directe : évaluation de la valeur vénale, détermination du taux moyen d'intérêt des placements immobiliers appliqué à la valeur vénale.

242. La valeur locative des terrains à usage industriel ou commercial est déterminée à raison de l'usage auquel ils sont appliqués y compris la valeur locative du sol.

243. Liquidation. Le montant de l'impôt est obtenu par application du taux, selon la localité, à la valeur locative. Les taux sont fixés chaque année par les conseils municipaux ou communaux dans la fourchette de 15 % à 30 %. Pour les communes dotées de Registre Foncier Urbain, le taux est de 6 %.

5.1.1.2. Les propriétés non bâties

244. Assiette. La base d'imposition de la Taxe Foncière pour les propriétés non bâties est déterminée par voie d'évaluation administrative en fonction de la valeur vénale de l'immeuble au 1er janvier de l'année d'imposition. Elle est susceptible de révision tous les cinq (5) ans.

245. Sauf si elles sont productives de revenus et affectées à un usage commercial, sont assimilées à des propriétés non bâties, les constructions légères (kiosques, tonnelles, pavillons, guérites, cases construites en paille, banco, etc.) simplement posées sur le sol ou démunies de fondations en maçonnerie.

246. Liquidation. Le montant de la contribution foncière des propriétés non bâties est déterminé par application du taux en vigueur dans la localité à la base imposable. Les taux sont fixés et communiqués à la Direction générale des impôts, par les conseils municipaux ou communaux dans la fourchette de 4 % à 6 %. Pour les communes dotées du Registre Foncier Urbain, la fourchette varie entre 3 % et 7 %.

Encadré 40: La problématique de l'impôt foncier au Bénin

« Lorsqu'elles sont correctement structurées, les taxes foncières peuvent être relativement efficaces et transparentes sur le plan économique » (***Tax Foundation***). Particulièrement en Afrique, elles ont un potentiel qui est perceptible au regard de la poussée urbaine et de l'accroissement du stock immobilier. C'est donc une source de recettes, car de toutes les matières, le foncier **en général et l'immobilier en particulier « est la plus simple à taxer de toutes les matières car elle est identifiable, immobile » (H. BUZY-CAZAUX, 2021**). Seulement, le rendement de l'impôt foncier sur le continent est en dessous de son potentiel. Au Bénin, les recettes fiscales foncières représentaient seulement 0,07 % du PIB en 2016 et demeure à 0,07 % en 2020, ce qui est en dessous de la moyenne (0,22 %) des comparateurs de l'étude (Banque Mondiale, *Analyse de la mobilisation des recettes fiscales*, 2018). Cette situation est liée à la sous-performance du système de prélèvement fiscal mis en place qui peine à générer des ressources fiscales conséquentes. Tout comme à l'échelle du système fiscal dans sa globalité, la mobilisation de l'impôt foncier rencontre quelques contraintes à la pleine exploitation de son potentiel. La problématique de l'impôt foncier se pose en termes de localisation et d'évaluation des biens immobiliers. À cela, il faut ajouter la question de la gestion et de la mise à jour des bases de données d'assiette, l'enjeu de l'adaptation de l'action en recouvrement face à un incivisme fiscal poussé et le défi de la collaboration entre l'administration fiscale et les collectivités territoriales.

Selon toute vraisemblance, les causes du faible rendement des impôts fonciers résident essentiellement dans les difficultés liées à l'insuffisance du système de repérage des propriétés et l'imprécision de l'identification du contribuable sans oublier le mode d'évaluation subjectif des bases d'impositions, notamment la valeur locative dont les conditions d'évaluation sont peu intelligibles. Il apparaît que la fiscalité foncière ne peut être efficace sans évaluation foncière efficace et transparente (P. FISH, « Évaluation des biens aux fins de l'impôt foncier », 2017, **cité par E. SONON** ***in*** **N. MEDE,** ***Les recettes publiques en débat, L'Harmattan Sénégal***)). Il en est ainsi parce que c'est l'évaluation qui permet d'asseoir l'impôt et de le liquider.

Cette évaluation est handicapée par le contexte local. L'absence d'un cadastre permettant de déterminer la nature et d'évaluer les revenus liés aux propriétés foncières compromet l'exercice. Il en est de même du manque de professionnalisme dans le recensement de la matière imposable, les difficultés de validation de certaines données issues du recensement ou le caractère aberrant de certaines liquidations automatisées (**Voir B. BINASSOUA,** ***L'amélioration du prélèvement local à Cotonou,*** **Mémoire de DESS en Gouvernance et démocratie, Université d'Abomey-Calavi, 2012**). Au Bénin comme « dans la plupart des pays africains, les marchés immobiliers sont à la fois sous-développés et opaques, particulièrement hors des villes capitales ». Une telle situation ne favorise pas la disponibilité de données fiables pouvant guider de vente sur les évaluations à but fiscal. Par conséquent, il est nettement plus difficile d'attribuer des évaluations immobilières précises. » (**N. ZEBONG, « Évaluation des biens aux fins de l'impôt foncier », 2017,** ***Initiative pour la fiscalité foncière en Afrique*** **cité par E. SONON,** ***ibid.*****.** Ailleurs, il est fait recours à l'intelligence artificielle pour appréhender la matière foncière dissimulée. C'est le cas en Grèce où en pleine crise financière, il avait été décidé d'exploiter les photos satellites pour traquer les piscines que les propriétaires dissimulaient au fisc. En France, dans le cadre du Projet *Foncier Innovant,* les services de Bercy ont noué un partenariat avec le géant du numérique *Google* pour repérer depuis le ciel certains biens dont l'existence a un impact sur la taxation foncière ou celle d'habitation.

Si ces solutions d'ailleurs peuvent inspirer, il n'en demeure pas que l'impôt sur le foncier ne saurait déboucher sur un bon rendement sans le maintien d'un fichier actualisé des contribuables. Un tel fichier dont l'importance n'est plus à démontrer requiert un coût d'actualisation et de maintenance extrêmement lourd que peinent à financer tant l'administration fiscale que les communes. Pour en alléger le coût les solutions technologiques modernes doivent être envisagées. Ces mesures doivent se combiner avec un mécanisme de coactualisation des données avec les contribuables et d'autres administrations (**Voir E. SONON,** ***ibid.)***

5.1.2. Les impôts professionnels

Il s'agit essentiellement de la contribution de la Patente et de la Contribution de Licence.

5.1.2.1. La Contribution des patentes

247. Champ d'application. La patente est un droit d'exercice annuel et personnel, établie au nom :

- De toute personne physique ou morale, béninoise ou étrangère qui exerce au Bénin un commerce, une industrie,

une profession, non explicitement compris dans les exemptions ;
- des établissements publics ayant un caractère industriel ou commercial ainsi que des organismes de l'État, des départements ou des communes ayant le même caractère.

248. Liquidation. Le montant de la patente est déterminé par application du droit fixe et du droit proportionnel. Ces droits sont déterminés comme suit :

- **Le droit fixe.** Le droit fixe tient compte du chiffre d'affaires. Il est déterminé suivant un tarif général pour toutes les professions et un tarif spécial pour les importations et exportations. À chaque activité, correspond un tarif en fonction de la localité d'exercice.
- **Le droit proportionnel** est calculé par application à la valeur locative des bureaux, magasins, boutiques, usines, ateliers, hangars, remises, chantiers, seccos, terrains de dépôts, wharfs et autres locaux et emplacements servant à l'exercice de l'activité et soumis à la Taxe Foncière sur les propriétés bâties à l'exception des appartements servant de logement ou d'habitation mis gratuitement à la disposition du personnel du contribuable. Les droits proportionnels sont dus même si les locaux sont occupés ou concédés gratuitement et leur montant ne peut être inférieur au tiers du droit fixe.

249. Une surtaxe au profit du budget local. Il est en sus procédé à un prélèvement au profit du budget des collectivités territoriales, destiné à financer la collecte et le traitement des ordures ménagères. Ce supplément est fixé par délibération du conseil municipal dans une fourchette comprise entre 2000 et 50 000 francs CFA.

250. La patente complémentaire pour les bénéficiaires de marchés publics. Une patente complémentaire est due par les bénéficiaires de marchés ou d'adjudications. Les droits sont établis d'après le montant de l'adjudication ou du marché, à un taux de 0,5 %.

5.1.2.2. La contribution des licences

251. Champ d'application. La contribution des licences est établie annuellement au nom de toute personne physique ou morale se livrant à la vente au détail des boissons alcooliques ou fermentées, soit à emporter, soit à consommer sur place. Le droit de licence est dû pour chaque établissement de vente sans réduction pour les succursales.

252. Les boissons alcooliques s'entendent des vins de liqueur, vermouths, quinquina et toutes autres boissons fermentées ou contenant de l'alcool et titrées plus de 12°, à l'exception de l'alcool de menthe pharmaceutique et de tous autres produits médicamenteux alcoolisés.

253. Détermination des droits. La licence est constituée d'un droit fixe prévu par le code selon les catégories de boissons ainsi qu'il suit :

Tableau 5: Détermination du droit fixe de la Licence

Tranches de chiffres d'affaires	1re zone	2e zone
Chiffre d'affaires inférieur ou égal à cinq cents millions	50 000	30 000
Chiffre d'affaires supérieur à cinq cents millions et inférieur ou égal à un milliard	80 000	60 000
Chiffre d'affaires supérieur à un milliard	100 000	

5.1.3. La taxe sur les armes à feu

254. Champ d'application. La taxe sur les armes à feu est due par toute personne autorisée, conformément à la réglementation en vigueur, à détenir une arme à feu perfectionnée ou non.

255. La taxe est composée d'un droit fixe qui varie de 2 000 à 15 000 francs CFA et d'une taxe annuelle entre 8 000 et 30 000 francs CFA en fonction de la nature de l'arme.

256. Le droit fixe est payé lors de la délivrance de l'autorisation de détention d'armes.

5.1.4. La taxe sur les pirogues et barques motorisées

257. Champ d'application. La taxe est due par tout possesseur de pirogues et barques motorisées utilisées en mer, sur les lagunes ou fleuves soit pour la pêche, soit pour le transport, à l'exception des pirogues et barques non motorisées.

258. Droit exigible. Le tarif varie de 300 à 500 francs CFA par jour d'exploitation.

5.2. Impôts et taxes indirects locaux

259. Il s'agit de la contribution au développement local et d'autres taxes à la disposition des communes.

5.2.1. La contribution au développement local

260. Champ d'application. C'est un impôt établi chaque année sur les ressources issues des activités principales de la commune. Cet impôt est établi au nom de toutes les personnes qui les réalisent sur le territoire de la commune. Ces dernières sont tenues d'incorporer la taxe de développement local à leurs prix et de la collecter sur leurs clients : Cela concerne :

- la production de coton et de tous autres produits agricoles et leurs dérivés ;
- les achats en gros de noix d'anacarde et autres produits oléagineux ;
- la production de produits vivriers, halieutiques, de charbon de bois, de volailles, de fruits et légumes ;
- les exploitations forestières ;
- les ventes ou courtages de bétails (intermédiaire entre vendeurs et acheteurs de bétail) ;
- l'élevage et la conduite des troupeaux en transhumance ;
- les exploitations de produits miniers (substances de carrières) ;
- les exploitations des parcs nationaux, musées et autres sites touristiques.

261. Droits dus. Les taux et tarifs sont fixés par le CGI par nature de produits ou prestations génératrices de revenu ainsi qu'il suit :

- 1 à 2 francs CFA par kg de riz vendu ;
- 1 à 5 francs CFA par kg des autres céréales, légumineuses, cossette, gari et autres farines, des racines et tubercules, de coton, de produits halieutiques vendus ;
- 0,20 à 1 franc CFA par kg de régimes de palme ;
- 1 à 5 francs CFA par kg de noix d'anacarde et autres produits oléagineux ;
- 0 à 5 francs CFA des autres produits tels que les produits maraîchers, les fruits et légumes ;
- 500 à 1.000 francs CFA par madrier transporté ;
- 500 à 2000 francs CFA par bile transportée ;
- 5 à 10 francs CFA par perche transportée ;
- 1 à 2 francs CFA par kg de produits forestiers non ligneux (noix de karité) et de charbon de bois transporté ;
- 100 à 200 francs CFA par tête de bétail en transhumance ou en transit ;
- 25 à 100 francs CFA par tête de volaille vendue ;
- 25 à 500 francs CFA par espèce non conventionnelle (lapin, aulacode, etc.) vendue ;
- 100 à 500 francs CFA par tête de porc vendu ;
- 100 à 500 francs CFA par tête de petit ruminant (cabri, chèvre, mouton, etc.) vendu ;
- 500 à 1 000 francs CFA par tête de gros ruminant (bœuf, chameau etc.) vendu ;
- 2000 à 5000 francs CFA par camion de produits miniers transportés ;
- 5 à 10 % des recettes brutes encaissées par les exploitants des parcs nationaux, musées et autres sites touristiques ;
- 1 à 5 francs CFA par jeune plant vendu ;
- 1 à 5 francs CFA par litre d'eau minérale vendue.

Sur délibération des représentants élus des collectivités locales, les tarifs et taux retenus sont fixés annuellement dans les fourchettes sus-indiquées. À défaut, les impositions sont établies selon les tarifs et taux de l'année précédente.

5.2.2. Les autres taxes indirectes locales

262. Il existe plusieurs taxes indirectes locales.

5.2.2.1. La taxe de pacage

263. Champ d'application. Elle est instituée par délibération des conseils communaux et établie au nom des possesseurs d'animaux et par animaux venant pâturer sur le territoire du Bénin.

264. Droits exigibles. Le tarif fixé est de 100 francs CFA à 500 francs CFA par animal et par an.

5.2.2.2. La taxe sur les spectacles, jeux et divertissements

265. Champ d'application. La taxe est établie après délibération du conseil communal, au nom des établissements ou des personnes non assujettis à la TVA, qui réalisent chez eux des spectacles, jeux et divertissements.

266. Droits dus. Le tarif est de 1 à 5 % des recettes, soit par établissement, soit par appareil exploité.

5.2.2.3. La taxe sur la vente des boissons fermentées de préparation artisanale

267. Champ d'application. La taxe est instituée par délibération du conseil communal. Elle est annuelle et frappe toute personne qui commercialise dans un établissement ou sur les marchés des boissons fermentées de fabrication artisanale.

268. Tarif. Le tarif est fixé comme suit :

- 5 à 100 francs CFA par jour pour la vente sur les marchés ;
- 100 à 1 000 francs CFA par bouteille de 20 litres ;
- 1 500 à 6 000 francs CFA par an et par établissement.

5.2.2.4. La taxe sur la publicité

269. Champ d'application. Est assujettie à la taxe, toute personne qui réalise :

- des affiches imprimées sur papier ordinaire ou manuscrites, apposées sur des murs dans un lieu public ;
- les affiches peintes, les panneaux-réclames et autres affiches que celles sur papier, apposées dans un lieu public ;

- de la publicité au moyen d'appareils sonores.
- Le tarif se décompose comme suit :
  - 750 à 3 000 francs CFA par m^2 d'affiche sur papier ordinaire par an ;
  - 3 000 à 18 000 francs CFA par m^2 d'affiche peinte par an ;
  - 50 000 à 225 000 francs CFA par panneau-réclame par an ;
  - 75 000 à 375 000 francs CFA par panneau lumineux par an ;
  - 5 000 à 50 000 francs CFA par appareil sonore et par jour.

5.2.2.5. La taxe sur la consommation d'électricité et d'eau

270. Champ d'application. Elle est due par les établissements et sociétés distributeurs d'électricité et d'eau, qui la collectent sur leurs clients en fonction des quantités consommées par eux.

271. Le tarif est fixé comme suit :

272. Consommation d'électricité Basse tension :

- 2 francs CFA par kilowatt/heure pour les départements de l'Atlantique, du Littoral, de l'Ouémé, du Plateau, du Mono et du Couffo ;
- 3 francs CFA par kilowatt/heure pour les départements du Zou, des Collines, du Borgou, de l'Alibori, de l'Atacora et de la Donga ;

273. Consommation d'électricité Moyenne tension : 1 franc CFA par kWh sur toute l'étendue du territoire national ;

274. Consommation d'eau : 2 francs CFA par mètre cube d'eau.

275. Le produit de la taxe est réparti à parts égales entre le budget de l'État et celui de la collectivité locale.

5.2.2.6. La taxe sur les taxis de ville de deux à quatre roues

276. Champ d'application. Elle est perçue par toute commune sur les taxis de ville de deux à quatre roues, après délibération par son conseil.

277. Tarif. Le tarif fixé est de 0 à 5 000 francs CFA par taxi et par mois.

LEÇON 6

TAXE UNIQUE PERÇUE AU PROFIT DU BUDGET NATIONAL ET DES BUDGETS DES COLLECTIVITÉS TERRITORIALES : LA TAXE PROFESSIONNELLE SYNTHÉTIQUE

278. La Taxe Professionnelle Synthétique (TPS) répond à un souci de simplification qu'il convient d'examiner à travers l'aperçu et le tarif institué.

6.1. APERÇU

279. La simplification de la taxation des petites unités. Le régime de la TPS est institué par les articles 178 et suivants du code général des impôts. Applicable aux contribuables dont le chiffre d'affaires annuel est inférieur ou égal à cinquante millions (50 000 000francs CFA), la TPS est une contribution unique et libératoire des impôts suivants :

- l'impôt sur les bénéfices d'affaires ;
- la contribution des patentes ;
- la contribution des licences ;
- le versement patronal sur les salaires.

Toutefois, elle ne s'applique pas aux personnes morales. Les personnes physiques exerçant une profession libérale à titre indépendant ou titulaires de charges et offices en sont également exclues et soumises de plein droit à l'IBA.

280. Exonération. Sont exonérés de la TPS, les peintres, sculpteurs, graveurs, dessinateurs et autres personnes considérées comme artistes et ne vendant que le produit de leur art ainsi que les personnes physiques ou morales dont l'activité relèvent de la catégorie des bénéfices des exploitations agricoles, de pêche et d'élevage. L'exonération concerne également les entreprises nouvelles régulièrement créées, au titre de leurs douze (12) premiers mois d'activités, de même que les contribuables normalement soumis, mais ayant opté pour l'IBA.

281. Une fiscalité partagée. La TPS est appliquée et recouvrée aussi bien en faveur de l'État qu'au profit des collectivités territoriales. C'est un impôt qui alimente le budget de l'État et celui des collectivités locales. Le produit de la TPS est affecté pour 50 % au budget de la commune de ressort d'exercice de l'activité, après déduction d'un forfait de 10 % représentant le coût administratif de l'impôt. Cependant, le produit de la TPS foraine est intégralement affecté au budget de la collectivité territoriale dans laquelle les opérations de recouvrement ont lieu.

L'imposition à la TPS varie selon le type d'entreprise et la nature de l'activité.

6.2. Tarif de la TPS

282. Le montant de la TPS est obtenu par application au **montant des recettes annuelles**, d'un taux de **5 %** quelle que soit la nature de l'activité avec un minimum de 10 000 francs CFA.

283. Prélèvement supplémentaire. Il est opéré en sus :

- un prélèvement de 4 000 francs CFA au profit de l'ORTB ;
- un prélèvement au profit du budget des collectivités territoriales, destiné à financer la collecte des ordures. Le montant compris entre 2 000 et 50 000 francs CFA est fixé, sur délibération du conseil municipal.

LEÇON 7

LES PROCÉDURES FISCALES

284. Les procédures fiscales se rapportent au système fiscal et sont relatives à la fixation des bases d'imposition, y compris le contrôle de l'impôt jusqu'au recouvrement.

7.1. Les procedures d'imposition

285. Le système fiscal est déclaratif. L'administration se réserve le droit de contrôler les déclarations du contribuable ou de mettre en œuvre des mesures contre le contribuable défaillant.

7.1.1. La déclaration

286. Les déclarations classiques. L'impôt est liquidé, déclaré et payé par les contribuables relevant du régime du bénéfice réel et de la TPS. Les obligations du contribuable varient selon le type d'impôt. La déclaration peut être annuelle, mensuelle ou trimestrielle.

287. Les déclarations spécifiques. Certaines déclarations spécifiques complémentaires ou accessoires sont requises des contribuables. Il s'agit de déclarations incluses dans les déclarations classiques ou déduites de celles-ci. Sans être exhaustives, les déclarations concernent :

- **La déclaration annuelle de prix de transfert.** Les entreprises qui sont sous la dépendance ou qui possèdent le contrôle d'entreprises établies hors de la République du Bénin et dont le chiffre d'affaires annuel hors taxes ou l'actif brut est supérieur ou égal à un milliard (1 000 000 000) de francs CFA sont tenues de souscrire, par voie électronique, une déclaration annuelle des prix de transfert.

Encadré 41: Déclaration des prix de transfert

Les prix de transfert sont devenus des enjeux majeurs pour les administrations fiscales en raison des implications qu'ils peuvent avoir sur les bases d'imposition. Leur domaine couvre les transactions réalisées entre deux entreprises qui ont entre elles des liens de dépendance ou de contrôle (entreprises liées) et établies dans des États différents. Il s'agit spécifiquement des ventes de biens et les prestations de service, la mise à disposition de personnes ou de biens, les redevances de concession de brevet ou de marque, et les transactions financières. Pour éviter que dans la pratique les transactions réalisées entre entreprises de même groupe multinational ne débouchent sur des transferts de bénéfice ou ne soient des pratiques d'évitement de l'impôt, le législateur béninois a encadré la pratique. Ainsi, le principe de pleine concurrence applicable en la matière, implique que « les conditions des transactions réalisées entre des entreprises appartenant à un même groupe d'entreprises multinationales et situées dans des États différents, ne doivent pas différer de celles convenues entre des entreprises indépendantes placées dans des situations similaires ». Les entreprises installées au Bénin répondant à certains critères doivent souscrire une déclaration annuelle des prix de transfert et une déclaration pays par pays. Ces entreprises doivent par ailleurs tenir à la disposition de l'administration fiscale une documentation permettant de justifier leur politique de prix pratiquée dans le cadre des transactions de toutes natures réalisées avec des entreprises appartenant au même groupe d'entreprises multinationales et situées à l'étranger.

Référence : Note circulaire n°642/MEF/CAB/SGM/DGI/DLC/SLRI

- **Déclarations (des sommes) jointes à la déclaration annuelle de l'IS :** Elles concernent les gérants de sociétés soumises à l'IS qui sont tenus de déclarer à l'appui de leur déclaration de bénéfice, un certain nombre d'éléments dont les comptes rendus et les extraits des délibérations des conseils d'administration ou des actionnaires qui prévoient la distribution de dividendes.
- **Déclaration annuelle des salaires.** Les personnes physiques ou morales employant des salariés sont tenues de remettre annuellement, un état global présentant pour chacune des personnes employées, les éléments de leur identification et les rémunérations perçues.
- **Déclaration des fabricants, importateurs et grossistes.** Les fabricants, importateurs, grossistes et toutes entreprises effectuant des opérations de gros et demi-gros doivent joindre à leur déclaration annuelle de résultats, la liste de leurs clients, comportant les éléments permettant de les identifier et les montants des achats effectués.
- **Déclaration des entrepreneurs du secteur des BTP.** Les entrepreneurs de bâtiments ou de travaux publics doivent joindre à leur déclaration annuelle de résultat, un état précisant l'identité et l'adresse exacte de leurs sous-traitants

ainsi que le montant et la nature des travaux qui leur ont été confiés l'année précédente.

- **Déclaration des entreprises de téléphonie.** Les entreprises de téléphonie installées au Bénin doivent joindre à leur déclaration annuelle de résultat, un état comprenant diverses informations sur les plans tarifaires, les accords d'interconnexion avec les opérateurs locaux et extérieurs, les accords de *roaming*, la documentation sur les formats.
- **Déclarations déduites de la déclaration des bénéfices.** Elles concernent le tableau des immobilisations faisant l'objet d'amortissement dégressif, les créances jugées irrécouvrables et celles passées en pertes.
- **Déclarations incluses dans la déclaration de bénéfices non commerciaux et revenus assimilés.** Les contribuables concernés doivent transmettre à l'administration sans exclure une transmission par voie électronique le nombre, la situation et la valeur des immeubles, du matériel et des installations à usage personnel ou professionnel dont ils sont propriétaires. Ils doivent également transmettre le nombre, la situation et la valeur des immeubles, du matériel et des installations à usage personnel ou professionnel dont ils sont locataires. Sont concernés enfin, la liste des personnes vivant dans leur foyer avec indication, éventuellement, des professions qu'elles exercent.
- **Transferts à l'étranger.** Les contribuables qui quittent définitivement la République du Bénin, notamment en cas de transfert de domicile à l'étranger ou d'abandon de toute résidence sur le territoire national. Ils sont tenus à une obligation de déclaration dans les deux (2) mois précédant leur départ. Ils doivent déclarer leurs revenus imposables au titre des différents impôts acquis au cours de l'année du transfert et n'ayant pas fait l'objet d'une retenue à la source en République du Bénin.
- **Décès d'un contribuable.** En cas de décès du contribuable, la déclaration des revenus acquis par le défunt est produite par les ayants droit du défunt dans les six (06) mois suivant la date du décès.
- **Déclaration de suspension ou cessation d'activités.** Toute cessation d'activités ou cession d'activités est soumise à une déclaration préalable auprès de la Direction générale

des impôts. La déclaration doit être faite par l'entreprise trois mois avant le jour de la cessation, ou de la cession. En cas de suspension ou d'arrêt provisoire d'activités, l'entreprise doit souscrire une déclaration de suspension d'activité dans un délai maximum de dix jours à compter de la date de l'arrêt. Toutefois, lorsque l'administration soupçonne qu'un redevable poursuit des activités malgré une déclaration de cessation ou de suspension, elle est en droit d'organiser des contrôles et de procéder à des rappels de droits **(voir arrêt n° 97-19/CA du greffe, Textiles Bougainville c. Directeur des impôts).**

288. La contrepartie de la déclaration : le contrôle. L'impôt est établi à partir des éléments qui sont soumis par le contribuable au fisc. En retour, l'administration dispose du droit de contrôler l'exactitude et la sincérité des déclarations. C'est le principe de la déclaration contrôlée. Le contrôle est indispensable à la préservation du système d'imposition. Le fisc met également en œuvre des diligences à l'encontre des contribuables défaillants dans le but de rétablir la justice.

7.1.2. Les formes de contrôle et d'intervention

289. Finalités du contrôle. Le contrôle de l'impôt poursuit plusieurs finalités. Il participe de la dissuasion et du rétablissement du civisme fiscal, mais aussi du rétablissement de l'égalité devant l'impôt. A ce titre, il peut permettre de constater des omissions, des insuffisances ou des dissimulations commises par les contribuables. Les dissimulations, insuffisances relevées, lorsqu'elles sont découvertes, sont alors corrigées. C'est au nom du droit pour le fisc de corriger les insuffisances relevées que, par exemple, la chambre administrative de la Cour suprême du Bénin admet que c'est à bon droit que l'administration a réintégré dans le bénéfice imposable, une somme de 1 200 000 francs CFA, créditée régulièrement et annuellement à une société établie à Marseille au titre de rémunérations. Le juge s'inscrit dans la logique de l'administration. Il considère que ce traitement semble trop important quant à la prestation fournie par le PDG de la société bénéficiaire qui ne contrôle les activités du contribuable que de son bureau de Marseille et que cela ne correspondait pas à ses yeux à un travail effectif (**Arrêt**

Chambre administrative Cour suprême du Bénin, n° 66-15/CA du 29 juillet 1971, Société anonyme des anciens établissements R. DRQUOT c. Décision n° 1076/DI en date du 22/09/1966 du Directeur des impôts). La correction des erreurs s'accompagne également de sanctions, ce qui révèle la finalité dissuasive du contrôle. C'est de là que découle la finalité ultime qui est budgétaire. Elle permet de réclamer le paiement des suppléments de droits, éventuellement majorés de pénalités en principe à la suite de l'observation de procédures de contrôle dûment encadrées par la loi.

290. Par ailleurs, pour James Buchanan qui analyse les conséquences de la fraude dans le cadre de la théorie des choix publics, le fait d'échapper à ses obligations fiscales, « réduit la quantité de fonds disponibles pour acheter et fournir les biens publics dont les avantages sont partagés par les membres de la collectivité y compris l'individu en question, ce qui en soit est un *mal public* » ; puisque ce dernier ne participerait plus à la création de biens publics par la prise en charge de sa part de charges communes (**J. Buchanan, *Les limites de la liberté***).

291. La nature des contrôles mis en œuvre par les services compétents de la DGI varie selon les formes de contrôles. On distingue :

7.1.2.1. Le contrôle sur pièces

292. Analyse critique des déclarations. Le contrôle sur pièces consiste en une analyse critique des différents éléments de la déclaration souscrite par le contribuable à partir de toutes informations disponibles, en vue d'en apprécier l'exactitude et la sincérité. Ce contrôle peut donner lieu à une demande d'informations, d'éclaircissements ou de justifications portant sur des éléments de la déclaration.

7.1.2.2. Le contrôle ponctuel

293. Un contrôle dans l'entreprise à étendue limitée. Il se déroule sur place dans l'entreprise et nécessite l'information préalable du contribuable par l'envoi d'un avis de contrôle ponctuel deux jours plus tôt. Sa durée est limitée à trois demi-journées, à effectuer dans un délai de 15 jours. Les rectifications de base ne peuvent porter que sur les impôts à paiement mensuel, l'impôt sur les revenus ou sur les bénéfices dont les déclarations sont souscrites au cours de l'année du contrôle, y compris la contribution des patentes.

7.1.2.3. La vérification générale de comptabilité

294. L'analyse de la comptabilité est susceptible de révéler les petits arrangements que les agents économiques sont en mesure d'opérer pour faire face aux contraintes institutionnelles, économiques et sociales de leurs milieux. De tels arrangements ont pu exister (dans les sociétés antiques), depuis des millénaires. C'est ainsi que les archives de l'Égypte ptolémaïque révèlent qu'au IIIe siècle avant notre ère, des solidarités ont pu exister entre Grecs et Égyptiens dans le but de contourner les exigences fiscales de l'État ou, à tout le moins, d'en atténuer l'impact sur les affaires privées **(V. CHANKOWSK, C. ORRIEUX, *Les papyrus de Zénon. L'horizon d'un Grec en Égypte au IIIe s. av. J.-C.*, Paris, 1983, en particulier pp. 143-148).** Ceci a été si bien compris que les institutions fiscales contemporaines mettent un point d'honneur à faire de la vérification de la comptabilité, un moyen de contrôle étendu, mais encadré.

295. Un contrôle étendu mais encadré. La vérification générale de comptabilité se déroule sur place dans l'entreprise et est précédée de l'envoi ou de la remise d'un avis de vérification, notifié deux jours plus tôt, par lettre recommandée ou par remise directe, avec accusé de réception.

296. Lorsqu'elle est inopinée, l'examen au fond de la comptabilité ne peut être effectué qu'après un délai de quarante-huit heures à compter de la date de la première intervention. Pendant ce délai d'action, le vérificateur se limite à la constatation matérielle d'éléments physiques de l'exploitation et de l'état des documents comptables, les modalités d'exercice de l'activité, l'effectif salarié présent, la consistance des stocks, l'encaisse du jour, le relevé passif des prix, à l'exclusion de toute opération d'examen critique de la comptabilité.

297. Le contribuable met à la disposition du vérificateur, une documentation permettant de justifier la politique de prix pratiquée dans le cadre des transactions de toutes natures réalisées avec des entreprises établies à l'étranger avec lesquelles il a des liens de dépendance ou de contrôle.

La vérification est soumise à des conditions de délais et de forme assez strictes.

Graphique 8: Nature des contrôles menés par type au Bénin en 2019 (ATAF, 2020)

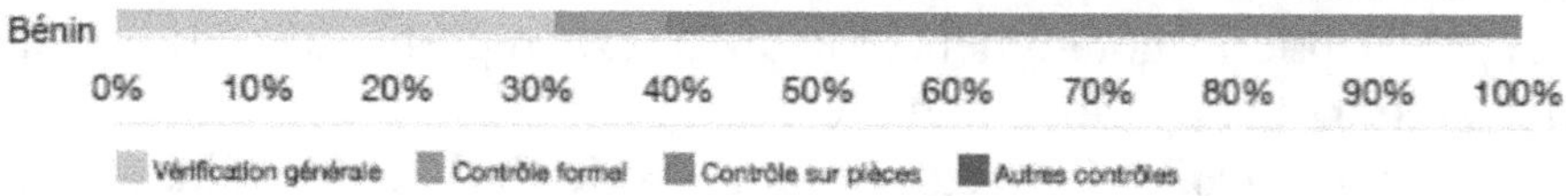

Commentaire : On note une inflexion pour les contrôles sur pièces et autres contrôles.

7.1.2.3.1. Encadrement de la mise en œuvre

298. La mise en œuvre de la vérification générale de comptabilité obéit à des conditions de délai et soumise à des contraintes.

7.1.2.3.1.1. Les délais

299. Les délais concernent les délais de prescription et les délais de mise en œuvre.

7.1.2.3.1.1.1. Les délais de prescription

300. Délai général. La vérification générale de comptabilité se déroule sur quatre exercices, y compris l'exercice en cours, et porte sur tous les impôts dont le contribuable est redevable.

301. Les délais spécifiques. Nonobstant le délai général de quatre exercices, il subsiste quelques particularités.

Pour les impôts directs. Les spécificités concernent :

- **Le report déficitaire**. Les déficits sont reportables pendant trois ans après leur survenance. S'il a sa source dans un exercice couvert par la prescription, il peut être corrigé dès lors que ce report a été imputé ou reporté sur les résultats bénéficiaires du premier exercice non couvert par la prescription.
- **Les provisions devenues sans objet**. Les provisions qui deviennent sans objet au cours d'un exercice doivent être reportées aux résultats de cet exercice. À défaut, l'administration peut y procéder elle-même en la rapportant au plus ancien exercice soumis à vérification.

Pour les Taxes sur les chiffres d'affaires. Il existe une spécificité pour le point d'arrivée. En effet, si le point de départ du délai de prescription est le premier jour de l'exercice (1er janvier pour l'année civile), le point d'arrivée est le dernier jour du mois dont le délai de déclaration est expiré. Aussi, tout crédit de TVA déductible doit-il être justifié, même s'il a pris naissance au cours d'un exercice couvert par la prescription, notamment lorsqu'il est reporté sur la première déclaration de la période non prescrite.

Pour les Droits d'enregistrement et de timbre. Le délai est porté à vingt ans à compter du jour de l'enregistrement s'il s'agit d'une omission de biens dans une déclaration de décès ou en cas de non-déclaration du décès.

7.1.2.3.1.1.2. Délai d'intervention sur place

302. Délai variable. Le délai d'intervention sur place est variable selon l'importance des affaires réalisées par l'entreprise. Les interventions sur place ne pourront se prolonger pendant une durée supérieure à trois mois, pour les entreprises dont le chiffre d'affaires annuel ne dépasse pas cinq cents millions (500 000 000) de francs CFA et six mois dans le cas contraire. Cette durée peut être exceptionnellement prolongée de six mois, en cas de difficultés techniques particulières, en cas de contrôle des prix de transfert ou en cas de mise en œuvre de la procédure d'échange de renseignements. Cette prolongation doit être motivée et notifiée au contribuable au moins huit (8) mois avant l'échéance de la première période d'intervention.

7.1.2.3.1.2. Conditions de forme

303. L'habilitation du vérificateur. Le vérificateur muni d'une commission intervient sur place, soit après en avoir informé le contribuable par courrier recommandé avec avis de réception ou inopinément. Ce dernier doit être porteur de sa commission à présenter au contribuable avant le démarrage des travaux.

304. La nécessité d'un avis. L'avis de contrôle, de passage ou de vérification doit préciser l'objet et la nature du contrôle, les impôts, droits et taxes et la période concernée, la date du début de l'intervention, le droit du contribuable de se faire assister par un conseil de son choix, les noms et qualités du ou des agents chargés du contrôle ou de la vérification.

305. Obligation d'informer le contribuable sur ses droits. Le vérificateur doit informer le contribuable, dès le début de la vérification qu'il a le droit de se faire assister par un conseil fiscal de son choix. Le contribuable peut discuter des propositions de vérification.

306. L'intégrité, la traçabilité et l'équité de la vérification. Les agents de l'administration désignés pour assister les centres de gestion agréés ne peuvent pas exercer leur droit de communication ou effectuer une vérification. Le représentant de l'administration au conseil d'administration des centres de gestion agréés est tenu au secret professionnel. Il en découle qu'il ne doit divulguer aucune information dont il a connaissance. Il y a une obligation pour le vérificateur de dresser un procès-verbal de clôture de vérification, mentionnant les opérations menées.

7.1.2.4. L'Examen contradictoire de la situation fiscale personnelle

307. Un examen de cohérence et de concordance. C'est une procédure qui porte sur la situation des personnes physiques au regard des impôts et taxes dont elles sont personnellement redevables. Elle peut être engagée, que ces personnes aient ou non leur domicile fiscal au Bénin, lorsqu'elles y ont des obligations au titre de cet impôt.

308. Il s'agit d'un examen de cohérence qui se déroule dans les locaux de l'administration. Cet examen permet à l'administration de vérifier la concordance entre les revenus déclarés, la situation patrimoniale, la situation de trésorerie et les éléments de train de vie du contribuable.

7.1.2.5. La flagrance fiscale

309. Les graves défaillances visées. La flagrance fiscale consiste, pour un agent des impôts, ayant le grade d'inspecteur, muni de sa commission, de dresser à l'encontre d'un contribuable, un procès-verbal, lorsqu'il est constaté que ce dernier manifeste de graves défaillances dans le cadre de ses obligations. Le contribuable visé est celui qui a été découvert lors d'un contrôle, dès lors qu'il ne s'est pas fait connaître par le service des impôts, qu'il se livre à des agissements de nature à priver la comptabilité de valeur probante ou la délivrance de facture ne correspondant pas aux livraisons ou prestations exécutées.

310. La possibilité de suspension de la procédure. La procédure de flagrance fiscale peut être suspendue à la demande écrite du contribuable, s'il propose de régulariser sa situation fiscale au regard de ses obligations déclaratives et de se libérer immédiatement des impositions dues au titre de la période visée, augmentée d'une pénalité de 20 % et des intérêts de retard.

311. Toutes les formes de contrôle peuvent aboutir, soit à une notification de rectification, soit à une notification d'absence de rectification.

Encadré 42: Contrôle fiscal et nouvelles technologies : Échos d'ailleurs

Les règles de contrôle fiscal ont été élaborées dans un contexte où la révolution numérique n'était pas encore aussi mâture. Les pouvoirs exorbitants dont dispose l'administration pour appréhender la matière imposable sont importants. Toutefois, ils doivent être adaptés dans leur approche et mis en œuvre aux nouveaux enjeux. C'est le cas ailleurs, notamment en Grèce où, en pleine crise financière, il avait été décidé d'exploiter les photos satellites pour traquer les piscines que les propriétaires dissimulaient au fisc. En France, le projet dénommé *Foncier innovant*, entend faire recours à l'intelligence artificielle pour lutter contre la fraude aux impôts locaux. Dans ce cadre, les services de Bercy ont noué un partenariat avec le géant du numérique *Google* pour repérer depuis le ciel certains biens dont l'existence a un impact sur la taxation foncière ou celle d'habitation. Il s'agit de piscines, vérandas, courts de tennis, etc. L'idée est d'obtenir des rappels de droit lorsque les propriétaires ne les auraient pas déclarés aux services des impôts. Le projet semble prometteur puisqu'une expérimentation en 2019 avait révélé plus de 3000 piscines non déclarées dans trois départements, augmentant probablement le potentiel des taxes foncières et d'habitation. Reste à savoir si les gains potentiels seront à la hauteur des investissements réalisés, soit 12 millions d'euros. En dehors du coût, le projet pose le problème de la souveraineté des données qui sont traitées par une entreprise qui a elle-même été condamnée pour fraude fiscale. Malgré ces questionnements, la trajectoire vers le contrôle fiscal version 2.0 se renforce puisque les services de Bercy ont l'autorisation d'expérimenter la collecte et l'exploitation des données des contribuables sur les réseaux sociaux, tels que *Facebook, Twitter, LinkedIn.*

7.1.3. Les procédures de rectification

312. Une procédure contradictoire ou une procédure unilatérale. Lorsque le contrôle a donné lieu au constat d'une insuffisance, d'une inexactitude, d'une omission ou d'une dissimulation dans les éléments de la déclaration servant de base au calcul de l'impôt, l'administration procède à la rectification subséquente, selon une procédure contradictoire ou une procédure de taxation d'office (rectification ou évaluation).

7.1.3.1. La procédure de rectification contradictoire (PCR)

313. La procédure contradictoire, la procédure de droit commun. Le principe du contradictoire est celui de droit commun. C'est ce principe qui est généralement mis en œuvre en matière de contrôle fiscal. L'administration notifie par écrit au contribuable la rectification et les compléments d'imposition qu'elle envisage de mettre à sa charge.

314. Le principe de motivation de la notification. La notification de la proposition de rectification doit être motivée. Elle doit indiquer les méthodes d'évaluation retenues par l'inspecteur, et rappeler le droit d'observation dans un délai de trente jours dont dispose le contribuable. La motivation permet qu'en retour le contribuable fasse part de ses éventuelles observations.

315. Le droit d'observation. Le droit d'observation est un droit fondamental dont le contribuable dispose en matière de contrôle fiscal. C'est pour lui permettre d'exercer ce droit qu'il existe à la charge de l'administration un devoir de motivation. En droit comparé, la jurisprudence française ajoute pour sa part que lorsque le droit est exercé, l'administration a l'obligation de répondre aux « observations par référence », notamment en s'appuyant sur les éléments de réponse apportés sur la proposition de rectification tout en y joignant ses propres observations.

316. Les suites aux observations : le devoir de réponse de l'administration. À la réception des observations et justifications du contribuable, l'administration procède à leur analyse qui peut aboutir à trois situations différentes :

- les observations et justifications sont entièrement fondées et probantes, la rectification devient sans objet ; elle doit être abandonnée ;
- les observations et justifications sont partiellement fondées et probantes, la rectification doit être partiellement abandonnée ;

- les observations et justifications ne sont pas fondées, la rectification et les impositions envisagées sont entièrement confirmées.

317. Le rejet total ou partiel des observations du contribuable doit être motivé et porté à l'attention du contribuable dans un délai de deux mois. Ce délai peut être exceptionnellement prolongé d'un mois et dans ce cas, l'administration le notifie au contribuable. La saisine (dans un délai de 5 jours) de la commission des impôts, en cas de désaccord sur des questions de fait (dont la décision doit intervenir dans un délai de 30 jours à compter de la saisine), suspend la procédure et le décompte du délai imparti à l'administration pour sa réponse. L'abandon, la confirmation partielle ou totale des rectifications et des droits rappelés sont notifiés au contribuable par une lettre de « confirmation de rectification » dans un délai de deux mois à compter de la réception des observations du contribuable.

Encadré 43: Quel délai entre la confirmation et l'enrôlement ?

En matière de rectification de base, si aucun accord n'est réalisé à la suite de la réponse du contribuable, l'administration fixe la base de l'imposition et calcule le montant des impôts exigibles, sous réserve du droit de réclamation du redevable après l'établissement du rôle ou l'émission du titre de perception. Cela ouvre-t-il droit à un possible enrôlement dès le lendemain ? Après la notification de la confirmation, le contribuable dispose, en principe, de cinq jours pour saisir la commission des impôts. La lettre de saisine et les documents y afférents sont communiqués à l'administration dans un délai de deux jours à compter de la saisine.

Durant ce laps de temps, la procédure est « mise en attente ». Théoriquement, pour les raisons précitées, il est souhaitable qu'il subsiste un délai d'au moins sept (7) jours entre la confirmation et l'enrôlement. L'observation de ce délai doit permettre de s'assurer que le contribuable n'a pas exercé son droit de saisine de la commission.

318. Après la clôture de la procédure de rectification, le contribuable dispose donc du droit de contester l'imposition mise à sa charge par un recours contentieux ou un recours gracieux pour solliciter la bienveillance de l'administration.

319. Le silence de l'administration vaut acceptation des observations du contribuable. Dans tous les cas, à défaut de réponse dans les délais légaux et réglementaires, aux observations du contribuable, il est considéré que ses observations sont acceptées par l'administration.

Encadré 44 : La forme du contradictoire en droit comparé : admission d'un débat oral et téléphonique

Selon le Conseil d'État, l'absence d'intervention sur place ne fait pas en elle-même obstacle à l'existence d'un débat oral et contradictoire entre le vérificateur et les représentants de l'entreprise vérifiée (**CE 26-2-2003 n° 232841**). Il n'existe donc aucune incompatibilité de principe entre la forme orale du débat contradictoire et l'examen de comptabilité qui s'effectue sans intervention sur place. Ainsi, les mentions non contestées de la proposition de rectification indiquant l'existence de **six réunions téléphoniques** et d'au moins **sept courriels** adressés avec des justificatifs pendant le contrôle, qui a duré trois mois, sont suffisantes pour établir que la société n'a pas été privée d'un débat oral et contradictoire pendant l'examen de comptabilité dont elle a fait l'objet. *In fine*, de la même manière que dans le cadre d'une vérification de comptabilité, la possibilité d'un débat oral et contradictoire avec le vérificateur doit être assurée au contribuable pendant un examen de comptabilité. **Éditions Francis Lefebvre.**

7.1.3.2. La taxation d'office

320. Une procédure exceptionnelle. L'administration fiscale recourt à cette procédure d'exception notamment lorsque le contribuable manifeste des défaillances en matière de déclaration.

321. Une procédure acquiescée par le juge. Le juge administratif confirme la régularité de la procédure d'imposition d'office lorsqu'un redevable viole son obligation de tenir des écritures à jour aux fins de permettre un contrôle permettant le calcul de l'impôt. Il considère que « tout opérateur économique doit établir et rendre disponibles les documents comptables prévus par la loi et devant être transmis sur réquisition des services du fisc et qu'en cas d'opposition à contrôle ou de refus de communication ou d'absence de comptabilité sincère et probante, lesdits services pourront procéder à une procédure d'office » (**arrêt n° 97-19/CA du 19 mai 2005, Textiles Bougainville c/ Directeur des impôts**). Il revient donc au contribuable de faire suite aux demandes de collaboration et d'information du fisc, de manière à permettre à ce dernier de procéder à une imposition ordinaire. Par conséquent, le fait pour l'administration de fixer une base de taxation d'office face à un tel comportement ne saurait être considéré comme arbitraire (**Arrêt Chambre administrative Cour suprême du Bénin, n° 66-15/CA du 29 juillet 1971, Société anonyme des anciens établissements R. DRQUOT c.Décision n° 1076/DI en date du 22/09/1966 du Directeur des impôts**).

322. Modalités de la taxation d'office. La taxation d'office est mise en œuvre dans un délai de huit (8) jours après une mise en demeure du contribuable resté indifférent. Elle concerne :

- les contribuables qui n'ont pas déposé, dans le délai légal, les déclarations qu'ils sont tenus de souscrire ;
- les contribuables qui se sont abstenus de répondre aux demandes d'éclaircissements ou de justifications ;
- les contribuables qui se livrent à des activités occultes ;
- les contribuables qui ont fait obstacle à un contrôle fiscal ;
- les contribuables qui ont fait l'objet d'un procès-verbal de flagrance ;
- les contribuables qui n'ont pas satisfait, dans le délai de trente (30) jours, à la demande de l'administration des Impôts les invitant à désigner un représentant au Bénin.

323. L'établissement de l'imposition ne peut intervenir que dans un délai de quinze jours suivant la notification de la base de taxation. La mise en œuvre de la procédure prive le contribuable de la possibilité de saisir la commission des impôts. Cette dernière ne peut obtenir, par voie contentieuse, la décharge ou la réduction de la somme mise à sa charge qu'en apportant la preuve du caractère exagéré de l'imposition.

324. Vers l'amélioration des droits de la défense. Les bases d'imposition sont fixées d'office, mais la rectification de base notifiée au contribuable épouse certains principes de la procédure contradictoire. C'est ainsi qu'avant l'établissement de l'imposition en matière de taxation d'office, l'administration des Impôts notifie la base de taxation au contribuable. Ce dernier dispose, à titre dérogatoire, d'un délai de quinze (15) jours pour présenter ses observations. Cette disposition vient atténuer les effets d'une jurisprudence antérieure, dans laquelle le juge n'avait pas cru devoir donner suite à la requête d'un redevable qui reprochait à l'administration de ne lui avoir pas retourné à temps, des documents qu'il s'est préalablement gardé d'élaborer et de transmettre au fisc, comme l'exigeait la loi (**arrêt n° 97-19/CA du 19 mai 2005, Textiles Bougainville c/ Directeur des impôts**). Désormais, l'administration doit fournir au contribuable la base de taxation d'office. Cela participe du respect des droits de la défense.

325. L'administration accorde au contribuable un délai de réponse. Les observations et justifications apportées par le contribuable peuvent également conduire à un abandon, une confirmation partielle ou totale de la procédure. Les cas de taxation d'office donnent généralement lieu à l'application du plus fort taux de pénalité de 80 %.

326. La voie contentieuse en cas de désaccord. En matière de procédure de taxation d'office, le contribuable peut porter ses contestations en cas de désaccord avec l'inspecteur par la voie du recours contentieux. Cette voie peut aboutir à la décharge ou la réduction de la cotisation qui lui a été assignée. Il doit à l'occasion, apporter la preuve de l'exagération de son imposition.

Encadré 45: Le juge administratif béninois et la répression des abus de droits

La répression des abus de droit trouve sa justification dans la volonté de restituer à toute opération conclue sous la forme d'un contrat ou d'un acte juridique quelconque et dissimulant une réalisation ou un transfert de bénéfices ou de revenus, effectués directement ou par personnes interposées, son véritable caractère et de déterminer en conséquence les bases des impôts sur le revenu. Ainsi, ne peuvent être opposés à l'administration fiscale, les actes qui ont un caractère fictif ou qui recherchent le bénéfice d'une application littérale des textes ou des décisions à l'encontre des objectifs poursuivis par leurs auteurs, avec le seul but d'éluder ou d'atténuer les charges fiscales que l'intéressé aurait normalement supportées, si ces actes n'avaient pas été réalisés. Il revient à l'administration fiscale d'apporter la preuve du caractère fictif des éléments mis en cause ou de l'intention du contribuable d'éluder ou d'atténuer l'impôt. C'est ce que cette dernière a réussi à faire en convainquant le juge administratif qui lui a reconnu le droit de requalifier la nature de la relation entre une société béninoise et une société étrangère. Le juge a donc validé la position de l'administration fiscale qui, sur la base d'irrégularités et de manœuvres frauduleuses décelées, a considéré qu'une société, qui avait prétendu abandonner ses activités de commercialisation au profit de la représentation, avait en réalité continué les activités commerciales en cachant une comptabilité occulte tout en usant de pratiques destinées à présenter une idée erronée de son chiffre d'affaires (**arrêt n° 97-19 CA, textiles Bougainville c/ Directeur des impôts**).

7.1.4. Les prérogatives de l'administration en matière d'imposition

327. L'administration dispose de pouvoirs étendus en matière de contrôle. Au titre de ces pouvoirs on peut citer :

7.1.4.1. Le droit de reprise

328. Il s'agit du droit pour l'administration de réparer les erreurs, omissions totales ou partielles dans l'assiette, ainsi que les erreurs dans l'application des tarifs dans certaines conditions et dans les délais prévus.

329. Délai général. Dans la forme, ce droit s'applique jusqu'à l'expiration de la troisième année suivant celle au titre de laquelle l'imposition est due.

330. Délai particulier. Il est dérogé au délai général dans les conditions ci-après :

- en cas d'agissements frauduleux découverts, l'administration peut exercer son droit de reprise jusqu'à la fin de la sixième année qui suit celle au cours de laquelle l'imposition est due ;
- toute omission ou insuffisance d'imposition relevée par une instance devant les tribunaux répressifs peut être réparée jusqu'à l'expiration de l'année suivant celle de la décision qui a clos cette instance ;

Encadré 46: Application en droit comparé des omissions révélées devant une instance répressive.

En France, où une disposition similaire existe, la jurisprudence en a fait usage. Ainsi, le juge a validé au titre des exercices 2003 à 2007 dans la catégorie des bénéfices non commerciaux, des rappels de droits qui ont été pratiqués en février 2012 au-delà du délai normal et dans le cadre du délai spécial. L'insuffisance d'imposition est liée à des sommes regardées comme un détournement et révélées par une instance ouverte en 2011 contre un contribuable devant le tribunal de grande instance de Bordeaux.

Toutefois, le Conseil d'État français, précise que des insuffisances ou omissions d'imposition ne peuvent pas être regardées comme révélées par une instance devant les tribunaux au sens de la loi fiscale et justifiées des délais spéciaux de reprise au délai normal, lorsque l'administration dispose d'éléments suffisants lui permettant, par la mise en œuvre des procédures d'investigation à sa portée, d'établir ces insuffisances ou omissions d'imposition dans le délai normal de reprise. Selon la jurisprudence, il ne peut être fait obstacle à l'application du délai spécial de reprise que si, avant la procédure judiciaire qui a fait apparaître les omissions ou insuffisances d'imposition, l'administration disposait d'informations suffisantes pour lui faire soupçonner ces omissions ou insuffisances.

CE, 10e et 9e ch., 14 oct. 2020, n° 425337, min. c/ Seurot, concl. L. Domingo : JurisData n° 2020-016079.

- toute erreur sur la nature de l'impôt applicable sur le lieu d'imposition peut être réparée jusqu'à l'expiration de l'année suivant celle de la décision qui a prononcé la décharge initiale.

- Toute omission de biens dans une déclaration de succession peut être réparée dans un délai de vingt ans à compter du jour du décès.

7.1.4.2. Le droit de communication

331. Principe général. C'est une prérogative exercée à l'endroit des assujettis et des tiers. Il permet à l'administration de prendre connaissance de certains documents et renseignements détenus par les tiers. Le périmètre du droit de communication est limité. Il s'exerce à l'endroit des employeurs, administrations et entreprises publiques et assimilées, commerçants, membres de certaines professions non commerciales (officiers publics et ministériels.), établissements bancaires, compagnies d'assurances. De manière générale, les administrations publiques ainsi que les entreprises concédées par l'État, les départements et les communes qui détiennent des documents permettant d'établir l'impôt, sont tenus de les communiquer sans pouvoir leur opposer le secret professionnel.

332. Le droit de communication, une limite au secret professionnel. Dans le cadre du droit de communication, les banques primaires, les établissements de crédits, les compagnies d'assurances, les organismes non gouvernementaux, les officiers publics et ministériels et tout commerçant ne peuvent opposer à l'administration fiscale, le secret professionnel pour les renseignements relatifs aux opérations sur comptes de titres, ouvertures de crédits, allocations de devises et opérations avec l'étranger. À cet effet, l'administration peut demander copies de tous documents, notamment les relevés de comptes et les correspondances commerciales.

333. Le devoir de communication (spontanée) des tribunaux à l'endroit du fisc, sur toute indication de nature fiscale. L'autorité judiciaire doit donner connaissance aux agents de l'Administration fiscale, de toute indication qu'elle peut recueillir, de nature à présumer une fraude commise en matière fiscale ou une manœuvre quelconque ayant eu pour résultat de frauder ou de compromettre l'assiette ou le recouvrement de l'impôt. Cela s'applique qu'il s'agisse d'une instance civile ou commerciale ou d'une information criminelle, même terminée par un non-lieu. Il s'agit pour le législateur « de permettre à l'administration fiscale d'être informée, autant que possible, de présomptions de dissimulations ou d'évasions fiscales » (**Voir Revue de Droit fiscal n° 17, avril 2021**).

334. Limites du droit de communication. L'exercice du droit de communication n'est pas sans limite. Lorsqu'elle exerce sur place le droit de communication, l'administration doit adresser au contribuable un avis de passage précisant la nature des documents qui doivent être mis à sa disposition et portant la mention expresse qu'il s'agit de l'exercice du droit de communication et non d'une vérification de comptabilités. Les renseignements issus des enquêtes, études statistiques et socio-économiques et revêtus du visa du Conseil National de la Statistique ne pourront en aucun cas être utilisés à des fins de contrôle fiscal.

7.1.4.3. Le droit de visite et de saisie

335. La descente possible dans les locaux. Lorsqu'il existe des soupçons de manœuvre frauduleuse de la part d'un contribuable, l'administration est habilitée à procéder à une descente dans les locaux professionnels ou d'habitation de l'intéressé et à procéder à des saisies. Cette opération ne peut être effectuée que par des agents assermentés munis de leur commission. Sauf autorisation expresse du Directeur général des impôts, l'intervention ne peut être entamée avant six heures et après vingt et une heures. Au terme de l'intervention, un procès-verbal mentionnant les conclusions de l'opération et les documents éventuellement saisis est dressé et signé par les agents des impôts et par le contribuable ou son représentant (**article 526-6 CGI**).

Encadré 47: Le Directeur général des impôts, un juge ou un procureur ?

Selon l'article 526-2 CGI, les interventions de l'administration en matière de droit de visite, d'investigation et de saisie auprès des entreprises privées, notamment pour la recherche et la constatation des infractions à la réglementation fiscale, ne peuvent être entamées ni avant 6 heures, ni après 21 heures. Cette limite est assortie d'une possibilité pour le Directeur Général des Impôts d'autoriser expressément et à titre exceptionnel leur déroulement à n'importe quelle heure. Cette possibilité donnée au Directeur général des impôts questionne dans un État de droit. La disposition est très peu protectrice des droits du contribuable et prémonitoire de futurs abus. En effet, « le domicile est sacré et inviolable » (article 20 de la Constitution.). S'il ne peut y être effectué des visites domiciliaires et perquisitions que dans les formes et conditions prévues par la loi, il apparaît que l'inviolabilité du domicile nécessite l'institution de conditions assurant le contrôle de l'autorité judiciaire. (**M. AMADIO et A. VIALA, « L'extension des perquisitions d'exception en matière fiscale. L'article 94 de la loi de finances et la dégradation des garanties du contribuable », Gaz. Pal., 1985, 1er sem., doct., pp. 202-**

210 ; R. ETIEN, « Jurisprudence financière du Conseil constitutionnel », ***Rev. ad.,*** **1985, p. 203)**. Le législateur béninois ne semble pas s'être soucié d'encadrer le pouvoir de l'administration. La disposition crée surtout une concurrence avec l'autorité judiciaire qui est en principe habileté à autoriser des inquisitions dans les propriétés privées et surtout au-delà des heures normales. Aucune disposition de la loi n'institue le contrôle de l'autorité judiciaire sur la décision du Directeur Général des Impôts (DGI). Un tel contrôle aurait été justifié par la nécessité de rendre compatible les mesures envisagées pour la lutte contre la fraude fiscale avec la protection légitime de la liberté individuelle. La répartition des compétences dans un État de droit commande d'ailleurs que l'administration soit encadrée et que les visites domiciliaires et les perquisitions dans les locaux des particuliers ne soient pas laissées à la seule discrétion de l'administration. Le législateur doit donc trouver le juste équilibre entre la nécessité de l'impôt, l'objectif de lutte contre la fraude fiscale et la limitation des pouvoirs de l'exécutif et notamment de son bras opérationnel, en la matière, l'administration fiscale. En France où seul le juge est habileté à l'autoriser, le Conseil constitutionnel rappelle que de telles dispositions doivent être « assorties de prescriptions et de précisions interdisant toute interprétation ou toute pratique abusive » (**Cons. const., déc. n° 83-164 DC du 29 déc. 1983,, cons. 30**), rappelant au passage « la nécessité pour le législateur d'assigner de façon explicite au juge ayant le pouvoir d'autoriser les investigations des agents de l'administration, la mission de vérifier de façon concrète le bien-fondé de la demande qui lui est soumise ». (**Cons. const., déc. n° 83-164 DC du 29 déc. 1983, Loi de finances pour 1984, cons. 29**).

À défaut, l'habilitation du Directeur général des impôts reconnue sans encadrement peut paraître excessive et surtout consacrer un débordement de l'administration dans le domaine du pouvoir judiciaire. C'est pour éviter un tel débordement que la Cour suprême américaine, rappelle que « quand le droit à la vie privée doit raisonnablement céder devant le droit d'investiguer, c'est, en tant que règle, à un juge d'en décider, pas à un policier ou à un agent de l'administration ». (**US Supr. Court, Johnson v. U.S., 333 U.S. 10, 68 S. Ct. 367, 92 L. Ed. 436 [1948]**). Il revient en principe au juge dont la décision doit être motivée « par l'indication des éléments de fait et de droit qu'il retient et qui laissent présumer l'existence des infractions dont la preuve est recherchée » d'autoriser des visites au-delà des heures normales. Il devrait se prononcer par une mention expresse sur la saisie de biens et avoirs pouvant provenir directement ou indirectement des infractions dont la preuve est recherchée. L'idée est de faire en sorte que « la décision de perquisition soit soutenue par des présomptions sérieuses pouvant permettre de penser qu'il y a lieu à répression » (**F. LUCHAIRE, « Le fisc, la liberté individuelle et la Constitution »,** ***in Études de Finances publiques. Mélanges en l'honneur de Monsieur le Professeur Paul-Marie Gaudemet*****, Paris, Économica, 1984, p. 609**). Parce que « la procédure ne pouvant être contradictoire, la protection de la vie privée dépend directement de l'indépendance du juge chargé d'apprécier l'existence et la gravité d'éléments matériels laissant penser que le contribuable se soustrait à une obligation fiscale. En ce sens, l'intervention judiciaire, et *a fortiori* d'un magistrat expérimenté, constitue une garantie préventive de l'inviolabilité du domicile » (**A. Mangiavillano, La Cour européenne et la garantie juridictionnelle de l'inviolabilité du domicile en matière fiscale,** ***Revue Internationale de droit comparé,*** **Année 2009, 61-1, pp. 93-145 ; STC n° 160/1991 du 18 juill. 1991, BOE n° 190 du 9 août 1991, FJ 8 ; STC n° 139/2004 du 13 sept. 2004, BOE n° 248 du 14 oct. 2004, FJ 2)**. Cela participe d'un correctif à la rupture de l'égalité des armes puisque de tout temps, « l'administration jouit de privilèges procéduraux dont ne jouissait pas la partie adverse ». *In fine,* « la protection (des contribuables) ne tient pas à ce que l'administration fiscale soit convaincue qu'une fraude à l'impôt ait été commise, mais à ce que le juge qui délivre l'autorisation le soit, après que les agents administratifs lui ont livré, sous serment, tous les détails des éléments qu'ils ont découverts. (…)». (**Lord Cyril B. Salmon of Sandwich, D. TELLING, « Reflections and reservations on "Rossminster" », Anglo-Am. L. Rev.,**

vol. 10, 1981, p. 218 ; N. TUTT, The tax raiders. The Rossminster affair, Londres, Financial Training, 1985, 360 pp.)

7.1.4.4. Le droit d'enquête

336. La recherche des manquements. Le droit d'enquête est une procédure administrative destinée à rechercher les manquements aux règles et obligations de facturation. Il se distingue des procédures de contrôle et permet à l'administration d'intervenir de façon inopinée. Il s'exerce sur place auprès du contribuable ou sur convocation dans les bureaux de l'administration. En cas d'intervention sur place, le droit d'enquête ne peut excéder trois (03) jours ouvrables.

Encadré 48: Amélioration du dispositif du contrôle fiscal

Selon la Direction Générale des Affaires Economiques (DGAE, 2015), le dispositif de contrôle fiscal explique la faiblesse du contrôle fiscal. Cette faiblesse se manifeste par l'absence de pilotage et d'évaluation du contrôle fiscal, la non-disponibilité d'outil de suivi et d'évaluation des performances, la non-centralisation des résultats des contrôles fiscaux de la DGI. En l'absence d'outils appropriés, la programmation des contrôles repose sur des méthodes aléatoires, ce qui est source de difficultés. Aussi, le système de renseignement mis en place (échanges de données avec la douane et le trésor) souffre-t-il de problèmes techniques, ce qui handicape tout projet d'amélioration des recettes et d'élargissement de l'assiette.

L'état du système de contrôle est donc contraire aux bonnes pratiques internationalement reconnues.

Prenant en compte ces constats, l'administration fiscale a mis en place des mécanismes pour résorber les insuffisances.

7.1.4.5. Le droit de préemption

337. C'est une procédure prévue par l'article 561 CGI. Pendant un délai de trois mois à compter du jour de l'enregistrement d'un acte de mutation, l'administration peut procéder à la préemption au profit du trésor public de biens (droits immobiliers, immeubles, fonds de commerce, droit au bail, etc.) surtout ou partie d'un immeuble dont elle estime le prix insuffisant par surenchère du 1/10e.

7.1.5. Les garanties du contribuable en matière de contrôle et/ou de vérification

338. En dépit des larges pouvoirs qui lui sont reconnus, l'administration ne dispose pas de pouvoirs illimités en matière de contrôle. Les agents vérificateurs doivent faire preuve de professionnalisme et de loyauté. Des sanctions disciplinaires sont même applicables aux vérificateurs qui auront fourni par écrit des renseignements ou précisions erronés au contribuable.

339. Au demeurant, les prérogatives de l'administration sont limitées par certaines garanties reconnues au contribuable en matière de contrôle notamment :

- les agents vérificateurs doivent être assermentés et porteurs de commission ;
- le recours à l'assistance technique d'expert doit être couvert par un mandat du Directeur général des impôts ;
- l'opposabilité à l'administration des informations fournies par écrit au contribuable ;
- l'impossibilité pour l'administration de faire des contrôles sur des périodes précédemment vérifiées ;
- la possibilité donnée au contribuable de se faire assister d'un conseil de son choix ;
- l'obligation d'informer le contribuable avant tout contrôle et surtout de lui faire connaître les impôts visés et la période concernée ;
- la protection contre le changement de doctrine (non-rétroactivité des positions erronées de l'administration ayant fait l'objet de correction) ;

Encadré 49: En droit comparé (français), la protection contre les changements de doctrine de l'administration ne s'applique pas en cas de montage artificiel

Il est de jurisprudence constante qu'un contribuable ne peut être sanctionné s'il s'appuie sur une interprétation de la loi fiscale déjà admise dans des textes administratifs. Il s'agit d'un principe qui protège le contribuable contre un éventuel changement d'interprétation des lois par l'administration elle-même. Cette protection n'est toutefois pas opposable lorsque l'interprétation est exploitée aux fins de fraude fiscale. Le Conseil d'État rappelle à l'occasion de la décision n° 428048 que l'existence d'un montage artificiel condamne toute demande du contribuable à l'échec dans la mesure où la pratique n'a d'autres finalités que d'échapper à l'impôt.

Référence : Conseil d'État, Bilan d'activité 2020, p. 86 ; Décision n° 428048

- l'impossibilité pour l'administration de redresser une période couverte par la prescription.
- la possibilité donnée au contribuable de saisir la commission des impôts.

Encadré 50: Rectification (répression) fiscale et protection des droits en droit comparé (droits français et européen)

Le droit européen *pose le principe que : « toute personne physique ou morale a droit au respect de ses biens ». Ce principe est sans préjudice de la faculté reconnue aux États de mettre en vigueur les lois qu'ils jugent nécessaires pour réglementer l'usage des biens conformément à l'intérêt général ou pour assurer le paiement des impôts ou d'autres contributions ou des amendes ». De la combinaison de ces deux règles, la CEDH en déduit, que tant pour les droits en principal que pour les pénalités fiscales, qu'« il doit [...] exister un rapport de proportionnalité raisonnable entre les moyens employés et le but recherché » (CEDH, 1re sect., 11 janv. 2007, n° 35533/04, Mamidakis c/ Grèce, p 44). Ainsi, « l'obligation financière née du prélèvement d'impôts ou de contributions » ou « du paiement d'une amende » peut léser la garantie consacrée par cette disposition, si elle impose à la personne en cause une charge excessive ou porte fondamentalement atteinte à sa situation financière.*

Outre la gravité du manquement, il est ainsi tenu compte de l'importance de la sanction, à relativiser en présence d'un pouvoir de modulation, du préjudice subi par le Trésor ou bien encore de l'« influence décisive que la mesure a exercé sur la situation financière globale de la requérante ». Par évidence, la lutte contre la fraude permet une atteinte à la vie privée et aux communications mais sous réserve de respecter les droits fondamentaux visés précédemment. Par suite, ces atteintes légales à l'intimité, fût-elle révélatrice d'une fraude, doivent respecter les droits fondamentaux et le principe de proportionnalité (art. 52 de la Charte des droits fondamentaux) ***(M. CHASTAGNARET, Lutte contre la fraude et recouvrement de l'impôt : la fin ne justifie pas tous les moyens. Les Nouvelles Fiscales, 2019, pp. 26 - 30.****)*

En droit français, le juge constitutionnel rappelle la nécessité de « [...] concilier les garanties constitutionnelles en matière répressive avec la nécessité de rechercher les auteurs d'infractions et de prévenir les atteintes à l'ordre public, et notamment à la sécurité des personnes et des biens, qui sont nécessaires à la sauvegarde de droits de valeur constitutionnelle » (Cons. const., déc. n° 2002-461 DC du 29 août 2002, Loi d'orientation et de programmation pour la justice, Rec. p. 66, cons. 27, note A. PENA-GAÏA, Rev. fr. dr. const., 2003, n° 54, pp. 363-373).

(CEDH, 26 févr. 2009, n° 28336/02, Grifhorst c/ France, pt 100 : JCP G 2009, II, 10075, note J. Pannier ; RSC 2009, p. 597, obs. H. Matsopoulou. – CEDH, 2 févr. 2010, n° 32798/06, Monedero c/ France. Note 44 CEDH, 6 nov. 2008, n° 30352/03, Ismayilov c/ Russie, pt 38. Note 45 CEDH, 18 juin 2013, n° 17118/04, S.C. Complex Herta Import-Export S.R.L. Lipova c/ Roumanie, pt 38).

Référence : L. AYRAULT, RDF, mars 2021

7.2. LES PROCEDURES DE RECOUVREMENT DE L'IMPÔT

340. La quête d'une image améliorée de l'administration. Lorsqu'on évoque l'action en recouvrement, on pense à « une image associée au fisc, harcelant sans scrupule les contribuables jusque dans leur foyer, saisissant leurs biens et leur bétail ». (**N. DELALANDE,** ***Histoire sociale de l'impôt, op.cit.***). C'est de cette image que l'administration tente de se débarrasser. Pour ce faire, elle met en place des procédures qui facilitent le paiement spontané de l'impôt.

341. En principe, l'impôt est acquitté spontanément. Le principe en matière fiscale, c'est que « la dette est portable et non quérable ». Il revient au contribuable de se soumettre au paiement à la date d'exigibilité fixée par le code général des impôts. L'administration ne manque pas, par divers canaux de communication, de rappeler les échéances fiscales afin d'inciter les contribuables au geste de civisme fiscal.

342. Mais il est bien entendu que dans le contexte ouest-africain, en général, et béninois, en particulier, malgré des avancées, le geste consistant à l'acquittement de l'impôt ne va pas de soi. En dépit de cette volonté d'instaurer des procédures de recouvrement plutôt amiables, totalement apaisées et consensuelles, il subsiste toujours des résistances du côté des contribuables. Pour James Buchanan, résumant la situation du passager clandestin en matière fiscale, « les individus ne paieront pas nécessairement leurs impôts de plein gré, même si les avantages personnels qu'ils retirent des dépenses publiques excèdent leur contribution nominale au fisc » (**J. BUCHANAN, *les limites de la liberté,* tr. fr, pp. 137-138)**. En plus du privilège du trésor qui, en matière d'impôts, est un privilège général sur les meubles et immeubles et prenant rang après le privilège des salaires et celui des frais de justice (article 648-2), l'administration est donc amenée à déployer les moyens de coercition pour contraindre le contribuable au paiement de l'impôt.

343. Mise en œuvre. Les procédures de recouvrement ont trait aux opérations effectuées pour lever l'impôt, les faveurs que le contribuable peut demander, les droits qu'il peut réclamer et les possibilités qu'il a de saisir, au besoin, les juridictions.

344. L'action en recouvrement est déclenchée par le défaut de paiement à l'expiration de la date d'exigibilité mentionnée sur l'avis de mise en recouvrement. Sauf sursis accordé, le receveur des impôts doit déclencher les poursuites et décerner contrainte contre les contribuables retardataires, pour avoir paiement des sommes exigibles. Les paiements effectués après ces dates donnent lieu à l'application d'une majoration pour paiement tardif.

> **Encadré 51: Les intérêts de retard comme moyen de préservation des intérêts financiers de l'État**
>
> *Si les intérêts et majorations de retard ne sont pas des sanctions fiscales, ils jouent un rôle dans la préservation des intérêts financiers du Trésor public. Ils n'ont en effet pas pour finalité de punir, pour empêcher la réitération des agissements de fraude fiscale. Ils sont plutôt destinés à réparer le préjudice financier résultant du retard dans le paiement de la dette. Pour en préserver le caractère réparateur, le législateur doit veiller à ce que le taux ne soit pas manifestement excessif, pour ne pas être une pénalité « déguisée ».*

7.2.1. Les conditions de l'action en recouvrement

345. L'action en recouvrement est la mise en œuvre des procédures de poursuite tendant au recouvrement forcé de l'impôt. Les mesures de poursuites ne peuvent être en principe mises en œuvre que si la créance a fait l'objet d'un avis de mise en recouvrement régulièrement pris en charge par le service de recouvrement et que le délai de prescription n'a pas expiré.

346. Délai de l'action en recouvrement. L'action de l'administration pour le recouvrement des taxes et pénalités se prescrit par quatre ans. Cette prescription court contre l'administration et est interrompue par le paiement de tout ou partie de la créance ainsi que les réclamations du contribuable, l'inscription du privilège du trésor, les sommations, mises en demeure de payer et tous actes de poursuite, tous actes comportant reconnaissance de la dette fiscale de la part du contribuable. La prescription de l'action en recouvrement ne concerne toutefois pas les impôts retenus à la source ou ceux dont le redevable n'est que collecteur (article 604-3 CGI).

7.2.2. Les différentes étapes de la procédure de recouvrement

347. Après la phase amiable, intervient un certain nombre d'actes successifs dont le niveau de contrainte augmente à mesure que le contribuable se refuse d'acquitter la dette fiscale. Les trois degrés de poursuite sont le commandement, la saisie administrative et la vente.

7.2.2.1. Le commandement

348. Premier degré de poursuite. Régi par l'article 618 du CGI, il constitue le premier des trois degrés de poursuite. Il consiste en un acte administratif procédant d'un avis de mise en recouvrement et délivré par un agent de poursuites. Il consacre l'ordre de payer la somme réclamée dans un délai de cinq jours sous peine de contrainte et énonce les sanctions.

7.2.2.2. La saisie administrative

349. Deuxième degré de poursuite. Elle est réglée par l'article 619 du CGI et constitue le deuxième degré des poursuites. Elle intervient 5 jours francs après la notification d'un commandement revenu infructueux et consiste à rendre indisponible les biens du contribuable détenus par lui-même ou par un tiers, à l'exclusion des biens essentiels aux besoins fondamentaux du contribuable (article 621 CGI). L'action doit faire l'objet d'un procès-verbal de saisie et, à défaut de biens meubles saisissables d'un procès-verbal de carence.

Quinze jours au plus tard, après la notification du commandement et sur le constat de la défaillance du contribuable, le receveur fait procéder à l'inscription du commandement au livre foncier. Cette inscription vaut saisie administrative et immobilisation de l'immeuble au profit du trésor public.

7.2.2.3. La vente

350. Troisième degré des poursuites. Prévue par l'article 628 du CGI, elle constitue le troisième degré des poursuites. Elle ne peut intervenir que dix jours au moins après la saisie, sauf dérogation spéciale dans les cas d'urgence. Dans tous les cas, l'autorisation du Ministre chargé des Finances est obligatoire. Pour les ventes de denrées périssables, ainsi que les biens qui ne peuvent être conservés sans courir le risque de détérioration ou d'obsolescence, la vente est effectuée dans les trois jours qui suivent la saisie.

351. En ce qui concerne les immeubles, leurs ventes ne peuvent intervenir qu'en vertu d'une autorisation du Ministre en charge des finances et après les formalités de publicité.

7.2.3. Les mesures particulières

352. Il s'agit des mesures qui sont exceptionnellement mises en œuvre pour contourner les résistances du contribuable, notamment l'avis à tiers détenteur, le blocage des comptes, les mesures de fermeture et même la contrainte par corps.

7.2.3.1. L'avis à tiers détenteur

353. Un moyen de pression sur les tiers. Il est prévu par l'article 632 du CGI et permet au comptable public, sur simple demande, d'obliger un tiers à lui verser sur-le-champ, les fonds dont il est dépositaire, détenteur ou débiteur à l'égard d'un redevable, à concurrence des impôts dus par ce dernier. Le détenteur du denier du redevable peut être poursuivi personnellement et forcé par toutes voies de droit, à défaut de paiement spontané. L'avis à tiers détenteur peut être directement émis à l'encontre de tout contribuable retardataire, sans commandement préalable, dès l'expiration du délai de paiement fixé par l'avis de mise en recouvrement (article 617 CGI).

7.2.3.2. Le blocage des comptes bancaires (article 673 du CGI)

354. Une mesure spéciale. Le blocage des comptes ne doit être confondu ni avec la saisie ni avec l'avis à tiers détenteur. Il doit être soumis à l'autorisation du Ministre chargé des finances. Cette mesure est spéciale. Elle est exercée lorsque les actes de poursuite, notamment le commandement et la saisie, se sont révélés inefficaces pour assurer le recouvrement. Le blocage prend fin immédiatement après le paiement intégral des sommes dues.

7.2.3.3. La fermeture d'établissement et la publication par voie de presse

355. Une décision extrême sur autorisation. *La fermeture d'établissement* est prévue par l'article 635 du CGI et peut être mise en œuvre dès le premier degré de poursuites. Cette mesure est applicable dès lors que le contribuable ne s'est pas acquitté de sa dette dans les délais impartis. Elle est autorisée par le Directeur Général des Impôts et exécutée par les receveurs, cinq jours après le commandement, à l'encontre des établissements commerciaux ou non commerciaux. La durée de cette fermeture provisoire peut aller de trois jours à trois mois renouvelables. Cette mesure n'est pas applicable aux contribuables qui ont sur l'État, une créance supérieure à la dette fiscale. Cette position doit être justifiée par une attestation délivrée par les services compétents du ministère des finances.

356. Quant à *la publication par voie de presse*, elle est autorisée par le ministre des Finances, sur proposition du Directeur général des impôts. Elle s'exerce par voie de presse écrite, orale et télévisée. La publication porte sur la liste des contribuables qui ne se sont pas acquittés de leurs dettes fiscales dans le délai imparti.

7.2.3.4. La fermeture définitive d'établissement

357. Un moyen de pression sur les contribuables indifférents aux poursuites. La fermeture est prévue par l'article 636 du CGI et s'exerce à la suite d'un arrêté conjoint des Ministres chargés des Finances et de l'Intérieur, au cas où les trois degrés de poursuite s'avèrent inopérants. La fermeture définitive s'exerce surtout à l'encontre des contribuables pour qui, les poursuites se sont révélées inopérantes, ou les biens saisis insuffisants ou détournés. Elle est mise en œuvre, sur proposition des agents de poursuite.

7.2.3.5. La contrainte par corps

358. Une mesure exceptionnelle. La contrainte par corps revêt le caractère d'une sanction pénale. Elle est prévue par l'article 509 du CGI. Il s'agit d'une mesure à l'encontre des personnes physiques n'ayant pas acquitté l'impôt dans les délais prescrits. Elle s'applique aux présidents directeurs généraux, directeurs, gérants et, en général, à toute personne ayant qualité pour représenter la société poursuivie (article 509-3 CGI). La réquisition d'incarcération ne peut être transmise au procureur que trois jours francs après la notification du commandement.

359. Une mesure à l'encontre des contribuables particulièrement récalcitrants. En matière de recouvrement, la contrainte par corps s'exerce à l'encontre des personnes qui tentent de se soustraire au paiement de l'impôt. Il s'agit particulièrement de celles qui organisent leur insolvabilité ou font obstacle par des manœuvres frauduleuses au recouvrement.

Encadré 52: Le droit UEMOA, le droit OHADA et les compensations en matière de recouvrement en droit fiscal béninois

En matière de recouvrement de recettes publiques, certaines règles du droit OHADA peuvent contrarier le droit communautaire UEMOA, ce qui peut mettre le législateur national dans une situation embarrassante. Selon l'article 41 de la directive RGCP UEMOA, « les débiteurs de l'État ne peuvent pas se prévaloir de leurs créances vis-à-vis de l'État pour s'opposer au paiement de leurs dettes. Le comptable doit, préalablement à tout paiement, opérer la compensation légale entre les dettes et les créances assignées sur sa caisse ». Cet article institue donc que le paiement par compensation n'est reconnu qu'au profit du comptable public et par conséquent est interdit contre l'État dans la droite ligne de l'interdiction des voies d'exécution contre l'État.

Mais l'article 30 alinéa 2 de l'AUPSVR de l'OHADA institue des dispositions en contradiction avec le droit UEMOA en ces termes : « les dettes certaines, liquides et exigibles des personnes morales de droit public ou des entreprises publiques, quelles qu'en soient la forme et la mission, donnent lieu à compensation avec les dettes également certaines, liquides et exigibles dont quiconque sera tenu envers elles ». Cette disposition de l'OHADA a d'ailleurs reçu un accueil favorable auprès des juges étatiques notamment au Sénégal. Déboutant l'État Sénégalais de ses prétentions dans l'affaire Holding KEBE, le juge sénégalais accordait la compensation d'une dette de l'État et celle d'une Société au titre du paiement d'impôt.

Mais le législateur béninois n'a pas totalement écarté la compensation en matière fiscale. Elle joue d'une certaine manière dans la mesure où la procédure de fermeture provisoire n'est pas applicable aux contribuables qui ont sur l'État, une créance supérieure à la dette fiscale. Même si ce n'est pas une compensation formelle, la créance du contribuable joue en sa faveur. Mieux, lorsqu'un contribuable demande la décharge ou la réduction d'une imposition quelconque, l'administration peut, à tout moment de la procédure et malgré l'expiration des délais de prescription, effectuer ou demander la compensation dans la limite de l'imposition contestée, entre les dégrèvements reconnus justifiés et les insuffisances ou omissions de toute nature constatée dans l'assiette ou le calcul de l'imposition au cours de l'instruction de la demande (article 587-1 CGI).

LEÇON 8

CONTENTIEUX FISCAL

360. Les rapports entre le fisc et le contribuable : le pot de fer contre le pot de rose. Selon un certain courant de pensée ultra anti fiscal, anarchiste et libéral, notamment le libertarisme, l'impôt est non seulement un vol mais également un viol. Prélevé par voie d'autorité, il met les citoyens, qui subissent cette ponction sur leur richesse, dans un rapport déséquilibré au profit de l'administration qui dispose à cet effet des pouvoirs les plus étendus. Cette présentation pour le moins caricaturale apporte tout de même un éclairage sur l'imposture que constituerait l'impôt, si des moyens de défense n'existaient pas au profit du contribuable.

361. Vers l'égalité des armes entre les parties. Un réajustement des rapports entre les deux parties passe par la reconnaissance de moyens de contestation pour le contribuable qui s'estimerait lésé. Les moyens aménagés ne consacrent pas pour autant l'égalité des armes entre contribuables et administration fiscale.

362. Le droit à la contestation de l'impôt, un droit à garantir obligatoirement. L'aménagement des voies de recours au profit du contribuable est un impératif juridique. La Cour constitutionnelle du Bénin, statuant dans le cadre d'une requête portant sur la violation des droits de la défense en matière fiscale, précise à cet effet que « les droits procéduraux des requérants sont conservés pour autant qu'il leur appartiendra de saisir la juridiction compétente sur la contestation éventuelle des actes successifs » (**DCC 18-156 du 31 juillet 2018 ; Sur la violation des droits-Considérant n° 1).** Il en découle donc une obligation constitutionnelle de garantir au profit du contribuable, les conditions de mise en œuvre des droits de la défense et de contestation de l'impôt.

363. Plusieurs moyens de contestation. La loi aménage plusieurs voies de règlement des litiges pour le citoyen contrarié. Entre les recours amiables, la saisine d'organes consultatifs ou le recours contentieux, le contribuable a des possibilités de faire entendre sa cause et de faire valoir ses moyens.

Encadré 53: L'impôt, parent pauvre du contentieux

Dans le contexte béninois, une part importante des différends fiscaux est réglée directement entre l'administration et le contribuable sans l'intervention du juge. Les contribuables préfèrent les règlements à l'amiable aux procédures par voie contentieuse à cause de leurs lenteur, inefficacité et parfois par crainte d'imposition plus lourde les années à venir. Cette situation a amené une partie de la doctrine à estimer que le contentieux fiscal est un recours marginal au Bénin et que l'impôt est le parent pauvre du contentieux. Dans les rares cas qu'il se décide à saisir le juge, il arrive que la procédure n'aille pas à son terme. Le contribuable est en effet, soit déchu de ses droits, en conséquence du fait qu'il ne constitue pas les sommes exigées par le greffe conformément à la loi (arrêt ***cour suprême, chambre administrative, n°98-65/CA du greffe, du 8 juillet 2004, Yabi Dénis c/RPI****) ; soit, il arrive que le juge soit obligé de constater son désistement parce que le contribuable n'a pas soumis son mémoire ampliatif conformément à la loi malgré les mises en demeure (****BOA Bénin c/ RPI, arrêt n°2000-116/CA Greffe****). Dans d'autres cas, le juge est amené à constater le désistement du contribuable. En effet, ce dernier peut exprimant son renoncement à l'action par courrier (****Arrêt n°99-70/CA du greffe, affaire UAIC****). Mais certains contribuables ne respectent pas les délais de recours ce qui conduit le juge à déclarer l'irrecevabilité (n°****2009-04/CA greffe, SARCI c : DGID****). Dans les cas résiduels où la requête du contribuable est traitée, des décisions du juge peuvent être source d'insatisfaction. En entretenant une certaine insécurité juridique, ces décisions peuvent doucher les espoirs du contribuable. C'est le cas lorsque saisi sur un moyen précis, le juge au lieu de se prononcer et de produire une position sur la question, en se basant sur la législation fiscale, se contente de constater un défaut de jurisprudence et de prendre la pratique de l'administration en la matière comme établie, sans possibilité pour le contribuable de la contrarier (****Arrêt Chambre administrative Cour suprême du Bénin, n° 66-15/CA du 29 juillet 1971, Société anonyme des anciens établissements R. DRQUOT c./ Décision n° 1076/DI en date du 22/09/1966 du Directeur des impôts, sur le premier moyen et le deuxième moyen).***

8.1. LES VOIES AMIABLES DE REGLEMENT DU LITIGE FISCAL

364. Une initiative partagée. L'initiative du règlement amiable, qui est la voie la plus usitée, peut provenir du contribuable comme de l'administration.

365. Dans tous les cas, le contribuable a la faculté d'ouvrir des discussions avec le vérificateur. Il peut également s'adresser à son supérieur hiérarchique direct. Le Directeur Général des Impôts et même le ministre des Finances peuvent être saisis. Ces derniers sont susceptibles de donner des instructions ou demander des informations sur les difficultés liées au contrôle du vérificateur.

366. Le CGI aménage des procédures transactionnelles et des cas de remise d'impôt.

8.2. LES PROCEDURES TRANSACTIONNELLES ET GRACIEUSES

367. Les transactions et remises sont permises en matière fiscale. Elles sont encadrées aussi bien en matière de pénalités qu'en matière de droits simples.

8.2.1. Les remises transactionnelles sur pénalités et amendes

368. Un objectif : faciliter le recouvrement et inciter au civisme. La possibilité de **transaction sur les pénalités et amendes** doit être portée à la connaissance du contribuable à la suite de la confirmation d'une rectification.

369. Par demande introduite auprès du receveur, dans un délai de 30 jours après réception de la confirmation de rectification, le contribuable peut se voir accorder par le Directeur Général des Impôts, par voie transactionnelle, des remises relatives aux pénalités et amendes fiscales, avec possibilité de déléguer son pouvoir aux directeurs techniques et départementaux (**article 591-3 CGI**). Il est également compétent pour les procédures transactionnelles relatives aux pénalités de retard.

370. Le règlement transactionnel ne peut faire l'objet de procédure contentieuse.

371. La réduction des pénalités et amendes après acceptation de rectification. Tout contribuable ayant fait l'objet d'une procédure de rectification peut bénéficier d'une réduction des pénalités et amendes moyennant le paiement immédiat des sommes laissées à sa charge. Les pénalités et amendes sont réduites de moitié si le contribuable procède au paiement dans les dix jours de la réception de la confirmation, des droits, pénalités et amendes mis à sa charge. La réduction sera de ¼ en cas de règlement dans un délai d'un mois. La bonne foi avérée du contribuable lui permet de bénéficier d'une réduction de 10 % quel que soit le délai de règlement **(Article 591 CGI).**

372. Pour bénéficier de la transaction, le contribuable doit introduire une demande dans laquelle il prend l'engagement de payer dans un délai (qui varie entre dix (10) jours et un mois en fonction de la dette) le montant mis à sa charge). L'accord favorable de l'autorité oblige le contribuable à honorer son engagement. Dans le cas contraire, il peut être poursuivi par l'administration pour le paiement intégral augmenté de majorations éventuelles.

8.2.2. Les remises et modérations

373. Champ d'application. Les modérations sont permises en matière de droits simples et les remises sont permises en matière de pénalités. Elles sont ouvertes aux personnes en situation de gêne ou d'indigence rendant le règlement de leur dette fiscale impossible.

Encadré 54: Les remises et modérations, gages de paix publique dans certaines circonstances.

Les remises ou modérations d'impôt ne sont pas d'institution récente. Il faut à cet effet rappeler que sous la colonisation, pourtant période réputée peu respectueuse des droits humains (Emmanuel MACRON déclarait d'ailleurs en 2017 que la colonisation est un crime contre l'humain), une circulaire générale du gouverneur précisait déjà « qu'il peut avoir intérêt pour des raisons diverses de ne pas exiger momentanément pour une année par exemple le paiement de l'impôt de capitation de certains indigènes dont les villages sont atteints par des événements calamiteux : inondations, disette, etc. ». De telles situations justifiaient donc historiquement le renoncement aux recettes fiscales. (**L. GARCIA, *Résistance coloniales au Dahomey*, *op.cit.***). Ainsi, ne pas tenir compte de ces situations peut entrainer des situations politiquement délicates. L'illustration est offerte par une situation qui remonte à la période coloniale, notamment en 1913. Face aux difficultés de recouvrement de l'impôt au premier trimestre, le Commandant de cercle Noufflard, en rédigeant son rapport politique du quatrième trimestre de la même année, à l'intention du Gouverneur général, admettait que les deux années de disette ont créé aux indigènes une situation difficile mais compréhensible. Mais le refus du gouverneur de suivre ses recommandations en envoyant dans ce contexte, les tournées de police en lieu et place des dégrèvements d'impôt n'avait fait qu'exacerber les tensions.

Le code général des impôts pose le principe en prescrivant de prendre en compte les situations d'indigence pour alléger, s'il le faut, la charge fiscale des citoyens compte tenu de leur situation particulière. Mais il ne s'agit pas d'une mesure générale ou de masse. Il s'agit de mesures individuelles. À cet effet, une demande est adressée au Directeur général des impôts dans un délai de deux mois à partir du jour où le contribuable a eu connaissance de sa dette. Ces situations ne doivent pas résulter d'un évènement passager. En cas de suite non favorable, le ministre des Finances peut être saisi (**article 588-4 CGI**).

En cas de destruction totale ou partielle ou de démolition volontaire en cours d'année de leurs maisons ou usines, les propriétaires peuvent demander auprès du directeur général des impôts dans le mois de la destruction ou de l'achèvement de la démolition, une remise ou modération de la taxe foncière frappant ces immeubles.

374. Les dégrèvements d'office. À l'initiative du contribuable, l'administration peut proposer au ministre des Finances ou à son délégué, en cas d'erreurs manifestes à l'encontre du contribuable, d'impositions ou fractions d'imposition qui n'étaient pas dues, des dégrèvements partiels ou totaux.

375. Les créances irrécouvrables et admission en non-valeur. Les comptables chargés du recouvrement des impôts et taxes prévus peuvent, dans les deux premiers mois de la deuxième année suivant celle de la prise en charge des impositions dans leurs écritures, demander auprès du ministre des Finances, l'admission en non-valeur des impositions dont le recouvrement ne peut être effectué pour cause de disparition, d'insolvabilité ou d'indigence des contribuables. Pour ce faire, les comptables doivent justifier à l'appui de leur demande qu'ils ont, en temps utile, pris toutes les mesures nécessaires pour garantir et assurer le recouvrement des impositions en cause. Si l'admission en non-valeur décharge le comptable de sa responsabilité personnelle et pécuniaire, elle ne libère pas le redevable qui peut être poursuivi postérieurement, notamment s'il est à nouveau identifié ou redevenu solvable.

Encadré 55: Estimation des dégrèvements accordés

Les dégrèvements accordés (réductions, remises gracieuses et modération d'impôt) en 2020 sont évalués à 1,766 milliard de francs CFA. En 2019, le montant était estimé à 1,877 milliard de francs CFA.

Source : RELF 2020/ Cour des comptes

8.3. LE RECOURS AUX ORGANES CONSULTATIFS

376. La fiscalité saisie par les modes alternatifs de règlement de litige. Le développement des modes alternatifs de règlement de litiges a amené le législateur à envisager la mise en place d'organes adaptés à ce type de procédure en matière fiscale. Ces organes composés de membres d'origines diverses (administration fiscale, société civile, secteur privé, secteur judiciaire, profession libérale, experts, etc.) émettent des avis et font des propositions aux protagonistes. Deux principaux organes de ce type sont institués. Il s'agit de la commission de conciliation et la commission des impôts.

8.3.1. La commission de conciliation

377. Cette commission est compétente pour connaître des désaccords afférents à l'évaluation d'un immeuble ou d'un droit réel immobilier ayant servi de base à la perception d'une imposition à condition que le différentiel relatif à l'évaluation porte sur au moins cinq millions de francs CFA **(articles 559 et 560 CGI)**. La citation devant cette commission est interruptive de la prescription. Après l'avis de la commission, les parties peuvent saisir la juridiction civile d'une requête en expertise.

8.3.2. La commission des impôts

378. Une composition plurielle. Il s'agit d'une institution compétente qui intervient au stade précontentieux, donc à mi-chemin du contentieux. Sa composition est plurielle en ce qu'elle regroupe en son sein des membres d'horizons divers. On y trouve des représentants de l'administration fiscale, ceux des organisations du secteur privé et d'autres ministères comme celui de la justice.

379. Compétence. Elle connaît des désaccords en matière de rectification de montant, portant sur la Taxe Professionnelle Synthétique et des questions de fait susceptibles d'être prises en compte pour l'examen des questions de droit lié aux impôts. La commission se prononce également sur le caractère anormal d'un acte de gestion ou sur les faits constitutifs d'abus de droit.

380. Portée des délibérations. Si l'imposition proposée par l'inspecteur est conforme à l'avis de la commission, le redevable conserve le droit de présenter une demande en réduction ou en décharge par voie de réclamation contentieuse, à charge pour lui d'apporter tous les éléments comptables ou autres, de nature à permettre d'apprécier le chiffre d'affaires qui doit être effectivement retenu comme base d'imposition. Dans le cas contraire, la charge de la preuve incombe à l'administration fiscale, tant que la base d'imposition retenue pour l'établissement excède celle résultant de l'appréciation de la commission. L'avis de la commission doit intervenir dans un délai de 30 jours à compter de la réception de la lettre de saisine du requérant. À défaut, l'administration poursuit la procédure et met en recouvrement les droits confirmés.

8.4. Les recours contentieux

381. Le contribuable qui n'entend pas emprunter les voies amiables ou qui n'a pas été satisfait des démarches amiables entreprises auprès de l'administration fiscale peut engager le contentieux devant les organes juridictionnels compétents. Il peut en être ainsi lorsque l'administration oppose une fin de non-recevoir à ses prétentions.

382. Seulement, avant toute saisine des juridictions, il est fait obligation au préalable de soumettre le différend au service des impôts par voie contentieuse au moyen du recours préalable.

8.4.1. Le recours administratif préalable

383. Une obligation légale et d'ordre public. Le contentieux de l'imposition relève d'une seule procédure administrative : la réclamation préalable devant les services des impôts. Comme tout autre contentieux administratif, le recours administratif contentieux s'impose pour tous les litiges fiscaux.

384. La proscription de la saisine directe du juge de l'impôt. En matière fiscale, la saisine directe du juge est proscrite. Le recours administratif préalable s'impose aussi bien au requérant qu'au juge qui sanctionne sa violation en opposant l'irrecevabilité du recours juridictionnel direct. Le silence de l'administration face à la saisine équivaut à un rejet implicite qui ouvre la voie à la saisine du juge dans les délais légaux (**Arrêt cour suprême Chambre administrative Cour suprême du Bénin, n° 97-19/CA du 19 mai 2005, Textiles Bougainville c/ Directeur des impôts, considérant n°3)**.

385. Un mode de résolution de litiges fiscaux. Les contestations d'impôt sont obligatoirement et préalablement soumises à l'administration (**article 583 CGI**). Par la voie du recours administratif au ministre chargé des finances, l'administration règle directement nombre de litiges fiscaux qui échappent ainsi au juge. Dans ces conditions, l'administration s'affirme comme une sorte de « juge fiscal ».

386. Le recours administratif peut concerner l'imposition ou le recouvrement.

8.4.1.1. Le contentieux de l'imposition

387. Mise en œuvre. À compter de la date où ils ont eu notification de l'avis de mise en recouvrement, du versement de l'impôt contesté lorsque cet impôt n'a pas donné lieu à l'établissement d'un avis de mise en recouvrement, du versement des retenues à la source lorsqu'il s'agit de contestations relatives à ces retenues (article 583-2), les contribuables figurant au rôle, sous peine de forclusion, disposent d'un délai de trois mois pour élever, par voie de contestation, leurs réclamations auprès du ministre des Finances (Direction générale des impôts). La réclamation doit être motivée. L'autorité saisie dispose d'un délai de deux mois pour notifier sa réponse au contribuable. Pendant ce délai, il peut être demandé des pièces complémentaires au contribuable. Ce dernier doit les fournir dans un délai de huit jours, délai qui suspend le délai de réponse de l'autorité saisie. Le silence de l'administration vaut rejet.

388. La possibilité de suspendre le recouvrement. La nécessité de combiner efficacité répressive et efficacité de recouvrement commande la dérogation au caractère suspensif des recours, en matière fiscale. Par conséquent, la procédure de réclamation ne suspend pas le recouvrement de l'impôt contesté sauf au contribuable d'en faire la demande. Dans ce cas, il acquitte *l'intégralité des impositions non contestées* et constitue un cautionnement, de montant égal à 25 % de la somme contestée, au moyen de paiement au trésor public. Ce cautionnement est également une condition de recevabilité en la forme du recours juridictionnel (**Arrêt Chambre administrative Cour suprême du Bénin, n° 66-15/CA du 29 juillet 1971**) pour le contribuable qui n'entend pas acquitter le montant contesté.

8.4.1.2. Le contentieux du recouvrement

389. Plusieurs voies de recours. Le contentieux du recouvrement est partagé principalement entre l'opposition à poursuite, l'opposition à contrainte et accessoirement à cette dernière l'action en réclamation d'objets saisis.

390. L'opposition à poursuite. Elle concerne les contestations de la régularité formelle des actes de poursuite. Les contestations sont formées par assignation en urgence devant la juridiction compétente du lieu de situation des biens saisis dans les dix jours de la notification de l'acte de saisine. Le juge dispose d'un délai d'un mois pour statuer.

391. L'opposition à contrainte. Elle s'applique à la contestation de l'existence ou de l'étendue de l'obligation au paiement. L'opposition doit, à peine de nullité, être formée dans les dix jours de la notification du premier acte qui procède à cette contrainte. Dans le cadre de l'opposition à poursuite, une procédure auxiliaire est prévue, notamment l'action en réclamation d'objets saisis.

392. Action en réclamation d'objets saisis. Lorsqu'il ressort que les biens meubles et autres effets mobiliers saisis appartiennent à des tiers ou sont insaisissables, le revendiquant adresse une requête dans le cadre d'une action en réclamation d'objets saisis. La demande est adressée, sous peine d'irrecevabilité, dans les quinze jours de la notification de la saisie en premier lieu au directeur général des impôts ou à son représentant, accompagné d'un mémoire appuyé de toutes justifications utiles. Ce dernier doit statuer dans un délai maximum d'un mois, et en tout cas avant qu'il soit procédé à la vente.

Encadré 56: Le recours administratif, une procédure perfectible

Dans la réalité, c'est la Direction de la Législation et du Contentieux qui reçoit les demandes du contribuable. Selon une évaluation (PEFA 2014), plus de la moitié des demandes n'est pas traitée, ce qui est source de démotivation pour les contribuables.

Il est également reproché au recours administratif deux insuffisances. La première est que la procédure n'est pas contradictoire à l'égard du requérant. Il dépend du bon vouloir de l'administration qui n'est pas tenue d'assumer ses fonctions. La seconde insuffisance est que la décision de l'administration n'est pas obligatoire. L'administration est le plus souvent tentée d'opposer le silence aux recours même ceux dont le bien-fondé ne fait l'ombre d'aucun doute, ce qui vaut rejet implicite.

L'administration s'investit à résoudre ces problèmes en améliorant le contentieux.

393. Une possibilité de suspension du paiement. La demande du contribuable ne sursoit pas au paiement de la dette fiscale contestée sauf pour ce dernier, à en faire la réclamation et à condition de constituer un cautionnement auprès du trésor ou produire une attestation de caution délivrée par un établissement financier de montant égal à 25 % de la partie contestée.

8.4.2. Le recours aux organes juridictionnels : la phase juridictionnelle

394. Cette démarche intervient en l'absence de réponse du ministre des Finances au bout de deux mois ou dans un délai de deux mois suivant une notification non satisfaisante. Le contribuable peut alors engager la phase juridictionnelle du contentieux.

395. Au Bénin, la juridiction compétente pour connaître de toutes réclamations élevées contre une décision de l'administration fiscale relative à tous les droits, impôts, prélèvements et taxes prévus au code général des impôts est le tribunal de première instance du lieu de résidence du demandeur, statuant en matière administrative. À cet effet, l'opérationnalisation des chambres administratives auprès des tribunaux de première instance met fin à l'engorgement de la Chambre administrative de la Cour suprême. Cela devrait également contribuer à accélérer le traitement des recours contentieux, mais aussi rendre effectif le double degré de juridiction, principe aménagé pour garantir l'équité, en permettant à un justiciable de faire entendre sa cause devant une juridiction supérieure, s'il n'est pas satisfait de la décision rendue par la première juridiction. Le juge constitutionnel également intervient en matière fiscale. Il en est de même du juge communautaire africain.

> **Encadré 57: La fin de la dualité juridictionnelle ?**
>
> *Les dispositions de l'article 586 du CGI, qui instituent la juridiction administrative comme la juridiction compétente pour connaître du recours juridictionnel en matière fiscale, met fin au dualisme juridictionnel qui partageait la compétence entre le juge judiciaire et le juge administratif en fonction de la matière visée. Le législateur unifie donc le contentieux juridictionnel autour du juge administratif. Le tribunal civil intervient exceptionnellement lorsqu'un tiers, mis en cause, conteste son obligation à la dette, en vertu des dispositions de droit commun. Dans ce cas, la juridiction administrative sursoit à statuer jusqu'à ce que la juridiction civile ait tranché la question de l'obligation. La saisine de la juridiction civile doit intervenir dans les sept (7) jours de la décision de sursis à statuer.*

8.4.2.1. Le recours au juge constitutionnel

396. Le défenseur des droits et libertés en matière fiscale. L'intervention du juge constitutionnel dans le domaine de l'impôt est fondée sur le fait que « dans l'exercice de ses prérogatives en matière fiscale, l'État a recours à la puissance publique dans les formes et conditions prévues par la loi et que, même si la procédure légale fonde la mise en œuvre de la puissance publique, la compétence de la Cour ne saurait être écartée lorsque les droits et libertés fondamentaux protégés sont en cause » (**Décision DCC 18-156 du 31 juillet 2018 ; 2- « compétence de la Cour-Considérant n° 1).** Il s'agit donc pour ce dernier de s'assurer que les droits et libertés garantis par la Constitution sont respectés dans une procédure où « l'égalité des armes[29] » n'est que pure chimère. Dans son rôle de gardien des droits et libertés, le juge constitutionnel béninois a eu à réaffirmer l'importance du respect des droits de la défense en matière fiscale.

397. L'examinateur du « délai raisonnable » dans les procédures fiscalo-juridictionnelles. Dans la décision DCC-18-119 rendue le 22 mai 2018, qui concernait une procédure juridictionnelle de contestation de saisie opérée par l'administration fiscale, le juge constitutionnel insiste sur la nécessité pour la justice d'assurer sa mission constitutionnelle de rendre la justice dans un délai raisonnable. La Cour constitutionnelle du Bénin rappelle que cela participe du respect de la Charte africaine des Droits de l'Homme et des peuples qui dispose en son article 7.1.d. que « toute personne a droit à ce que sa cause soit entendue. Ce droit comprend (…) le droit d'être jugé dans un délai raisonnable par une juridiction impartiale ».

8.4.2.2. Le contentieux juridictionnel de l'établissement de l'impôt

398. Condition et champ d'application. Dans un délai de deux mois à partir de sa notification, lorsque la décision du Ministre ne donne pas satisfaction au contribuable ou en l'absence de réponse dans ce délai, le contribuable peut saisir le tribunal de première instance du lieu de résidence du demandeur, statuant en matière administrative (article 586 CGI).

---

[29] L'égalité des armes est un principe découlant d'un arrêt de la Cour Européenne des Droits de l'Homme (CEDH). Elle s'inscrit dans le cadre du droit à un procès équitable. Dans l'arrêt du 23 octobre 1996, Ankler c/ la Suisse, le juge européen affirme que « toute partie doit pouvoir agir avec la possibilité raisonnable d'exposer sa cause au tribunal dans les conditions qui ne la désavantagent pas d'une manière appréciable par rapport à l'autre partie au procès ».

399. La juridiction administrative est également compétente en ce qui concerne les amendes mises à la charge des tiers qui apportent leur concours à l'établissement ou l'utilisation de documents reconnus inexacts. Pour ce dernier cas, la contestation pourra être élevée jusqu'à la fin de la sixième année suivant celle de la mise en recouvrement du titre de perception.

8.4.2.3. Le contentieux juridictionnel du recouvrement

400. Domaine. Le contentieux du recouvrement peut concerner la quotité, l'existence ou l'exigibilité de la somme. Il peut également concerner les actes de poursuite.

401. L'opposition à contrainte. Lorsque le litige porte sur l'existence, la quotité ou l'exigibilité, la contestation du contribuable fait l'objet d'**opposition à contrainte** devant le juge administratif.

402. L'opposition à poursuite. La contestation élevée par le moyen de **l'opposition à poursuite** vise la validité en la forme de l'acte de poursuite. Elle s'inscrit dans un cadre qui déroge aux règles du droit commun et épouse donc les règles spéciales prévues par le Code général des impôts. Le juge statue alors sur la validité intrinsèque. Le tribunal de première instance statuant en matière de référé administratif ou le juge délégué est compétent pour connaître des contestations.

403. Pour la contestation des objets saisis. Plus particulièrement, pour la contestation des objets saisis, le contribuable a la possibilité de saisir le juge des référés administratifs par assignation du DGI, lorsqu'il n'a pas obtenu satisfaction auprès de l'administration suite à sa requête. Le juge saisi, statue en urgence aux vues des justificatifs fournis préalablement à l'administration, à l'exclusion de toutes pièces complémentaires (article 641-5 CGI).

8.4.2.4. Les cas de recours au tribunal pénal

404. Initiative et conditions. À l'initiative (plainte) du Directeur Général des Impôts et à la requête du ministre de l'Économie et des Finances, représenté par l'Agent Judiciaire du Trésor (AJT), des poursuites pénales peuvent être engagées contre toute personne en cas de :

- facturation illégale de la TVA ou non-reversement de la TVA facturée et toute autre retenue à la source ; l'action est engagée pour escroquerie ;
- refus d'obtempérer aux avis à tiers détenteur ou aux saisies ;
- soustraction frauduleuse et tentative de soustraction frauduleuse à l'établissement ou au paiement total ou partiel des impôts soit par omission volontaire de déclaration dans les délais prescrits ; soit par dissimulation volontaire des sommes sujettes à l'impôt ; soit par insolvabilité organisée, manœuvre frauduleuse ou mis d'autres manœuvres visant à faire obstacle au recouvrement de l'impôt ou toute autre manière frauduleuse ;

Encadré 58 : Les conditions d'engagement des poursuites pénales, la porte ouverte à la subjectivité ?

Selon l'article 511-1 du CGI, les poursuites pénales sont engagées contre les contribuables auteurs d'infractions pénales, sur plainte du Directeur Général des Impôts (DGI), sans qu'il y ait lieu, le cas échéant, de mettre l'intéressé en demeure de compléter sa déclaration. Il en découle que les poursuites pénales, pour fraude fiscale, sont laissées à la discrétion de l'administration fiscale. Il ne s'agit ni plus ni moins que d'un « verrou » qui aboutit à ne traduire devant les juridictions pénales que les contribuables « voulus » par l'administration. L'administration n'est donc pas contrainte de porter plainte systématiquement, ce qui laisse supposer un processus de sélection des personnes qui, selon elle, doivent répondre de leur comportement présumés frauduleux. Un tel dispositif est prémonitoire de possibles subjectivités dans la sélection des personnes susceptibles d'être poursuivies et même porteuses des germes d'iniquité dans la mesure où deux personnes présumées coupables d'infractions de même gravité, peuvent ne pas bénéficier du même traitement, en fonction de la décision de l'administration. S'il est légitime de maintenir un système de répression efficace en matière fiscale, il est tout aussi important de respecter les droits et garanties des contribuables. Le législateur est donc appelé à imaginer des voies et moyens pour prévenir d'éventuelles atteintes à l' « égalité de tous » devant la loi (fiscale pénale). Cela participe de la protection juridique des contribuables, du renforcement de l'État de droit et est susceptible d'améliorer le consentement de l'impôt.

- modification du système de facturation d'entreprise ou l'usurpation d'identité d'autrui à des fins d'émission de factures normalisées frauduleuses ou falsifiées ;
  - fausse mention dans une minute ou une expédition sur dénonciation du faux par le préposé de l'enregistrement ;
  - injures ou rébellion contre les agents de poursuite sur dénonciation des faits par l'autorité administrative, après établissement d'un procès-verbal par le maire ou le chef d'arrondissement auprès de qui ces derniers se sont réfugiés ;

- insolvabilité organisée ou manœuvres visant à faire obstacle au recouvrement ;
- rupture des scellés après fermeture des locaux pour non-paiement d'impôt ;
- voies de fait, menaces ou manœuvres concertées visant à organiser le refus individuel ou collectif de l'impôt ;
- refus d'obtempérer par les tiers détenteurs ou tiers saisis aux avis qui leur ont été notifiés ;
- production de fausses pièces pour le bénéfice de dégrèvements de quelque nature que ce soit ;
- trafic d'influence en vue de faire échec à l'assiette ou au recouvrement de l'impôt au bénéfice de tiers ou à son propre profit ;
- incitation du public à refuser ou retarder le paiement de l'impôt
- utilisation de fausse quittance ou d'une quittance falsifiée pour échapper au paiement de l'impôt.
- opposition individuelle ou collective à l'assiette ou au recouvrement de l'impôt ;
- rupture des scellés après fermeture des locaux pour non-paiement de l'impôt ;
- tenue de comptabilité irrégulière soit par omission de passation totale ou partielle d'écritures requises, soit par passation d'écritures inexactes ou fictives, soit par destruction de tout autre procédé, notamment par minoration notable des sommes à déclarer.

Encadré 59 : Mise en œuvre des poursuites fiscales en matière fiscale

Toute poursuite pénale y compris en matière fiscale, est caractérisée par l'existence d'un élément légal (dispositions textuelles), un élément matériel (agissements, comportements, omission) et un élément moral (caractère intentionnel de l'infraction, conscience ou connaissance de l'accomplissement d'un acte illicite ou d'un défaut de probité, importance des sommes dissimulées au préjudice du trésor public, persistance du contribuable dans ses errements).

En vertu de l'indépendance des procédures administrative et pénale, la poursuite devant le tribunal correctionnel, obéit à des règles propres différentes de la procédure administrative. D'ailleurs, selon un célèbre adage, le juge administratif est le juge de l'impôt alors que le juge pénal est le juge de la fraude fiscale. Il connaît également d'autres infractions en matière fiscale.

Des cas de poursuite aussi bien en France (I) qu'au Bénin (II), illustrent les modalités mais aussi certaines difficultés.

I- En France

1) Les vicissitudes de mise en œuvre en France pour des cas de résistance. La fronde lancée par les petits commerçants contre ce qu'ils ont appelé la « Gestapo fiscale » sous le leadership de Nicoud dans les années 1970, a engendré des agressions physiques contre les agents des impôts. Mais la mise en œuvre des poursuites a pâti de la peur d'entamer le consentement à l'impôt. Au demeurant, pour la justice, l'impossibilité d'identifier les fauteurs de troubles avec précision, avait conduit les magistrats à prononcer le non-lieu dans la plupart des cas. **(Voir N. DELALANDE, Histoire sociale de l'impôt, *op. cit)***

2) Détention de fonds en Suisse et à Singapour constitutive de fraude fiscale. L'ancien Ministre du Budget Jérôme Cahuzac a été condamné en appel en mai 2018 à deux ans de prison ferme, 300 000 euros d'amende et cinq ans d'inéligibilité pour blanchiment d'argent provenant de fraude fiscale.

3) Dissimulation de patrimoine acquis par blanchiment de fraude fiscale. Cette affaire concerne les époux Balkany qui sont condamnés par la justice pour fraude fiscale.

II- Au Bénin.

La pénalisation du droit fiscal, se traduisant par le durcissement de la répression pénale de la fraude fiscale, le renforcement des peines complémentaires (de confiscation, peine privative de liberté) et la transmission de certains dossiers fiscaux au parquet, n'est pas récente (Voir **L. GIRONDEAU, *Contribution à l'étude de la pénalisation du droit fiscal,* L'Harmattan, Coll. Finances publiques, juillet 2021, 520p**.) Elle existait depuis la colonisation et même si elle n'est pas massive, elle n'est pas inexistante. Plusieurs cas illustrent la mise en œuvre de l'action pénale en matière fiscale au Bénin.

1) **La répression de la grève de l'impôt sous la colonisation**

La décision de l'administration coloniale en 1921, de faire payer la moitié des impôts et taxes en monnaie métallique avait servi de prétexte à un mouvement insurrectionnel. La population refusa de payer l'impôt. Le 19 février 1923, les responsables du mouvement insurrectionnel, notamment Tete, Oni Bello, Hunkanrin, se basant sur le traité de protectorat, conclu en 1882 entre la France et le Roi de Porto-Novo, Toffa, réitèrent publiquement l'appel à la population à ne pas payer les impôts parce qu'illégalement levés dans le protectorat. Lorsque la grève cessa et que la situation fût à nouveau sous le contrôle de l'administration, la population de Porto-Novo fut condamnée à une amende de 360 000 francs. La répression s'abattit sur les têtes de pont de la contestation dont Louis Hunkanrin qui devrait purger une peine d'internement administratif de dix ans en Mauritanie (**Voir M. A. GLELE, *Thèse préc.*, p. 57**).

2) Le non-reversement de TVA

En matière de poursuite pénale dans le domaine fiscal, on se souviendra de l'interpellation de S.F., PDG d'un important groupe privé et homme politique influent entre autres pour non-remboursement de la TVA collectée pour le compte de l'État (déclaration du ministre de la Justice de l'époque, Abraham ZINZINDOHOUE interpellé par l'Assemblée nationale). En effet, les charges retenues dans le cadre de l'instruction, et qui a nécessité le mandat de dépôt délivré par la juge d'instruction le 8 juin 2016, mentionnaient comme chefs d'inculpation en dehors d'opposition à décision de justice, « (…) complicité et non-reversement de taxes » **(W. ADOUN, Fr AWOUDO, *Bénin : Une démocratie prisonnière de la corruption,* Dossiers classés, Friedrich Ebert Stiftung, tome I, janvier 2008, p. 93 et suivants).**

3) Fausse attestation et escroquerie

Plus récemment, le patron d'un groupe privé et son coaccusé, ancien haut fonctionnaire,ont été reconnus coupables d'usage de fausse attestation et escroquerie. Si le second a écopé de 2 ans de prison et 400 000 francs CFA d'amende, le premier est condamné à 5 ans d'emprisonnement ferme avec une amende de deux millions quatre cent mille francs CFA (2 400 000 FCFA), quatre-vingts milliards neuf cent cinquante-huit millions deux cent cinquante-quatre mille huit cent soixante-trois (80 958 254 863) FCFA à titre de dommages et intérêts à l'administration fiscale pour préjudice fiscal et aussi une somme de soixante milliards (60 000 000 000) francs CFA pour les autres préjudices non fiscaux (M. MILLECAMPS, *Bénin : S. A. de nouveau condamné », Jeune Afrique en ligne,* publication du 3 mai 2021).

4) Fraude fiscale

On peut citer la condamnation du principal responsable de la société SARCI, Monsieur A.S., ancien partenaire du groupe Atlantique Télécom, condamné par la juridiction pénale pour fraude fiscale.

Encadré 60 : La problématique du cumul des sanctions

Le cumul de sanctions peut partir d'une procédure fiscale qui se prolonge par une procédure judiciaire. Le cumul peut également partir d'une procédure judiciaire qui se prolonge sur une procédure fiscale. Le droit fiscal constitue donc un terrain privilégié de juxtaposition de sanctions. La législation béninoise ne fait pas obstacle au cumul entre les sanctions pénales et fiscales. En la matière, le droit béninois s'aligne sur la réserve d'interprétation française au principe *non bis in idem* selon lequel seules les infractions relevant en droit (français) de la compétence des juridictions statuant en matière pénale peuvent bénéficier de la règle *non bis in idem.* Par conséquent, les manquements à la législation fiscale ne sont pas couverts par cette règle dès lors qu'ils sont sanctionnés par des juridictions de nature différente : pénale, d'une part et, administrative ou civile, d'autre part. Mais *a contrario* du droit français, il n'y a aucune limite apportée à cette réserve. Cette possibilité de cumul de sanctions peut entraîner une application de sanction sans rapport avec l'objectif de la loi. Elle peut également constituer une atteinte au principe de nécessité des peines et délits et même porter une atteinte manifeste à la propriété des contribuables. Le cumul des sanctions pénales et fiscales mérite une réflexion plus systématique sur les conditions de sa mise en œuvre.

En droit comparé, le juge constitutionnel français en a admis la constitutionnalité sous réserve que la sanction pénale ne s'applique, en complément de sanctions fiscales, qu'aux cas les plus graves de dissimulation de sommes soumises à l'impôt. Ultérieurement, le Conseil constitutionnel a étendu cette réserve d'interprétation aux cas les plus graves d'omissions déclaratives frauduleuses. Dans l'affaire de l'ancien Ministre français du Budget, Jérôme Cahuzac, le conseil constitutionnel estime que les sanctions pénales ne s'appliquent qu'aux cas les plus graves de dissimulation frauduleuse, en raison du montant de la fraude, de la nature des agissements de la personne ou des circonstances de leur intervention. À la suite du juge constitutionnel, la Cour de cassation considère que, « lorsque le prévenu de fraude fiscale justifie avoir fait l'objet, à titre personnel, d'une sanction fiscale pour les mêmes faits, il appartient au juge pénal, après avoir caractérisé les éléments constitutifs de cette infraction au regard de l'article 1741 du code général des impôts, et préalablement au prononcé de sanctions pénales, de vérifier que les faits retenus présentent le degré de gravité de nature à justifier la répression pénale complémentaire. Le juge est tenu de motiver sa décision, la gravité pouvant résulter du montant des droits fraudés, de la nature des agissements de la personne poursuivie ou des circonstances de leur intervention, dont celles notamment constitutives de circonstances aggravantes. À défaut d'une telle gravité, le juge ne peut entrer en voie de condamnation ».

La leçon à en tirer pour la législation béninoise est d'encadrer le cumul des sanctions dans le respect de l'Etat de droit.

LEÇON 9

LA NOUVELLE GOUVERNANCE FISCALE

405. D'une image peu rassurante du fisc. De façon générale, dans l'imaginaire collectif, la mission de l'administration fiscale est appréhendée comme la mise en œuvre de moyens de coercition à l'encontre du contribuable. Spécifiquement dans le cas béninois, il faut relever que les fonctionnaires, inspecteurs et vérificateurs sont perçus comme des fonctionnaires sévères. Cela contribue à répandre une image peu rassurante auprès des contribuables. Par suite, « l'inspecteur des impôts et le receveur des impôts ont beau être des êtres de chair et de sang, l'opinion les perçoit comme des monstres froids » **(N. MEDE, Rapport introductif, *Les recettes publiques en débat, op.cit.*, p. 29).** Une enquête *Afrobaromètre* (2018) révèle en sus que les contribuables perçoivent les agents collecteurs de taxes comme corrompus et leur témoignent un faible niveau de confiance. Or, si le système est corrompu, le gain marginal dans l'accroissement du taux de taxation est négligeable. Autrement, toute chance d'amélioration des recettes fiscales est compromise en présence de germes de corruption, quand bien même l'on déciderait d'augmenter les taux de taxation (**K. HABU, A. SEIDEL, « Profit shifting and corruption », *Working papers in economics*, n° 05/18, University of Bergen).**

406. Vers une conception évolutive de la mission du fisc. La perception à avoir du fisc a évolué ou est appelée à l'être. Les moyens de contrainte sont de moins en moins privilégiés. Il est fait recours à l'incitation dans le cadre de la construction d'une relation de confiance entre des parties qui sont considérées comme des partenaires. Certaines expressions à connotation péjorative sont abandonnées. C'est le cas lorsque le Code général des impôts abandonne l'expression « redressement », au profit de l'expression « rectification », moins déroutante pour le contribuable.

407. Un changement de paradigme. La gouvernance fiscale consiste donc à faire évoluer le paradigme de la gestion de l'assiette, de la liquidation, du recouvrement et du contentieux de l'impôt en appréhendant le contribuable comme un partenaire. C'est une gouvernance fiscale qui doit être cimentée par la confiance et en retour, cette confiance doit être cimentée par une nouvelle gouvernance sur le plan administratif. La pratique institutionnelle épouse de plus en plus cette logique qui s'inscrit dans les mœurs.

408. Une adaptation de l'administration. Les transformations et évolutions contemporaines mettent en œuvre de nouveaux supports de développement de l'activité économique. Ces supports que sont les *cloud, blockchain, data mining,* logiciels, plateformes numériques, algorithmes, appareils connectés, changent totalement la chaîne de création de valeur. En même temps, ils constituent des instruments auxquels l'administration a de plus en plus recours pour affermir la mise en œuvre du prélèvement fiscal. Leur appréhension par l'administration donne l'opportunité de dépasser les procédures classiques d'imposition et surtout de repenser les garanties du contribuable à l'aune de ce nouveau paradigme (***Voir Newsletter, Réseau Allix, n°1***).

409. Une nouvelle gouvernance administrative. « La structure du système fiscal et le bon fonctionnement de l'administration fiscale exercent une influence déterminante sur la gouvernance et la réduction de la pauvreté ». (LEIDERER, (S), WOLFF, (P). « Gestion des finances publiques : une contribution à la bonne gouvernance financière », *Annuaire suisse de politique de développement*, vol. 26, n° 2, 2007, p. 175-195). La nouvelle gestion des relations avec les contribuables est doublée d'une nouvelle gouvernance administrative. Les contrats de performance et la bonne gestion de l'impôt sont établis pour engager l'administration à s'inscrire dans cette nouvelle gouvernance administrative. Des indicateurs de performance sont alors associés aux objectifs. Cela sert de base pour procéder à l'évaluation et à la mesure de l'efficacité de l'action de l'administration fiscale. Le bien-fondé de l'action de l'État et des administrations publiques ne se présume plus. Il se base sur l'évaluation des engagements pris pour améliorer la relation de confiance qui existe entre les contribuables et l'administration fiscale durant tout le cycle fiscal.

410. Une gestion fiscale remodelée. L'optimisation de la dimension financière de l'impôt passe par la prise en compte d'autres préoccupations non financières. En effet, « le management de l'administration fiscale a aussi des conséquences sur les recettes fiscales » (**N. MEDE, « Rapport introductif »,** ***Les recettes publiques en débat, op.cit.,*** **p. 36).** La gouvernance fiscale met l'accent sur la nécessité d'une administration fiscale efficace pour accompagner le développement économique du Bénin. À l'instar des autres administrations fiscales de la zone UEMOA, la Direction générale des impôts essaie de façonner son organisation et ses méthodes à la dimension des nouveaux enjeux. Selon son premier responsable, elle « a choisi la voie du modernisme en tournant dos à celle de la routine et de l'archaïsme pour le mieux-être de la communauté béninoise tout entière ». (***Messenger des impôts*****, n°38, 2021**)

411. Une implication des parties prenantes. Appliquée à la matière fiscale, la nouvelle gouvernance fiscale est appréhendée comme un processus de coordination des différents acteurs publics et privés, de groupes sociaux, d'institutions, mobilisés pour atteindre en la matière dans des buts propres discutés et définis collectivement dans des environnements fragmentés, incertains » (**B. BADIE, P. BIRNBAUM, Ph. BRAUD, G. HERMET,** ***Dictionnaire de la science politique et des institutions politiques*****, 8eéd., Armand Colin, 2015, p. 138, cité par L. STANKIEWICZ, REIDF, n°1/2021**). Cela implique donc la participation de toutes les parties prenantes. La production normative en général et la production normative fiscale devient une co-construction. Elle se base sur la consultation des différentes parties intéressées. Les acteurs publics et privés ainsi que la société civile collaborent pour aboutir à des normes fiscales qualitatives. La dernière refonte du code général des impôts ne s'est pas faite sans des appels à proposition et des échanges avec le secteur privé.

Ce nouveau paradigme ne doit pas éclipser la question du civisme fiscal.

412. La réhabilitation du civisme fiscal. Selon la banque mondiale, la mobilisation des recettes intérieures au Bénin est parmi les plus basses de l'UEMOA, malgré des réformes de la politique fiscale et de l'administration depuis 2016 (www.banquemondiale.org, consulté le 30 avril 2021). Pour réussir son pari d'accroître les recettes, le fisc doit prendre en compte dans la nouvelle gouvernance administrative, une démarche de réhabilitation du civisme fiscal et des mécanismes de l'amélioration de l'acceptation de l'impôt. Il doit affronter les contraintes liées à la proéminence du secteur informel, qui a pour conséquence de limiter l'efficacité de la politique fiscale dans son dessein de « générer des recettes par un faible impôt sur une assiette large ». Il faut également surmonter l'insuffisance de la maîtrise des dépenses fiscales (**S. ADJOVI, *in* N. MEDE *(Dir)*, *Les recettes publiques en débat*, p. 24).** Pour renforcer le civisme fiscal, l'administration doit se muer en administration de service (**M. BOUVIER, *Introduction au droit fiscal général et à la théorie de l'impôt*, LGDJ, 13e éd., 2016, p. 137**). Elle doit mettre l'accent sur les garanties juridiques à travers l'approfondissement de la confiance des contribuables d'une part et le renforcement de la sécurité et l'équité administrative d'autre part. L'adhésion volontaire des citoyens doit être un objectif. La satisfaction de leur obligation vis-à-vis de l'État passe également par « la confiance des populations aux agents des impôts, la bonne performance du gouvernement, ainsi que l'accès aux services publics tel que l'électricité » (**enquête *Afrobaromètre*, 2018**).

9.1. L'ETABLISSEMENT DU LIEN DE CONFIANCE

413. La légitimité gestionnaire. Il faut dépasser les dispositifs d'ordre juridico-fiscal, c'est-à-dire les articles du CGI. Il faut s'appuyer sur les structures, les actions et autres instruments. Leur sollicitation peut légitimer l'impôt et le faire accepter. Dans ces conditions, on glisse de la légitimité politique à la légitimité gestionnaire par le biais de cadres pour les relations entre l'administration et le contribuable. Le contribuable est appréhendé comme un usager, un client de l'administration. Pour y arriver, l'administration fiscale met en œuvre un certain nombre de mesures.

9.1.1. La qualité du service

414. Un lien de dépendance entre qualité de service et atteinte des objectifs financiers. Le bon rendement de l'impôt passe par l'amélioration des relations entre l'administration et le contribuable.

Cette relation dépend en grande partie de la nature et des conditions de mise en œuvre de l'impôt. Il en est ainsi car « un contribuable bien accueilli, bien renseigné, qui peut télédéclarer facilement, est aussi un contribuable qui se soumet plus facilement à ses obligations fiscales » (**Notes bleues de *Bercy* n° 355, octobre 2008, p. 6**). C'est donc conscient de ce lien de dépendance entre la qualité de service et l'atteinte des objectifs financiers, qu'est instituée la simplification des procédures et des déclarations ; ou encore la rationalisation dans la gestion des dossiers des contribuables.

415. La limitation du coût d'acquittement de l'impôt. Le déplacement du contribuable au local du percepteur a un coût de transaction qui a une influence sur l'acceptation du prélèvement ou le civisme fiscal (**N. DELALANDE, *Histoire sociale de l'impôt, op.cit.***). Pour en atténuer la charge et atteindre la qualité de service au bénéfice du contribuable, il est fait recours à la digitalisation, la dématérialisation, les téléprocédures (y compris en matière d'enregistrement) en matière de déclarations, de paiements ainsi que le développement de l'information en ligne. Il en est de même de l'ouverture d'un portail internet avec accès personnalisé pour les contribuables, leur permettant de faire toutes les formalités en ligne.

416. La simplification du paiement a permis d'instituer des mécanismes de paiement par téléphonie mobile grâce au mode USSD ou l'application Mobile *Tax,* téléchargeable et destinée aux utilisateurs de smartphone.

417. Au total, l'institution des téléprocédures facilite une meilleure acceptation de l'impôt et par conséquent le civisme fiscal. La finalité étant d'inscrire le geste de paiement de l'impôt dans l'horizon quotidien du contribuable (**N. DELALANDE, *Histoire sociale de l'impôt, op.cit.***).

418. L'adaptation des prestations aux commodités contemporaines. La qualité du service et surtout la simplification des procédures participent du principe de commodité. Selon Adam SMITH, « tout impôt doit être perçu à l'époque et selon le mode que l'on peut présumer les plus commodes pour le contribuable » Les téléprocédures participent des commodités contemporaines.

419. D'ailleurs, des études concordantes menées en Afrique (australe) attestent que « l'utilisation des plateformes électroniques a permis d'améliorer la mobilisation des recettes fiscales et diminué de 22,24 % le coût du respect des obligations fiscales par les entreprises » (**OCDE/ATAF/CUA, *Statistiques des recettes publiques en Afrique,* cité par N. MEDE, *ibid.,* p. 38).** Leur utilisation permet d'éviter aux contribuables de se déplacer pour verser l'impôt, retirer leur quittance ou obtenir les informations. On comprend mieux l'emballement des pays africains pour les téléprocédures. Des pays comme le Cameroun, le Nigéria, le Kenya, le Nigéria, la Tanzanie, la Sierra-Léone et le Zimbabwe ont rendu obligatoire le paiement par voie électronique.

420. Les téléprocédures limitent les contacts physiques entre l'administration et le contribuable, source potentielle de tension et même d'humiliation des fonctionnaires de l'administration fiscale. En effet, les contacts physiques comportent des risques d'incidents et d'affrontements de même que les risques d'aléa moral.

421. La traçabilité, source de confiance. Parce qu'elles favorisent la traçabilité, renforcent la confiance du contribuable et encouragent le geste du paiement de l'impôt, les téléprocédures sont également source de la confiance du citoyen. En confiant la gestion et l'exécution de l'action publique aux gouvernants et à l'administration, pour que ceux-ci agissent en son nom, « le citoyen est en droit d'exiger de toute personne qui concourt à ces missions une réelle exemplarité » et une utilisation orthodoxe des ressources collectées (**M. BOUVIER, *Introduction au droit fiscal général et à la théorie de l'impôt,* LGDJ, 13e éd., 2016, p. 137).** La dématérialisation du recouvrement et les télépaiements améliorent l'intégrité et la traçabilité. Ils donnent des gages sur le fait que l'administration est mieux en mesure de surveiller et de contrôler l'atterrissage des fonds recouvrés au profit du Trésor public, ce qui impacte le civisme fiscal.

422. À défaut d'exiger le télépaiement comme mode exclusif de paiement, l'administration fiscale a mis en place des mesures d'encouragement. C'est ainsi que des campagnes d'information sont organisés pour sensibiliser les contribuables sur l'utilisation du télépaiement.

9.1.2. Une meilleure interaction avec les contribuables partenaires

423. La nécessité d'une appropriation sociale des procédures fiscales. Selon la doctrine, « l'histoire des relations entre les autorités fiscales et les contribuables est cruelle et a toujours été accompagnée de rejet, voire de détestation. Nulle trace de relation apaisée entre le taxateur et le taxé ni d'acceptation assumée et consciente de l'impôt » (**B. BACI, « Réinventer le contrôle fiscal des entreprises dans la nouvelle relation de confiance ? Point de vue d'un directeur fiscal »,** ***RFFP*** **n° 153, 2021, p. 105)**. Pour inverser cette tendance, des procédures de négociations et des arrangements doivent être mis en place avec les différents segments de contribuables, pour aboutir à l'apaisement des relations fiscales. Elles sont nécessaires à l'appropriation sociale des procédures fiscales. (**N. DELALANDE,** ***Histoire sociale de l'impôt, op. cit.***).

424. La question des rapports entre contribuable et fisc est désormais au centre des préoccupations à travers un certain nombre de procédés.

9.1.2.1. La concertation

425. Le contribuable, un interlocuteur à part entière. La concertation participe du nécessaire lien de confiance qui doit exister avec le contribuable. La nouvelle relation doit être définie de sorte à faire du contribuable non plus un suspect systématique, mais un interlocuteur à part entière de tous les pouvoirs publics dans la définition et la mise en œuvre de la politique fiscale.

426. Le groupe de travail Fiscalité, la concrétisation d'un dialogue avec l'administration. Dans un État, « ce n'est jamais l'individu en tant que tel qui détermine la part de son revenu à réserver à l'État ». Il en est ainsi parce qu'« en effet, le déroulement du calcul financier et économique nécessité par l'impôt engage toujours cet autre pouvoir et cette autre puissance qu'est l'État et, par-devers l'État, les différents groupes sociaux qui luttent, s'opposent et passent des compromis entre eux » (**A. M'BEMBE,** ***De la postcolonie, Essaie sur l'imagination politique dans l'Afrique contemporaine, op.cit***.). Ainsi, « la contrainte collective inhérente au rapport fiscal n'élimine jamais totalement la possibilité d'un rapport d'échange entre les contribuables et l'État » (**A. M'BEMBE, *ibid.***). C'est dans ce sens qu'il faut appréhender les mécanismes de coopération autour de la dynamisation du partenariat avec le secteur privé en vue de l'amélioration du climat des affaires.

- **L'expression de l'existence de la concertation**. Le *Groupe de travail Fiscalité* constitue le cadre de dialogue entre l'administration et le secteur privé. De façon périodique, le groupe de travail fait des propositions à l'endroit de l'administration en vue de l'amélioration du climat des affaires et de la législation fiscale. Il élabore chaque année une plateforme modificative (revendicative) des dispositions du CGI, qu'il soumet à la DGI. Les discussions permettent de décider des points de proposition retenus par l'administration qui, *in fine,* aura le dernier mot sur ce qu'il faut mettre dans la loi de finances de l'année. Le groupe de travail a toutefois l'occasion de se rattraper lorsqu'il est invité par l'Assemblée Nationale pour faire son plaidoyer sur la base de sa plateforme.
- **Pour une meilleure représentativité et une meilleure opérationnalité.** Si le cadre mis en place pour la fluidité des rapports entre le secteur public et le secteur privé/société civile est une avancée, il n'est pas suffisamment représentatif, ni opérationnel. Un point d'évolution pourrait consister, en sus du cadre existant, à saisir l'opportunité que représente le numérique pour publier les propositions et projets de réformes fiscales envisagées sur une plateforme en ligne pendant un délai afin de recueillir les propositions et les avis du public tout en donnant l'opportunité au public d'y déposer des propositions ou formuler des avis.

Encadré 61: La nécessité de sensibiliser les intermédiaires fiscaux sur l'éthique et leur rôle dans la prévention des montages abusifs

Au même titre que les autres acteurs du secteur privé, les intermédiaires fiscaux sont des partenaires de l'administration fiscale dans le cadre du groupe de travail *Fiscalité.* Les délits fiscaux ingénieux au préjudice du Trésor public ne se font le plus souvent pas sans ces juristes, comptables, établissements financiers, cabinets de conseil fiscal. Des professionnels qui doivent poursuivre leur intérêt privé en sauvegardant l'intérêt général et l'intérêt du public, les mettent en mal en prêtant des solutions qui compromettent les recettes publiques et leur disponibilité à des fins publiques. Leur concours peut consister en la communication de faux documents, à la minoration des déclarations ou encore à des omissions délibérées. Cette délinquance fiscale comporte des similarités notamment en matière de méthodes, avec d'autres délits financiers comme le blanchiment de capitaux ou encore la corruption. Cela remet en selle l'importance de la sensibilisation de cette catégorie professionnelle dans la lutte contre les flux financiers illicites qui appauvrissent l'Afrique. Le dialogue et la concertation avec le secteur public doivent donc être des moyens pour l'administration fiscale de les sensibiliser sur leurs responsabilités et surtout sur la façon dont ils se rendent coupables de fraude fiscale au cas où ils épauleraient de telles pratiques.

Référence : OCDE, ***En finir avec les montages financiers abusifs : Réprimer les intermédiaires qui favorisent les délits fiscaux et la criminalité en col blanc.***

9.1.2.2. La communication

427. La communication doit être bien orientée dans le sens du renforcement de la gouvernance fiscale. Le piège à éviter c'est l'utilisation de l'outil fiscal à des fins de présentation politique ou médiatique dans un but d'instrumentalisation (Institut de l'entreprise, *Proposition pour une réforme de la gouvernance fiscale*, Institut de l'entreprise, février, 2005).

428. Une politique d'information des contribuables. Selon une enquête *Afrobaromètre* (2018), les citoyens béninois « éprouvent des difficultés pour se renseigner sur les impôts et taxes qu'ils sont tenus de payer ». Pour palier cela, l'administration a conçu une politique de communication dans le but d'améliorer ses relations avec ses partenaires. Un service, dénommé Cellule de services aux contribuables (CSC), directement rattaché à la personne du Directeur Général des Impôts, est chargé de la mise en œuvre de la politique de communication et d'information du fisc à l'endroit du contribuable. La stratégie de communication passe également par la conception de FAQ, de plaquettes.

429. Une présence marquée sur le web. La communication de l'administration fiscale passe par l'animation de la présence sur internet et les réseaux sociaux. La DGI est présente sur *Linkedln*, sur *Facebook* et dispose d'un site web qui relate ses activités.

430. Le site web de la DGI (http://www.impots.finances.gouv.bj) contient en effet des informations sur la politique fiscale, les téléprocédures, la documentation fiscale (Code général des impôts, Lois de finances, divers avis et communiqués, etc.). C'est un véritable portail et une vitrine d'informations. Le site publie des informations pour une accessibilité aisée sur la fiscalité béninoise et les réformes fiscales. Il contribue à améliorer la transparence fiscale.

9.2. La relation partenariale

431. La contractualisation. L'un des défis de l'administration fiscale est de nouer une relation basée sur le partenariat fiscal avec les contribuables. Cette relation consiste en un engagement réciproque, quasi-contractuel, avec des obligations pour chacune des parties.

432. L'institution de dispositifs juridiques et administratifs d'amélioration de la relation partenariale entre les contribuables, surtout en matière de contrôle fiscal, participe de la sécurité juridique (**sur la sécurité juridique, voir n°51-56 du présent document**). Elle s'appuie sur des instruments donnés.

9.2.1. Les chartes du contribuable

433. Des garanties données aux contribuables. Les chartes sont des quasi-contractualisations. C'est l'illustration de ce que les contrats ont envahi le secteur public et, par conséquent, les quasi-contrats aussi. Les chartes constituent des moyens de garanties donnés aux contribuables et il y en a de plusieurs sortes.

- **La charte du contribuable vérifié.** C'est un document remis au contribuable au début de la vérification. Ce dernier doit être mis au courant du passage du vérificateur afin de s'y préparer. À l'occasion, la charte doit lui être notifiée. Cette charte indique tous les droits du contribuable. Elle a une valeur juridique et sa non-délivrance constitue un vice de procédure.
- **La charte du contribuable** : Elle indique les droits et devoirs du contribuable. Cette charte n'est qu'un engagement moral de l'administration fiscale sans valeur juridique.

Encadré 62 : La conformité fiscale ou *tax compliance*

La relation fisc-contribuable fait de plus en plus appel à la Tax compliance. À l'échelle de l'entreprise, il s'agit de développer des outils d'application du droit fiscal pour limiter les risques juridico-fiscaux. Autrement, le contrôle de l'application du droit fiscal est décalé au sein de l'entreprise. Elle est accompagnée par l'administration, qui centre ses relations avec l'entreprise sur la notion de civisme fiscal en améliorant les services rendus. L'idée est de mettre en œuvre, de façon concertée avec le contribuable, le paiement volontaire de l'impôt, tout en limitant les procédures contraignantes. Les agents sont incités à faire une application mesurée de la loi fiscale en privilégiant le dialogue avec les contribuables tout en tenant compte de l'environnement des entreprises afin de les orienter vers la conclusion des transactions. Dans ce cadre, les contribuables sont également assistés par l'administration à qui ils peuvent soumettre des rescrits (ruling) sur un certain nombre de situations. Participent de la compliance fiscale, par exemple, l'institution du médiateur fiscal, les procédures de conciliation. (N. ***DELALANDE, Histoire sociale de l'impôt, op.cit.).***

Au Kenya, les autorités ont mis en place un programme triennal 2021-2023, dénommé « Voluntary Tax Disclosure Programm ». Ce programme permet à une personne de divulguer à la Kenya Revenue Authority (KRA) des dettes fiscales qui n'étaient pas déclarées auparavant et de bénéficier d'un allègement total ou partiel des pénalités et des intérêts sur l'impôt divulgué dans le cadre du programme. (Transparence fiscale en Afrique 2021, Rapport de l'Initiative Afrique, op. cit., p.32). En Ile Maurice, il a été mis en place un « Programme de divulgation volontaire des revenus-Actifs étrangers » pour encourager les résidents fiscaux mauriciens à divulguer leurs revenus non déclarés, détenus à l'étranger. En Afrique du Sud, le fisc a mis en place un programme dénommé HWI (High Wealth Individual) Unit, dont l'un des objectifs est d'accroitre la conformité volontaire des particuliers fortunés en leur apportant clarté et certitude tout en facilitant le respect de leurs obligations. (Ibid., p.32)

9.2.2. Les centres de gestion agréés

434. La mise en place des centres de gestion agrées participent de dispositifs visant à garantir la sincérité des déclarations des contribuables. Ces centres sont institués au profit des Petites et Moyennes Entreprises (PME). Le but de leur institution est d'accompagner les unités de petite taille, notamment les commerçants et les artisans dans l'accomplissement des formalités fiscales.

9.2.3. Le renforcement des garanties au profit du contribuable dans le cadre des rectifications

435. La limitation du cadre temporel des rectifications. Cette limitation vise à mettre le contribuable en confiance et à assurer une certaine sécurité dans ses relations avec l'administration, notamment pendant la période de rectification. Désormais, l'administration, qui reçoit les observations du contribuable à l'issue d'une notification de rectification après un contrôle fiscal, est tenue de confirmer la rectification qu'elle envisage, dans un délai de deux (2) mois, à compter de la date de réception desdites observations. À défaut, les observations, qui sont formulées par le contribuable, sont considérées comme acceptées dans leur intégralité. Si, ce délai peut être prorogé par l'administration de façon expresse, la confirmation doit intervenir dans un délai maximum de trois mois à compter de la réception des observations du contribuable (article 555 CGI).

9.3. Les actions contre les atteintes au principe de l'egalite devant l'impôt

436. Un projet politique. La question de l'égalité devant l'impôt est un élément important pour maintenir le lien fiscal et la confiance des citoyens envers les institutions démocratiques. L'égalité devant l'impôt participe d'un projet politique, car si l'impôt doit toucher non pas ceux qui sont capables de les payer, mais plutôt ceux qui sont incapables de s'en défendre, c'est toute l'architecture institutionnelle, qui soutient le système fiscal, qui s'en trouverait remise en cause par la rupture de la confiance des citoyens envers ce dernier. Il en est ainsi parce que la perception, chez certains contribuables, que d'autres peuvent se soustraire impunément, leur fait développer des comportements d'évitement et de fraude.

437. Les causes des comportements d'évitement. Les causes des comportements qui visent à se soustraire à l'impôt ne sont pas mieux connues que leur importance réelle. Elles tiennent à l'idéologie, l'antiétatisme, les réglementations trop nombreuses, les mentalités, le risque, la conjoncture économique, la pression fiscale, le ras-le-bol fiscal ou plus prosaïquement encore l'appât du gain. À cela, il faut ajouter les raisons contemporaines liées au développement de réseaux d'entreprises de l'internet (GAFAM) au sein d'une sorte d'espace et de marché parallèle épousant quasi naturellement les formes et les circuits de l'évasion fiscale.

438. Diverses conséquences des comportements d'évitement. La rupture de la confiance peut déboucher sur l'antifiscalisme, la résistance à l'impôt, le refus de l'impôt. Ces situations sont à la base des techniques de l'évasion et de l'évitement de l'impôt qui sont des atteintes au principe d'égalité. L'évitement de l'impôt porte en lui, dans le contexte très particulier d'aujourd'hui, plus qu'une simple résistance. Il exprime le germe d'un refus qui tend à s'étendre par capillarité. C'est une question d'importance et qui concerne l'avenir de la fiscalité. Ces conséquences sont le fruit de moyens imaginés et mis en œuvre par les contribuables.

439. La mise en œuvre de moyens variés. Pour arriver à éviter l'impôt, différents moyens sont mis en œuvre, alliant violation de la loi, contournement de la loi et habileté. L'évitement de l'impôt peut consister à le frauder ou à le fuir en se délocalisant. Il peut consister à le minorer sans pour autant violer [30] la loi. Dans ce cas, la loi est utilisée au mieux, soit en profitant de vides juridiques, soit en se servant des possibilités multiples de montages agressifs. Sur le plan international, il existerait au moins 400 montages de ce type d'après les estimations de l'OCDE.

440. Des stratégies sont alors imaginées pour freiner ces comportements.

9.3.1. Les stratégies de prévention et de lutte contre la fraude

441. Face à l'ingénierie de la fraude et l'insolvabilité, plusieurs mécanismes ont été développés.

442. La facture normalisée. La facture normalisée est une facture émise et transmise à travers une machine électronique certifiée de facturation (MECeF) validée par la Direction générale des impôts. Les paramètres de certification se basent sur les critères d'inaltérabilité, de sécurisation, de conservation et d'archivage des données en vue du contrôle de l'administration fiscale.

443. L'obligation de délivrance de facture normalisée participe des dispositifs mis en œuvre pour faciliter le civisme fiscal et la sincérité des déclarations du contribuable. Elle est donc requise dans les transactions des contribuables soumis à l'IBA ou à l'Impôt sur les sociétés, sauf dérogation expresse accordée par le Directeur Général des Impôts. À défaut, les charges ne sont pas déductibles.

444. Pour accompagner les entreprises dans l'acquisition de la machine et le paramétrage, conformément aux normes de l'administration fiscale, le législateur a concédé un mécanisme de remboursement par crédit d'impôt des frais d'acquisition des MECeF.

445. Le contrôle des prix de transfert. La législation fiscale donne désormais des moyens à l'administration de s'intéresser aux liens unissant une entreprise établie sur le territoire national et une autre établie hors du territoire national en vue d'appréhender les

---

[30] On distingue évasion et fraude fiscales. La fraude fiscale est un délit. Cela consiste à se soustraire à l'impôt. L'évasion fiscale permet d'utiliser les possibilités des textes pour payer le moins d'impôt.

conséquences fiscales de leurs relations. La finalité est d'éviter que le cadre juridique de leurs relations comptables et financières soit déterminé par la volonté de priver le Trésor public de ressources. C'est dans ce cadre que se situent les exigences légales en matière de documentation relative aux prix de transfert.

446. Cela s'est traduit par l'institution de dispositions législatives qui rendent obligatoires la déclaration relative aux prix de transfert, la limitation de la déductibilité des intérêts financiers qui entament l'assiette fiscale. L'idée est également de disposer d'information sur l'activité des multinationales. Ces dernières doivent opter pour la transparence sur les différentes localisations des activités des différentes entités du groupe auquel elles appartiennent. Par conséquent, lorsque le fisc béninois identifie des faisceaux sérieux et indices concordants laissant présumer un transfert indirect de bénéfice que l'entreprise établie au Bénin, n'a pu remettre en cause, par la présentation d'éléments attestant de l'existence de contrepartie en retour des avantages accordés à l'entreprise établie à l'extérieur, il est fondé à incorporer aux résultats déclarés, les sommes ainsi dissimulées par voie de majoration ou de diminution des prix d'achat ou de vente, soit par tout autre moyen.

Encadré 63 : L'évasion fiscale des bénéfices à travers les prix de transfert

Le recours à des pratiques frauduleuses pour éluder le bénéfice et échapper à l'impôt consiste pour les multinationales en la « falsification des prix de transfert intragroupes ». De façon technique, « l'accord sur le prix de transfert a lieu lorsque deux entités commerciales ou plus (que ce soient des sociétés ou non), directement ou indirectement détenues ou contrôlées par la même direction, procèdent à des échanges entre elles ». Une telle configuration soustrait l'échange des conditions normales du marché. Cela donne la possibilité aux dirigeants de retenir un prix, qui peut être uniquement guidé par la volonté d'évasion fiscale.

« Théoriquement, ces prix sont censés être fixés de façon à être équivalents à ceux qu'une tierce partie indépendante aurait pratiqués ; on les appelle des prix de « pleine concurrence ». En commerce international, il est tout à fait légitime que ces prix soient déterminés à l'intérieur d'une société transnationale. Toutefois, lorsque les prix de transfert sont définis artificiellement et abusivement à des fins d'évitement de l'impôt ou autres, le processus est alors appelé falsification des prix de transfert ».

Désormais la législation fiscale béninoise institue des dispositions pour que l'administration dispose des informations qui peuvent l'orienter sur d'éventuelles pratiques abusives. Au titre de ces dispositifs institués, figure le *reporting pays par pays,* qui devrait relever « où les groupes d'entreprises mènent leurs activités, sous quel nom, et à quel type d'activités ils se consacrent, tant au sein du groupe qu'avec des fournisseurs et des clients externes » et *in fine,* « si le groupe semble transférer ses bénéfices vers des paradis fiscaux à des fins d'évasion fiscale »

Référence : *Tax justice Network, Le Reporting pays par pays : Comment favoriser la transparence sociétés multinationales*

447. Les accords fiscaux. La nouvelle gouvernance fiscale mise en œuvre privilégie la logique générale de stabilité et de prévisibilité des rapports entre l'administration et le contribuable.

448. Cela peut se concrétiser par des accords fiscaux préventifs : rescrit, accord préalable sur les prix de transfert.

Encadré 64 : La sécurité fiscale, au cœur des dispositifs de concertation et d'accords entre fisc et contribuable

La question de la sécurité fiscale a inspiré des dispositifs qui ont pour préoccupation essentielle d'améliorer le fonctionnement du système fiscal par des pratiques de concertation, voire d'accords entre le fisc et les contribuables.

Ces dispositifs s'inscrivent dans les tendances internationales qui visent à encourager le développement des mécanismes personnalisés permettant de mieux adapter la contrainte fiscale. C'est cette préoccupation que l'on retrouve à travers des techniques des « accords fiscaux préventifs » qui se sont davantage institués.

Les « accords fiscaux préventifs » sont des accords, explicites ou implicites formels ou informels conclus en amont de la décision fiscale entre les contribuables et l'administration fiscale. Ces accords concernent prioritairement les entreprises. Ils s'inscrivent dans une culture de la prévisibilité et même de la contractualisation au sens large qui se développe de plus en plus au Bénin et dans le monde depuis ces dernières années. Cela illustre de manière plus générale l'essor d'une nouvelle gouvernance fiscale.

Cette nouvelle de la gouvernance fiscale a pour caractéristique la responsabilisation du contribuable et de l'administration. En effet, l'accord engendre des droits et des devoirs pour l'un comme pour l'autre. Mais cette logique a également pour objectif, le développement d'un nouveau civisme fiscal[31]*, pour faire en sorte que l'impôt soit considéré comme légitime et accepté par le contribuable. À ce titre, les accords fiscaux sont bien source de sécurité juridique à la fois pour le contribuable et l'administration. Cette dernière cherchant à régler en amont les problèmes rencontrés par les contribuables, il s'agit d'une conception préventive et non répressive.*

- **Le rescrit fiscal, une demande sur la régularité d'une opération**. Le rescrit est la transcription en français de *rulings,* c'est-à-dire de « décisions définissant de manière anticipée les conditions d'application de la législation et notamment l'assiette imposable retenue » **(Voir *Études fiscales internationales* du 6 août 2021**). La procédure de rescrit fiscal participe de l'amélioration de la relation entre administration et contribuable en même temps dans la prévention de la lutte contre la fraude. Elle offre à tout contribuable, la possibilité de saisir l'administration pour avis sur la régularité d'une opération qu'il envisage pour l'avenir.

[31] On fait peser sur l'administration, le poids de la légitimité et du civisme fiscal, ce qui est lourd pour elle.

- **Le rescrit selon le droit fiscal béninois**. L'administration fiscale peut délivrer un rescrit fiscal exposant sa position concernant l'interprétation d'un texte fiscal ou l'application de la législation à une situation proposée par un contribuable (article 578-1 CGI). La demande adressée au DGI, émane du contribuable qui, non seulement, doit présenter la situation avec sincérité et précision, mais également poser la question à laquelle il souhaite obtenir une position. La réponse qui doit être donnée dans un délai de trois (03) mois par l'administration est alors opposable à l'administration.

En retour, ce dernier doit suivre la position et les indications données par l'administration, être de bonne foi dans l'application de la solution proposée par l'administration et l'appliquer à la situation exposée à l'administration.

En revanche, l'administration se réserve le droit de dénoncer cet accord lorsqu'il s'avère qu'il a été conclu sur la base d'informations erronées ou incomplètes. Sauf publication, son opposabilité se limite au contribuable qui en a fait la demande.

Il existe aujourd'hui une multitude de rescrits. C'est autant de possibilités offertes à titre de garantie à un contribuable, préalablement à la conclusion d'un contrat ou d'une convention, de consulter par écrit l'administration centrale des impôts en lui fournissant tous les éléments utiles.

449. Au titre des différents types de rescrits, on peut citer :

- **Le rescrit général.** À travers le rescrit général, tout contribuable, professionnel ou particulier, peut demander à l'administration qu'elle se prononce sur une situation de fait dans un délai de trois mois. La réponse apportée constitue une validation par l'administration des conséquences fiscales de la situation présentée. La procédure peut concerner l'assiette de n'importe quel impôt, la possibilité de déduction de charges pour frais professionnels. La demande doit être écrite et préalable à l'opération et doit être adressée au centre des impôts.
- **Le rescrit pour prévenir l'abus de droit.** Le rescrit dans le cadre de l'abus de droit, a un objectif précis et restreint : assurer au contribuable qui le pratique une protection contre

la qualification éventuelle d'abus de droit par l'administration à raison d'une opération ou convention qu'il entend passer. L'administration se trouve liée par sa réponse, uniquement sur la question posée.

En dehors des rescrits, il existe d'autres types d'accords fiscaux notamment :

- **Les accords préalables sur les prix de transfert.** Ces accords sont établis entre l'administration fiscale et l'entreprise, ce qui interdit ensuite tout rehaussement concernant les prix pratiqués s'ils sont conformes à l'accord. L'accord porte sur la méthode utilisée pour calculer le prix et non sur le prix lui-même. Au Bénin, l'article 578-8 du CGI prévoit que le rescrit peut prendre la forme d'un accord avec le contribuable sur la détermination du prix de pleine concurrence concernant une ou plusieurs transactions. Une fois l'accord préalable conclu, le contribuable doit produire un rapport annuel afin que soit vérifiée la conformité du calcul avec la méthode figurant aux termes de l'accord. L'accord validé par l'administration lui est opposable au titre de l'exercice et pour les 3 exercices suivants. Elle se réserve toutefois le droit de dénoncer l'accord s'il a été conclu sur la base d'informations erronées ou incomplètes.

Encadré 65 : Les contraintes techniques du contrôle du prix de transfert dans les pays en développement

La pratique des prix de transfert est un facteur d'évasion fiscale dans les pays du Sud en général et en Afrique en particulier. Leur contribution à l'érosion de l'assiette et l'effet nuisible sur les finances publiques sont attestés. Compte tenu des enjeux pour les finances publiques, les techniques retenues pour son contrôle doivent garantir la préservation de l'intégrité des bases d'imposition au profit des intérêts des trésors publics nationaux. Seulement, la règle de « pleine concurrence », retenue conformément aux directives établies par l'OCDE et par l'ONU, n'est pas sans difficulté en raison de sa complexité. Les informations sur les prix comparables n'existent pas toujours localement, ce qui handicape sérieusement le travail des administrations fiscales des pays concernés qui ne sont ni outillés ni dotés de moyens à l'image des pays du Nord. Pis, le contrôle des prix de transfert est plutôt relativement plus aisé dans un environnement où la coopération fiscale et l'échange de renseignement, peu opérationnels dans les pays du Sud, sont plutôt développés et facilitent la disponibilité des informations financières analytiques et utiles sur les transactions. En dépit de la volonté des États de contrôler les prix de transferts pour le bien des finances publiques, sans ces préalables cités, les « ambiguïtés, les incertitudes » seront des contraintes majeures sur les gains financiers attendus des contrôles mis en œuvre dans ce cadre. Non seulement les règles doivent être simples, mais elles doivent être accessibles et compréhensibles. Cela participe de la sécurité juridique aussi bien des contribuables que de l'administration, nécessaire à la limitation des contentieux qui « au mieux font retarder les créances fiscales et au pis font perdre des ressources fiscales ». Le Brésil a, par exemple, mis en place une adaptation des règles de prix de transfert inspirées de son contexte et qui « n'existent pas dans le standard OCDE et se combinent difficilement avec la législation française ». Même si ce pays a lancé avec l'OCDE un plan de convergence avec le modèle de l'OCDE, il n'en demeure pas moins que sa pratique des prix de transfert reste une spécificité, compte tenu de la non-pertinence des règles standards à son contexte au moment de son adoption il y a quelques années. Ce travail d'adaptation doit être également fait par les pays du Sud pour le bien des Trésors publics nationaux.

450. La rectification spontanée. C'est la possibilité donnée au contribuable de bonne foi qui désire spontanément réparer une omission, rectifier une erreur ayant conduit à une insuffisance dans les éléments servant de base au calcul des impôts dont il est redevable, de saisir l'administration en vue de lui soumettre les déclarations rectificatives et de s'acquitter de la somme due moyennant une pénalité de 10 %. Il s'agit d'une possibilité qui s'applique lorsque le contribuable ne fait pas l'objet de procédure de rectification sur les points soumis à rectification spontanée ou lorsque le contribuable n'a pas reçu un avis de vérification.

Les actions de lutte contre les comportements d'évitement ne sont efficaces que si elles se manifestent par des rentrées d'impôt. Le recouvrement de l'impôt s'insère également dans les actions pour améliorer la gouvernance fiscale.

9.3.2. Le recouvrement offensif des impôts

451. La neutralisation de la résistance au paiement de l'impôt. La réduction du coût de la transaction fiscale, la contractualisation des rapports et tous les instruments de sécurité et de stabilité doivent *in fine* aboutir à améliorer le consentement du contribuable et hâter le recouvrement de l'impôt. Mais parce que l'acquittement de l'impôt ne va pas de soi, l'administration doit mettre en œuvre une stratégie offensive finement et stratégiquement menée. Une telle stratégie est requise parce que la résistance au paiement de l'impôt est une réalité. Il s'agit en plus d'une réalité ancienne. C'était le cas sous la colonisation. Par exemple, en 1908, la population hostile au paiement d'impôt personnel mit brutalement à la porte du village de *Dré* secteur du Mono, un garde venu inviter les notables hâter la rentrée de la contribution. **(L. GARCIA, *Les mouvements de résistance au Dahomey 1914-1917, op.cit..).***

452. L'adhésion des populations à l'impôt n'a donc jamais été une question évidente et les agents des impôts sont parfois victimes de résistance farouche.

453. Par conséquent, il faut donc mettre en place des moyens pour contraindre les mauvais contribuables à s'acquitter de leurs dettes fiscales. Cette action doit également concerner les stocks d'impôts non perçus qui constituent des atteintes au civisme fiscal et aux recettes fiscales.

Encadré 66: Les Restes A Recouvrer (RAR), un frein à l'atteinte des objectifs budgétaires

L'une des faiblesses de la DGI, en matière de recouvrement, est l'accumulation des Restes A Recouvrer (RAR). En 2015, ils représentaient au moins 17 % des recettes collectées avec un taux d'accroissement moyen de 10 % au niveau des moyennes entreprises (Bazahica et Tapsoba, 2015). Les efforts de l'administration avec des taux moyens de recouvrement des arriérés de l'ordre de 50 % ont permis de les ramener en 2019 à 10 % des recettes totales (données ATAF, 2020). Des efforts restent à consentir pour les ramener à la norme admise de 5 % au titre de l'année (TADAT, 2019). Il est en effet établi qu'un niveau élevé d'arriérés s'accompagne d'une baisse de la part des recettes fiscales dans le PIB. Ce qui ressort l'effet négatif des arriérés d'impôts sur la part des recettes fiscales dans le PIB, quand celle-ci est élevée (ATAF, 2020). Les administrations fiscales africaines doivent prendre des mesures pour réduire leurs arriérés d'impôts. Elles peuvent être maîtrisées par une amélioration des actions de recouvrement forcé et un renforcement du personnel dédié.

454. La conjonction de l'incitation et de la contrainte. Le recouvrement offensif des impôts est un objectif fondamental dans le rétablissement de l'égalité devant l'impôt et de la lutte contre l'incivisme. Le recouvrement offensif doit allier incitation et contrainte.

455. À travers l'incitation, l'administration facilite le paiement des amendes et applique des réductions pour les contribuables de bonne foi qui s'acquittent de leurs dettes dans un délai court. À l'issue de la notification de rectification, le contribuable est informé que les pénalités sont susceptibles de réduction par voie de transaction. Ainsi, par suite d'une rectification et sur demande du contribuable, les pénalités et amendes peuvent connaître des atténuations. En cas de réponse favorable, les pénalités et amendes fiscales sont réduites de moitié si le redevable s'acquitte dans les dix (10) jours de la confirmation de la rectification faisant suite à un contrôle fiscal, de la totalité des droits simples mis à sa charge et des pénalités et amendes fiscales dues. La réduction est d'un quart (1/4), si le paiement a lieu dans un délai d'un (1) mois. Quel que soit le délai choisi, la pénalité exigible peut être réduite de 10 % de son montant si la bonne foi du contribuable est admise (article 591 CGI).

456. La conclusion de la transaction rend inopérante toute procédure contentieuse de la part du contribuable visant à remettre en cause les pénalités, amendes fiscales et droits visés par la transaction.

457. La transaction devient caduque en cas de non-respect total ou partiel des obligations mises à la charge du contribuable. L'administration poursuit, dans ce cas, le recouvrement intégral et immédiat des droits exigibles. Cela traduit la volonté du législateur de ressortir par des mécanismes efficaces et concrets, la prohibition de la tromperie des contribuables qui doivent faire preuve de bonne foi.

458. Des garanties pour le gage du Trésor contre les contribuables particulièrement insaisissables. L'article 650 CGI institue une hypothèque légale sur tous les biens immeubles des redevables. Elle prend rang à la date de son inscription au service en charge de la Conservation foncière et des Hypothèques. Son inscription est requise à partir de la date à laquelle le contribuable a encouru une majoration ou pénalité pour défaut de paiement, ou de la date de la notification de l'avis d'imposition lorsque les impositions résultent d'une procédure de rectification. De plus, l'article 649 du CGI institue des dispositions pour appréhender les mauvais contribuables. Afin de garantir le gage du Trésor en cas de changement fréquent ou fortuit de domicile, ou en cas de risque d'organisation d'insolvabilité lorsqu'une procédure de rectification est en cours, le receveur peut prendre toutes mesures provisoires notamment :

- l'inscription provisoire d'hypothèque sur les biens immeubles ;
- la saisie provisoire sur les biens meubles, sur les biens placés dans un coffre-fort, sur les créances, sur les droits d'associés et sur les valeurs mobilières ;
- la saisie et l'inscription provisoire d'hypothèque deviennent définitives lors de la mise en recouvrement de l'impôt ou de son exigibilité.

Encadré 67: Qui apprécie le risque d'insolvabilité en cas de rectification en cours ?

La procédure prévue à l'article 649 du CGI est mise en œuvre en cas de changement fréquent ou fortuit de domicile ou en cas de risque d'organisation d'insolvabilité. L'appréciation du « risque d'insolvabilité » ou même l'appréciation du caractère « fréquent ou fortuit du changement de domicile » peut apparaître subjective si la loi ne définit pas les critères permettant d'aboutir à ces qualifications. À défaut pour le législateur d'apporter des précisions sur les éléments constitutifs des faits visés par l'article en question, il est souhaitable de soumettre la mise en œuvre prévue par les dispositions de l'article 649 du CGI à l'appréciation d'un juge (dans le cadre d'une procédure non forcément contradictoire). Le juge, dans le cadre d'un contrôle minimal, devra alors s'assurer au préalable que les conditions sont remplies pour opérer conformément à la loi. Ceci est sans préjudice du droit du contribuable de contester la procédure, après l'inscription ou la saisie.

459. En dehors du renforcement du recouvrement de l'impôt, l'administration met en œuvre des mesures de facilitation de l'impôt et surtout de limitation de l'impact du civisme fiscal sur la trésorerie du contribuable.

9.4. LA LIMITATION DE L'IMPACT DU CIVISME FISCAL SUR LA TRESORERIE DU CONTRIBUABLE

9.4.1. La simplification des retenues à la source

460. En raison de leur efficacité, les retenues à la source sont de plus en plus généralisées. Elles s'appliquent aussi bien en matière de TVA qu'en matière d'AIB (Acompte sur Impôt assis sur le Bénéfice). La retenue concerne les marchandises importées, les achats commerciaux, les paiements faits aux fournisseurs de travaux et de biens.

461. Pour en améliorer l'efficacité, le législateur en a simplifié les mécanismes notamment en matière d'AIB (Acompte sur impôt assis sur les bénéfices). Désormais, les contribuables relevant du régime du réel opèrent comme en matière de TVA. Ces derniers ne font plus des demandes préalables de validation. Ils s'imputent directement sur le montant d'AIB collectés à l'issue d'un mois, le montant des AIB qu'ils ont supportés en amont sur leurs opérations, puis reversent le solde. Si la déclaration au titre du mois de décembre dégage un crédit, celui-ci est imputable aux impôts dus au titre de l'IBA et d'IS de l'exercice. Les AIB imputables qui n'ont pas été pris en compte au titre du mois de prélèvement peuvent être mentionnés sur les déclarations déposées au plus tard le 30 avril de l'année suivante.

Lorsqu'il subsiste un crédit d'AIB, il est imputé sur la déclaration du mois de mai.

9.4.2. Les autres mesures sur la trésorerie

462. L'amélioration des procédures de remboursement. L'amélioration des procédures de remboursement au bénéfice des contribuables, participe de la limitation de l'impact du respect du civisme fiscal sur la trésorerie des contribuables en fonction de leur degré de civisme. En effet, le retard dans le dénouement des demandes de remboursement est préjudiciable pour le secteur privé et peut même être assimilé à un prêt sans intérêt au profit du gouvernement. Pour éviter cet « enrichissement sans cause » de l'État et cet « appauvrissement » ou cette dépossession du contribuable d'une ressource potentielle d'investissement, il était important de trouver des solutions. Le législateur, pour les besoins d'équité, a donc suggéré que les demandes de remboursement de TVA des contribuables soient instruites dans un délai d'un mois à compter de leur date de réception (article 255 CGI).

463. Le cas des entreprises en crédit structurel. Certaines entreprises relevant du régime réel et en situation de crédit structurel de TVA peuvent être dispensées de la retenue de la TVA facturée lors des prestations ou ventes réalisées avec l'État, les collectivités territoriales, les sociétés, établissements et offices d'État (article 263 CGI). Cette dispense est accordée par le Ministre chargé des Finances qui peut déléguer son pouvoir au directeur général des impôts.

Encadré 68: Pour une nouvelle gouvernance fiscale

*En raison de ses larges pouvoirs (d'investigation et de contrôle) et de l'interaction qu'elle a avec les citoyens, l'administration fiscale apparaît comme « l'un des leviers les plus efficaces de l'étatisation des relations sociales » (**N. DELALANDE, Histoire sociale de l'impôt, op.cit.**). La rencontre présentielle ou virtuelle entre l'administration et le contribuable « est l'une des rares occasions qu'ont les citoyens de rencontrer l'État, incarné dans la personne des représentants du fisc ». (**Ibid.**) L'administration doit donc développer une relation apaisée et rassurante avec le contribuable, condition de la réussite de sa mission. Administration ne doit plus rimer avec pouvoir arbitraire. En tout état de cause, seuls un système transparent et une bonne compréhension du principe de la légalité de l'administration peuvent garantir le financement de tâches publiques par le prélèvement d'impôt (*__S. LEIDERER, P. WOLFF, « Gestion des finances publiques : une contribution à la bonne gouvernance financière », *op. cit.*__).

Pour y arriver, la nouvelle gouvernance doit être conduite aussi bien au niveau macro qu'au niveau micro. Au niveau micro, elle doit se traduire par une amélioration des relations avec le contribuable. Si des progrès sont perceptibles en la matière, le contexte n'est toujours pas exempt de méfiance réciproque. Non seulement le contrôle fiscal inspire toujours des craintes, mais il est toujours mal perçu. Le niveau macro, notamment le contexte politique, a largement contribué à répandre cette perception et à rendre à tort ou à raison la suspicion des uns, légitime.

Ce qui est également perceptible, c'est que le recul des indicateurs de performance en matière de démocratie (-25 % en ce qui concerne l'indice global de démocratie selon le journal The Economist) s'accompagne d'un affaiblissement du taux de prélèvement fiscal qui est l'un des plus faibles de l'UEMOA (9,4 % en 2020 contre 13 % en 2016, alors que la norme communautaire est de 20 %). Cela semble donner raison à André BARILARI et Thomas BRAND qui établissent une corrélation entre le recul des libertés et celui des performances fiscales (ceci vient confirmer des travaux antérieurs de José Antonio Cheibub qui établit sur la base de données recueillies entre 1970 et 1980 que la démocratie n'était pas une entrave au prélèvement ; Voir J. A. CHEIBUB, Régimes politiques et capacité de prélèvement des gouvernements : la fiscalité dans les démocraties et les dictatures, publié en ligne par Cambridge University Press : 13 juin 2011).

La presse en quête de sensation n'est pas du reste. Elle répand parfois l'image d'une posture guerrière de l'administration fiscale en livrant les contribuables à la vindicte. Sous la plume d'un journaliste, (C. L., animateur d'un journal en ligne), on peut lire après la confirmation d'un redressement par voie judiciaire à l'encontre d'un opérateur économique par exemple : « (...) La confirmation de sa condamnation ouvre ainsi une ère ***de sévérité accrue*** *dans la répression des fraudeurs fiscaux. La victoire du fisc dans cette affaire est une bonne nouvelle (...) Et maintenant que les dés sont jetés, S.A. devra payer son dû au risque de voir ses biens saisis ». Au regard de ces écrits, il y a de quoi troubler d'autres contribuables qui risquent de ne pas voir l'administration fiscale comme le partenaire que cette dernière entend être désormais. Avec une telle médiatisation, la tension et la méfiance qui doivent disparaître de la relation semblent avoir encore de longs jours devant elles.*

Il y a aussi une tendance à la pénalisation qui rime parfois à la folklorisation du droit fiscal et qui trouve sa source dans la défiance à tort ou à raison exprimée par certains contribuables qui fait déplacer le contentieux fiscal sur le terrain des batailles politiques. Ces situations ne manqueront pas d'entamer la relation de confiance que l'administration entend construire avec d'autres contribuables.

*Dans un contexte où la résistance à l'impôt est encore forte (selon des études de la banque mondiale, près de 50 % de la population au Bénin, Burkina Faso, Côte d'Ivoire, Togo, estiment qu'il est normal ou compréhensible de ne pas payer ses impôts), c'est surtout une adaptation plus poussée de l'administration et de ses agents qui pourrait permettre d'opérer les mutations nécessaires. Un effort de loyauté, de neutralité, d'impartialité et de transparence est attendu de l'administration pour améliorer ses performances. Le cadre politique doit également être réformé pour inverser cette tendance. Les contribuables doivent également être sensibilisés sur leurs devoirs en matière de contribution à l'effort national. Il faut donc aboutir à un climat de confiance aussi bien au niveau macro qu'au niveau micro car la confiance augmente la conformité volontaire (***Ingrid Wahl, Barbara Kastlunger, Eric Kirchler, 2010).** *Même si la mise en œuvre du pouvoir (prérogatives administratives, poursuite judiciaire) a un impact positif sur la conformité forcée, cela a un coût qu'on peut éviter en privilégiant la confiance. Ceci est sans préjudice des moyens de contrainte en cas de résistance et dans le respect de l'Etat de droit.*

Graphique 9 : Évolution du PIB réel (déflaté) et du taux d'inflation au Bénin

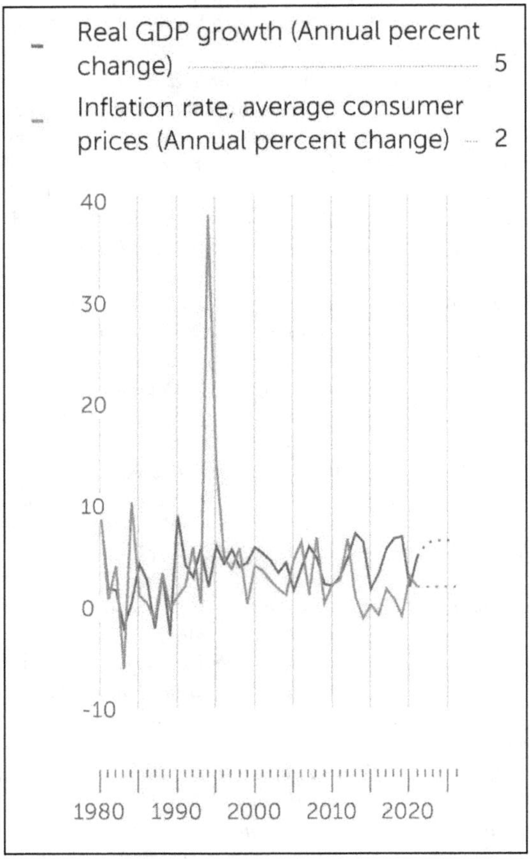

Source : FMI, 2021

Observation : L'observation de ce schéma permet de conclure une évolution couplée entre le taux croissance du PIB déflaté (changement annuel en pourcentage) et l'inflation (changement annuel en pourcentage). En économétrie, on pourrait conclure que les deux variables sont cointégrées. De 1990 à 2020, la dynamique est plutôt une croissance qui n'a pas trop changé dans la durée. Un rebond, une année, est rapidement nivelé par l'année suivante de sorte que sur cette période, la tendance n'est pas haussière quoique positive.

Graphique 10 : Évolution taux pression fiscale et taux d’endettement

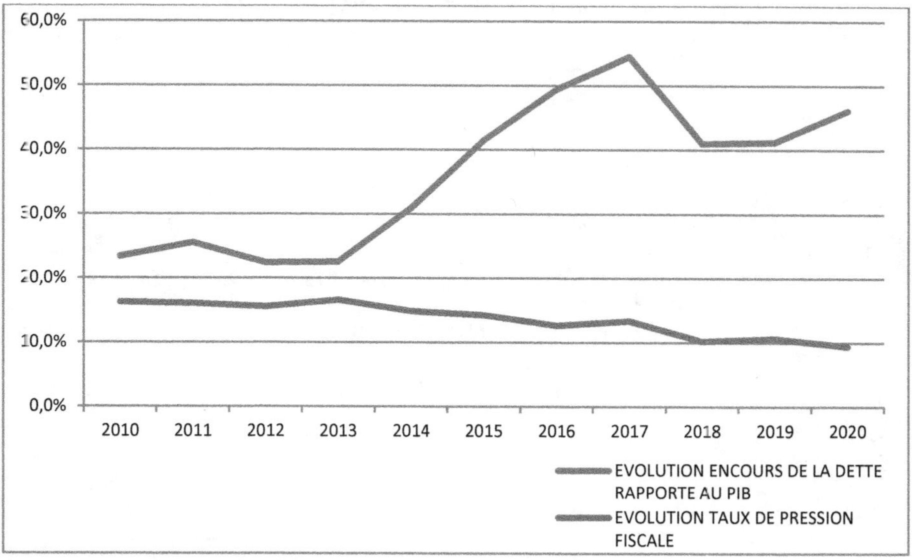

Source : Auteur à partir données chambre des comptes et commission de l’UEMOA

Observation : Alors que le taux d’endettement croit inexorablement, même s’il n’a pas encore atteint le plafond communautaire de 70 %, le taux de prélèvement peine à enclencher une courbe ascendante et s’éloigne de la norme de 20 %.

Graphique 11 : Évolution du niveau de prélèvement (en %) et de l'indice global de démocratie (2016-2020)

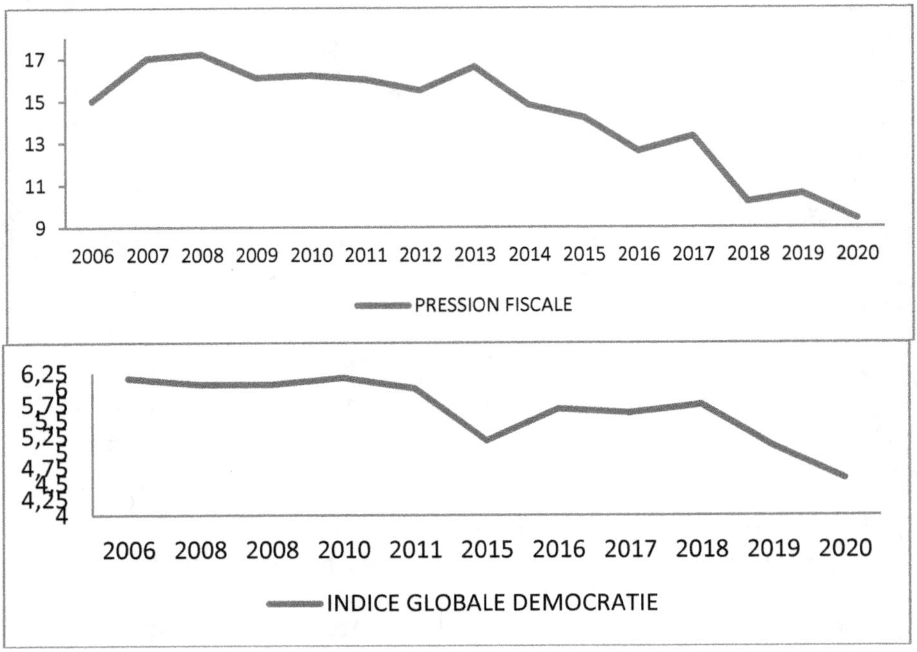

Source : Auteur, (à partir des données produites par la chambre des comptes de la cour suprême, la Commission de l'UEMOA, le journal *The Economist,* l'Université de Sherbrooke, Perspectives monde

Observation : L'analyse des deux courbes suggère que la récession démocratique est accompagnée par une réduction du taux de prélèvement fiscal (en fonction du PIB par habitant), allant dans le sens des études de Thomas Brand et André Barilari. Néanmoins, la relation n'est pas forcément monotone (par exemple entre 2016 et 2017, démocratie va mal, mais le taux de prélèvement s'accroit clairement ou entre 2017 et 2018 où la démocratie va mieux alors que le taux de prélèvement chute). Mais *in fine*, ces variations, non homogènes localisées, ne remettent pas en cause la tendance globale de réduction du taux de prélèvement accompagnant la baisse de l'indice global de démocratie.

Graphique 12 : Progression du Bénin pour les réformes du *Doing Business*

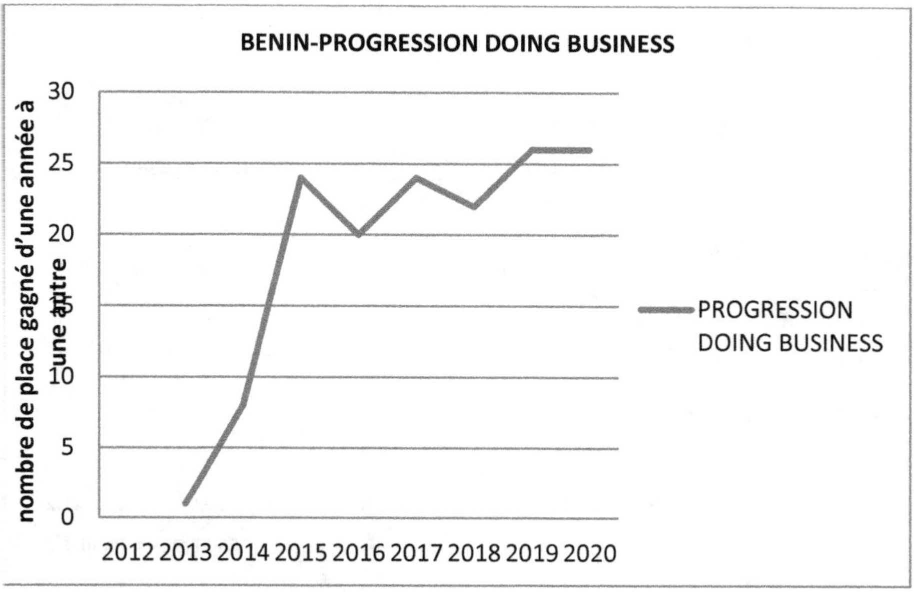

Source : Auteur, à partir des données compilées *Doing business* (Banque mondiale)

Observation : Le climat des affaires au Bénin, évalué sur la base de 11 indicateurs dont le paiement des impôts et taxes, a connu un meilleur accroissement sur la période quadriennale 2012-2016, par rapport à la période quadriennale 2016-2020. Ainsi, entre 2012 et 2015, le Bénin a amélioré sa position de près de 25 places avant de perdre 5 places en 2016 par rapport à 2015. En revanche, entre 2016 et 2020, le pays gagne un peu plus de 5 places. Mais cette tendance ne dépend pas que du paiement des impôts et taxes. D'autres indicateurs, comme la création d'entreprises, l'exécution des contrats et autres sont pris en compte. Si, on tient compte seulement du paiement des impôts et taxes, le Bénin occupe le rang 171/190 pays en 2020. Le classement lié à l'indice « paiement des impôts et taxes » a été donc moins concluant que le classement global agrégeant les autres indices.

Graphique 13 : Bénin- Score Indicateur (*doing business*) facilité de faire des affaires et paiement de l'impôt

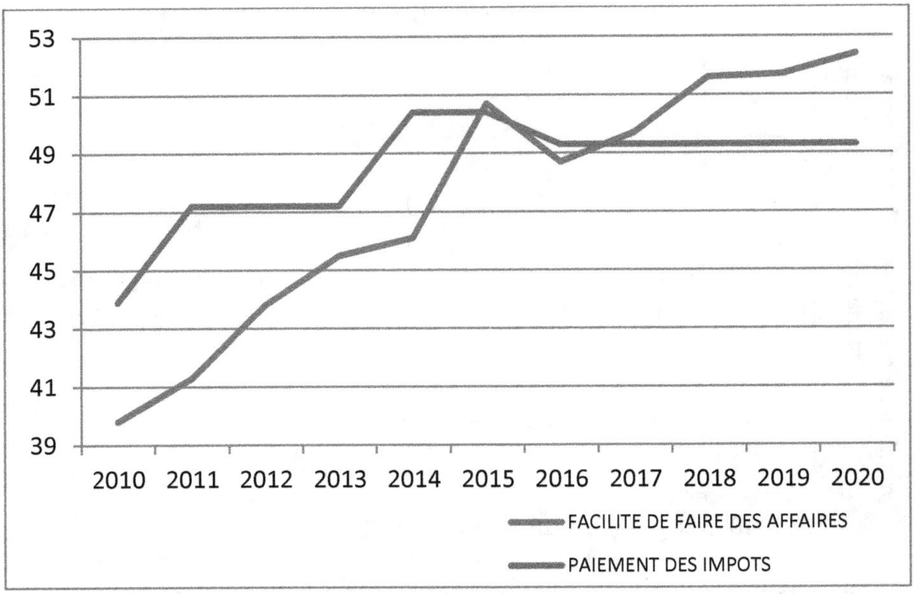

Source : Auteur, à partir des données compilées *Doing business* (Banque mondiale)

Observation : Si on raisonne en termes de score, il apparaît qu'entre 2010 et 2014, le score du Bénin, en matière de paiement des impôts, est supérieur au score global lié à la « facilité de faire des affaires ». Après un rapprochement en 2015 et juste après, en 2016, il y a eu un décrochage dès 2017. Depuis cette année, le score global du Bénin, en matière de paiement des impôts est moins que le score global « facilité de faire des affaires » en 2019 et 2020.

NB : Par comparaison à d'autres indices, il est moins élevé que le score en matière de transfert de propriété, mais meilleur que l'indice de passation des marchés publics.

Graphique 14 : Évolution des charges financières de la dette et des recettes fiscales

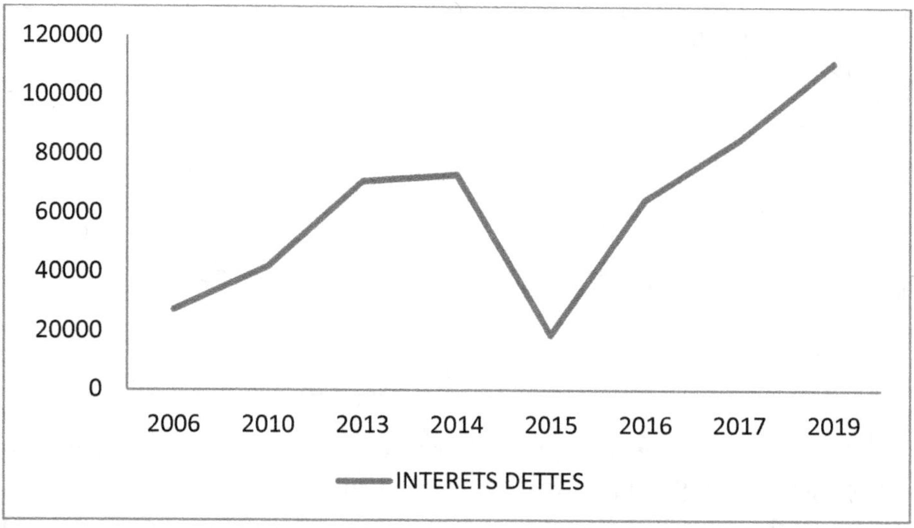

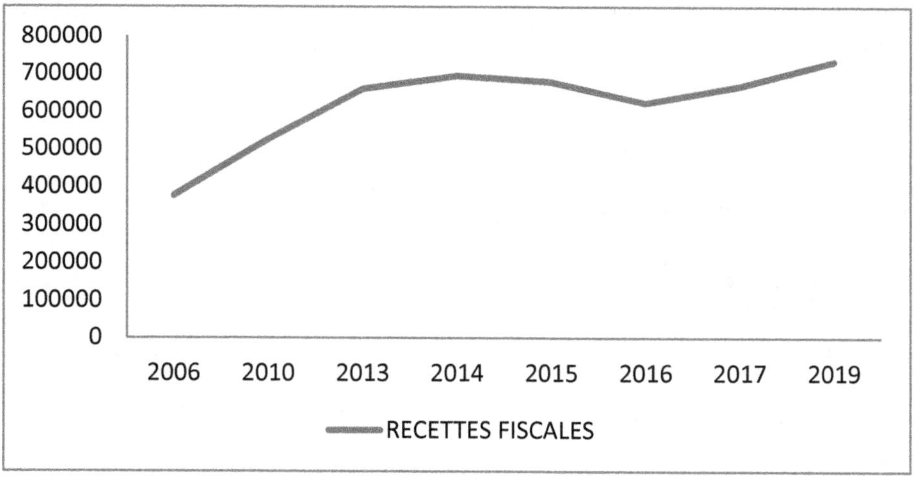

Source : Auteur, à partir des données de la chambre des comptes de la Cour suprême

Observation : Les charges financières de la dette croissent en même temps que les recettes fiscales, entre 2006 et 2014, mais les intérêts connaissent une chute brusque en 2015 avant de connaître un rebond dès 2016. Depuis, ils connaissent un accroissement beaucoup plus élevé que les recettes fiscales, ce qui confirme qu'il y a une pression des intérêts sur les recettes fiscales.

Graphique 15 : Indice de développement Humain (IDH)

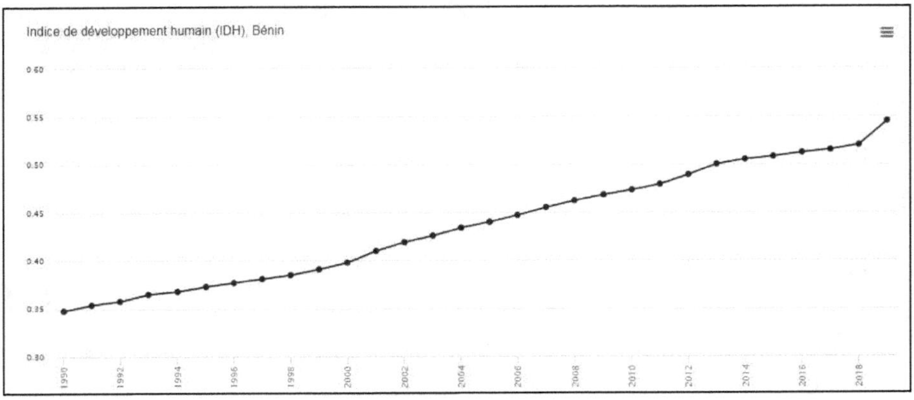

Observation : La dynamique est plutôt un rythme de progression en matière de développement humain qui n'a pas trop changé dans la durée mais connaît une meilleure progression en 2018. C'est la meilleure progression d'une année à une autre sur les vingt dernières années (accroissement de plus de 5 %) contre une moyenne de 3 % sur les autres périodes.

Graphique 16 : Indice Mo Ibrahima

Indice Ibrahim 2020 de la gouvernance africaine | iiag.online

Mo Ibrahim FOUNDATION

Security & Rule of Law, and 3 others for Benin

MEASURE	2010	2011	2012	2013	2014	2015	2016	2017	2018	2019	AT '10-'19
SÉCURITÉ ET ÉTAT DE DROIT	62.9	63.1	62.9	63.1	66.3	64.5	64.8	64.8	66.2	66.1	+3.2
PARTICIPATION, DROITS ET INCLUSION	65.9	65.3	66.3	65.9	66.5	67.3	68.9	68.7	66.8	59.7	-6.2
FONDEMENTS DES POSSIBILITÉS ÉCONOMIQUES	49.4	49.3	48.8	47.2	47.3	49.1	49.9	50.4	52.7	53.5	+4.1
DÉVELOPPEMENT HUMAIN	51.8	51.6	52.3	53.2	53.0	52.3	52.3	53.3	54.5	55.0	+3.2

Observation : Les indicateurs de la fondation Mo Ibrahim suggèrent une amélioration globale de la gouvernance entre 2010 et 2019 et surtout à partir de 2014. La période entre 2016 et 2019 est globalement meilleure que celles réalisées sur les autres périodes triennales entre 2010 et 2019. Seulement, cette embellie est entachée par le plus grand recul en matière de participation, droits et inclusion.

LEÇON 10

LE BÉNIN ET LA GOUVERNANCE FISCALE INTERNATIONALE

464. L'émergence et la consolidation d'une gouvernance fiscale internationale. « Historiquement l'impôt et l'État sont consubstantiels. Aujourd'hui l'impôt et le monde sont consubstantiels ». (**Th. LAMBERT, *L'impôt dans une économie mondialisée. Contribution à une théorie générale de l'impôt*, Bruylant, 2021**). De plus en plus, « l'impôt est pensé ailleurs qu'au sein de l'État-Nation » (***ibid.***). L'émergence d'une gouvernance fiscale internationale s'appuie sur les acteurs de la société internationale, notamment les États, les organisations internationales, les partenaires techniques et financiers, la société civile internationale, les ensembles régionaux du continent africain et ceux hors du continent africain.

465. De la mondialisation à la nomadisation de l'économie. La globalisation de l'économie a un impact sur la gouvernance fiscale des États. En effet, à la faveur de la mondialisation, les modèles d'entreprise ont profondément été transformés et le processus de création de la richesse s'est diffusé sur plusieurs territoires fiscaux. Cette situation est accentuée par la concurrence fiscale entre États. Ce qui crée « une crise de la localisation et de l'identification des instances capables de percevoir l'impôt » (**Y. MOULIER BOUTANG, « Transformation de la valeur économique »,** ***in*** **Th. BERNS et *al.*, *Philosophie de l'impôt, op.cit.*)**

466. Le changement de modèles économiques. Selon Edward Kieswetter, « à mesure que les modèles économiques évoluent vers plus de numérique, de non-local et de virtuel, et que les frontières perdent de leur importance dans la production et la circulation des biens et des services, chacune de nos bases fiscales nationales individuelles est constamment menacée d'érosion. Nos droits d'imposition sont compromis ». **(E. Chr KIESWETTER, *Transparence fiscale en Afrique* 2021, *Rapport de progrès de l'Initiative Afrique*, p. 34**). C'est dire que la production de la richesse se métamorphose rendant insaisissables certains secteurs de l'économie ostensiblement riches (**Y. MOULIER BOUTANG, « Transformation de la valeur économique »**, ***in Th. BERNS et al, Histoire sociale de l'impôt, op.cit.***).

467. *L'a-territorialité* des transactions à la faveur du développement de l'économie numérique. L'économie numérique a profondément changé les paradigmes en matière de création de richesse. Les transactions dans le domaine du numérique, le développement des activités de télécommunication, notamment de la téléphonie mobile et le e-commerce, ont créé « la disjonction du fait générateur et la collecte de l'impôt » rendues possibles par « la prédominance d'actifs immatériels (propriété intellectuelle) dans le modèle économique des entreprises du numérique » **(N. MEDE et *al*, « *La gouvernance fiscale mondiale et l'Afrique* », *op. cit.*).**

468. Tout ceci rend l'appréhension des enjeux contemporains sous l'angle classique et traditionnel, inadaptée.

469. L'inadaptation d'une appréhension des enjeux contemporains de la fiscalité à l'échelle exclusivement nationale. « La souveraineté fiscale appartient au passé en raison de la mondialisation et de la forte mobilité des personnes, des entreprises et des ressources » **(M. KEEN, J. SLEMROD**, ***Rebellion, Rascals et Revenus, op.cit.)***. Il ne s'agit pas d'une abolition pure et simple de l'emprise des États sur le système fiscal. Ces derniers sont quand même de plus en plus impuissants face à un modèle de création de la richesse qui défie les règles fiscales basées sur l'espace frontalier. Ce qu'il faut comprendre, c'est que la gestion de l'impôt dans le cadre de la souveraineté nationale ne peut plus faire abstraction de la dimension internationale de l'évitement. Il en est ainsi parce que la fraude fiscale internationale atteint l'assiette de l'impôt et crée la rupture d'égalité. Par exemple, grâce à leur capacité à choisir des destinations à fiscalité faible, les multinationales américaines ont payé, en proportion, moins d'impôts que les ménages en 2018. Pour l'année fiscale 2018, les couples mariés gagnant environ 150 000 dollars et travaillant dans leur propre petite entreprise ont payé plus de 20 % de leur revenu en impôts fédéraux sur le revenu et sur le travail indépendant. En revanche, les multinationales américaines ont payé moins de 10 pour cent d'impôts sur les bénéfices américains (*Fact sheet : The build back better Agenda will provide greater tax fairness for small business,* publié le 19 août 2021, sur www.whitehouse.org).

470. L'érosion de la base taxable due à la fraude internationale entraîne des pertes fiscales pour les États. La crise de 2008 et les scandales de fraude fiscale *off-shore* ont mis à jour la nécessité de tenir compte des effets de la globalisation (P. **ESSERS, *« International Tax Justice Between Machiavelli and Habermas »*, *Bulletin for International Taxation*, 2014, p. 55).** Même des pays occidentaux et des organisations interétatiques, qui disposent de moyens comme l'Union européenne, ne sont pas à la hauteur des enjeux que pose la problématique de l'optimisation fiscale. Il est donc évident que « les problèmes fiscaux d'envergure mondiale devaient être traités à l'échelle internationale » (**P. ESSERS, *ibid.***). La coopération entre États est donc envisagée comme un moyen de limiter ce que certains appellent « la casse du siècle ».

471. La dimension internationale de la fraude. Historiquement, les comportements liés à la fraude et à l'évasion fiscales ont fait leur apparition dans l'entre-deux-guerres. Ceci a été favorisé par l'action de certains pays, qualifiés de juridictions fiscales non coopératives. Ils s'appuient sur des faibles taux d'imposition et la pratique du secret bancaire en vue d'attirer les capitaux étrangers. Cela laisse apparaître que « dans un monde placé sous le signe de la compétition, la concurrence des économies par l'attractivité fiscale l'emporte sur le souci de payer le juste impôt à tous et partout » (**N. MEDE et *al.*, *«* La gouvernance fiscale mondiale et l'Afrique, *» op.cit.*).** À cela, il faut ajouter « la recherche effrénée de l'optimisation fiscale agressive des sociétés transnationales, la délocalisation des profits et la fraude fiscale » **(N. MEDE et *al., Ibid.)*** qui ne sont pas sans conséquence sur les capacités individuelles et collectives des États à relever les défis qui se posent à eux.

472. L'affaiblissement du pouvoir souverain des États. L'appréhension de la notion de souveraineté repose sur les travaux de

Carrée de Malberg qui avait mis en évidence trois sens au mot souveraineté. Il y a d'abord la souveraineté de l'État qui évoque le caractère suprême d'une puissance pleinement indépendante. Il y a ensuite la souveraineté dans l'État qui consiste en un ensemble des pouvoirs compris dans la puissance de l'État. Il y a enfin la position qu'occupe dans l'Etat le titulaire suprême de la puissance étatique.

473. Le pouvoir de prélèvement fiscal est une compétence souveraine des États. Mais au regard de la dimension internationale de la fraude, la puissance étatique n'arrive plus à s'imposer pour appréhender les nouvelles figures d'activités économiques développées par les entreprises. Ces dernières utilisent la multiplicité des frontières pour éluder les impôts auxquels elles sont normalement assujetties. On en arrive à penser que la coopération fiscale internationale renforcée est « particulièrement efficace pour faire tomber les barrières érigées par des juridictions autrefois considérées comme non coopératives en matière fiscale » (***Transparence fiscale en Afrique 2021, Rapport de progrès de l'initiative Afrique*, p. 59**). Il est possible par des traités régulièrement ratifiés entre États et conformes à leurs Constitutions de consacrer et admettre (sous réserve de réciprocité) des limitations à la souveraineté étatique en matière fiscale pour garantir les intérêts fiscaux de l'État. C'est dans ce cadre que l**a lutte contre les montages fiscaux agressifs** se coordonne désormais à l'échelle internationale et implique la participation aux groupes de travail internationaux sur les paradis fiscaux. L'on estime qu'« avec les dernières années du XXe siècle, s'est esquissée, avec l'affaiblissement du pouvoir souverain des États et l'affirmation d'une économie mondialisée, une crise de la relation entre l'impôt, l'État et son territoire ». Par conséquent, « des tendances nouvelles s'affirment en vue d'une coopération fiscale globale entre États, visant à éviter la concurrence fiscale dommageable ou l'usage abusif des paradis fiscaux » (**B. CASTAGNEDE, *Précis de fiscalité internationale*, 4e éd., PUF, 2013, pp.12-16**). L'Afrique prend également sa part dans cette lutte, à travers des initiatives à l'échelle régionale.

474. Le risque de non-paiement lié à l'efficacité économique et à la liberté individuelle. La libre circulation des personnes, des moyens et des capitaux, consécutifs à l'expansion de l'idéologie libérale, est un facteur qui peut aggraver le risque de non-paiement de l'impôt. Certains contribuables peuvent organiser leur insolvabilité en dissimulant leurs biens saisissables hors de portée de la souveraineté de la juridiction qui les poursuit aux fins de recouvrement. La crise financière de 2008 a remis à jour la sensibilité et la nécessaire solidarité entre États en matière de recouvrement. Elle a mis en lumière la connexité des circuits financiers et surtout la complexité de l'ingénierie de la fraude et de l'insolvabilité organisée. Elle a surtout démontré la nécessité d'une collaboration plus poussée, notamment dans le domaine du recouvrement, afin que les frontières fiscales ne soient pas des moyens pour éluder l'impôt.

475. La gouvernance fiscale internationale est éclatée au niveau de plusieurs échelons mondial, africain et communautaire au risque de créer une incohérence du dispositif global basé sur des actions, des instruments et une stratégie.

10.1. L'ACTION INTERNATIONALE

476. L'action internationale pour une nouvelle gouvernance fiscale se déroule autour de certains acteurs majeurs, l'OCDE, l'ONU et, dans un cadre déterminé, le forum mondial.

10.1.1. Les acteurs

477. L'ONU, un acteur incontournable. Les premières impulsions d'une gouvernance fiscale mondiale, sont données sous l'égide de l'ancêtre de l'ONU, la Société des Nations. C'était à la suite de recommandations émanant de la Conférence financière internationale de Bruxelles (1920) et de la Conférence économique de Gênes (1922). Ensuite, « dès 1927, le Comité des experts techniques sur la double imposition et l'évasion fiscale de la Société des Nations présentait une convention sur l'assistance administrative en matière fiscale qui avait pour objet, outre l'échange d'informations sur demande, une automaticité des échanges pour certaines catégories de revenus » **(C. ROUSSIEAU, « L'échange automatique d'informations en matière fiscale dans le contexte international », RIDE).** Ce sont ces travaux de la SDN qui vont, depuis quelques années, inspirer les travaux de l'ONU. Cette dernière, « dès la fin des années 1960 va se préoccuper des relations fiscales entre les États développés et les États les moins avancés ». Il en découle que les principes élaborés par l'ancêtre de l'ONU, la SDN, continuent d'influencer les conventions fiscales internationales. L'aboutissement le plus récent des travaux de l'ONU est la mise à jour en 2011 d'un modèle de convention sur les doubles impositions. Cette convention-modèle consacre l'échange d'informations comme un moyen d'entraide entre États dans la collecte des ressources fiscales.

478. L'OCDE, « un acteur influent » de la coordination au niveau international. L'OCDE est l'une des organisations les plus influentes dans le cadre de l'instauration d' « un nouvel ordre fiscal international ». Elle « a fait de la *soft law* un moyen d'action très efficace car les standards internationaux sont repris par les organisations régionales et les États » (**Th. LAMBERT, *L'impôt dans une économie mondialisée. Contribution à une théorie générale de l'impôt, op.cit.***). À travers son comité des affaires fiscales, l'organisation « est au centre d'un système de pilotage, sur une base de plus en plus institutionnalisée, mais délibérément asymétrique (…) » (**STANKIEWICZ, « le rôle de l'OCDE dans la régulation de la concurrence fiscale », REIDF n° 2021/1**). En tant « qu'acteur à part entière de la gouvernance fiscale mondiale », ses travaux sont essentiels à la formation et à la consolidation d'un droit fiscal international. Les réalisations menées par cette organisation, en partenariat avec d'autres organisations comme le Conseil de l'Europe ou l'UE[32], « s'inscrivent dans un chemin dont l'objectif (…) est de limiter le risque de non-paiement de l'impôt par l'existence d'un élément d'extranéité » ***(ibid.)*** C'est dans ce sens que s'inscrit l'élaboration d'une « convention concernant l'assistance administrative mutuelle en matière fiscale ». Il s'agit d'une convention multilatérale, signée à Strasbourg, le 25 janvier 1988 et modifiée par le protocole d'amendement de Paris du 27 mai 2010. Elle constitue le cadre général des échanges de renseignements (automatiques ou sur demande) entre administrations fiscales. Ladite convention prévoit la possibilité de réaliser des contrôles fiscaux simultanés ou de laisser une administration procéder à des contrôles à l'étranger avec l'accord de la juridiction concernée. *In fine,* « la montée en puissance d'une surveillance mutuelle, institutionnalisée sous l'égide de l'OCDE, se détache comme une tendance lourde et singulièrement novatrice dans

---

[32] En la matière, l'Union européenne veille à ce que les autres pays, dont ceux africains, respectent les mêmes normes que ses États membres en matière de fraude et d'évasion fiscales.

le domaine fiscal ». Cela n'efface pas le rôle du G20 qui est un acteur essentiel.

479. Le G20, un acteur essentiel. Depuis 2009, les États membres du G20 jouent un rôle moteur pour l'émergence d'une gouvernance fiscale mondiale efficace. Le G20 pousse ainsi le plus grand nombre de juridictions fiscales à limiter les risques d'évasion fiscale et de pertes de recettes nationales par l'adoption de conventions fiscales. L'organisation considère que « toutes les juridictions devraient signer et ratifier la Convention (de l'OCDE) concernant l'assistance administrative mutuelle en matière fiscale » dont la finalité essentielle tient en l'assistance, en matière d'assiette et, plus accessoirement, en matière de recouvrement.

480. Le *forum mondial*, cadre élargi. Il s'agit d'un creuset qui agrège les efforts de l'ensemble des acteurs dans un cadre plus large et plus inclusif.

- **Un cadre inclusif pour la lutte contre l'évasion fiscale.** C'est un cadre rassemblant plus de 160 juridictions qui entendent lutter contre l'évasion fiscale. De façon plus précise, le *forum mondial* comprend tous les pays du G20 et les centres financiers, ainsi que les pays en développement. Les participants travaillent sur un pied d'égalité pour atteindre les buts que le cadre s'est fixé. Le principal but poursuivi est de mettre fin au secret bancaire.
- **Un cadre de suivi, d'examen et de soutien.** Le *forum mondial* assure le suivi des normes internationales de transparence et d'échanges d'informations à des fins fiscales. Il procède à des examens par les pairs pour évaluer l'efficacité de la mise en œuvre et une assistance technique pour soutenir ses membres.
- **La promotion des normes internationales de transparence fiscale.** L'absence d'échanges de renseignements et d'interconnexion entre administrations, favorise l'évasion fiscale et les pratiques de prix de transfert. Le *forum mondial* œuvre principalement à la mise en œuvre des normes internationales de transparence et d'échanges de renseignements. Il promeut particulièrement l'échange de renseignement sur demande et l'échange automatique de renseignement.

481. La gouvernance fiscale internationale s'appuie sur un certain nombre d'instruments.

10.1.2. Principaux instruments

482. La mise en œuvre de la gouvernance fiscale internationale s'appuie sur la convention relative à l'assistance administrative mutuelle et est adossée à une stratégie qui vise la synergie entre la transparence fiscale et la lutte contre les flux financiers illicites.

10.1.2.1. La convention relative à l'assistance administrative mutuelle en matière fiscale (MAAC)

483. Un instrument efficace. C'est un projet auquel plus de 140 juridictions participent. Avec la MAAC, c'est « au moins 107 milliards d'EUR de recettes supplémentaires sous forme d'impôts, intérêts, majorations et pénalités, (qui) ont pu être identifiées depuis 2009 ». (***Transparence fiscale en Afrique, Rapport de progrès de l'initiative Afrique*, p. 21**). Pour les pays en développement, la part représente plus de 29 milliards d'EUR à la suite des réponses à plus de 300 demandes ERD. Grâce à la MAAC, le Sénégal a pu recouvrer, à la faveur de la coopération d'un pays participant, une somme de 2,9 millions USD.

484. Une assistance à double levier. L'assistance vise aussi bien le partage de renseignements que le recouvrement.

- **Le partage de Renseignements, une donnée très importante dans la lutte contre la fraude et l'évasion fiscales**. Il est admis que « l'impôt devrait être réparti de manière juste et équitable parmi tous les membres des sociétés afin d'apporter prospérité et développement dans tous les coins du monde et dans tous les ménages. ». Pour atteindre cet objectif, le partage de renseignements apparaît comme un moyen privilégié. Il permet aux administrations fiscales de disposer des renseignements pour administrer et appliquer les impôts. Il s'agit d'un outil puissant pour détecter l'évasion fiscale dans le contexte transfrontalier.

Seulement, la lutte contre la fraude et l'évasion fiscales ne sera pas complète « si un contribuable, personne physique ou personne morale, utilise différentes souverainetés pour éluder le paiement de l'impôt ». En conséquence, l'assistance devrait être nécessairement efficace par l'issue qu'elle induit en matière de recouvrement.

- **L'assistance au recouvrement, un complément indispensable à l'échange de renseignement.** « L'identification du redevable, la détermination de la matière imposable et la liquidation de l'impôt sont des étapes vaines si le recouvrement n'est pas constaté ». En conséquence, « le recouvrement de l'impôt ne peut s'analyser comme une problématique strictement isolée ». Il consacre en effet « l'achèvement du processus fiscal pour les cas d'imposition effective ». C'est un aspect très important du processus fiscal. En effet, c'est grâce au recouvrement que l'administration peut tirer le bénéfice financier des actions commencées en matière de transparence. Mais le recouvrement peut être entravé par de nombreux écueils dont un élément d'extranéité. Pour maîtriser le risque de non-recouvrement, lié aux contribuables dont les biens sont hors de la juridiction du pays intéressé, l'entraide administrative entre les États, est apparue comme le « complément de celle concernant l'assiette » et surtout, un outil pertinent de lutte contre la fraude **(M. CHASTAGNARET, « l'assistance administrative au recouvrement : aspects internationaux et européens »,** ***op. cit.*****).**

10.1.2.2. Les autres instruments

En complément des instruments précités, d'autres sont mis en œuvre et concourent à la consolidation d'une gouvernance fiscale au niveau mondial.

485. Le projet BEPS (*Base Erosion and Profit Shifting*-Erosion de la base d'imposition et transfert de bénéfices). Il s'agit d'un ensemble d'actions mises en œuvre à l'aide d'instruments nationaux et internationaux pour lutter contre l'évasion fiscale. L'idée est de s'assurer que les profits soient taxés à l'endroit même où ceux-ci sont générés et où a lieu la création de valeur. Le projet BEPS comporte au total 15 actions :

- *Action 1* : « Économie numérique ». Il s'agit de relever les défis fiscaux posés par l'économie numérique en identifiant les principales difficultés posées par l'économie numérique pour l'application des règles fiscales internationales existantes et en élaborant des solutions détaillées pour les résoudre. L'action vise l'adoption d'une démarche globale et en tenant compte à la fois de la fiscalité directe et indirecte.
- ***Action* 2 :** « Hybrides ». À travers l'action 2, le projet entend mettre en place des dispositions conventionnelles types et des recommandations relatives à la conception de règles nationales visant à neutraliser les effets d'instruments et d'entités hybrides (double non-taxation, double déduction, report à long terme).
- *Action 3* **« Règles concernant les SEC ».** L'objectif est de concevoir des règles efficaces pour les sociétés étrangères contrôlées. Les recommandations qui en découlent permettent d'envisager le renforcement des règles applicables aux SEC.
- *Action 4* **« Déductions d'intérêt ».** Le but poursuivi est la limitation de l'érosion de la base d'imposition faisant intervenir les déductions d'intérêts et autres frais financiers. Pour ce faire, des recommandations sont émises concernant des pratiques exemplaires pour la conception de règles visant à empêcher l'érosion de la base d'imposition par l'utilisation de paiements d'intérêts. C'est le cas pour le recours à l'emprunt auprès d'une partie liée ou d'une tierce partie en vue de réaliser des déductions excessives d'intérêts ou de financer la production d'un revenu exonéré ou différé. Cet aspect est particulièrement intéressant parce qu'il permettra de faire barrage aux déductions d'intérêts fictifs.
- *Action 5* **« Pratiques fiscales dommageables ».** Par l'action 5, le projet BEPS vise à lutter plus efficacement contre les pratiques fiscales dommageables, en prenant en compte la transparence et la substance. Pour les pays participants, il s'agit de mettre à jour les travaux relatifs aux pratiques fiscales dommageables en donnant la priorité à l'amélioration de la transparence, notamment par le biais de l'échange spontané obligatoire de renseignements sur les

décisions relatives à des régimes préférentiels, ainsi qu'au moyen de l'exigence d'une activité substantielle préalablement à l'instauration de tout régime préférentiel.

- *Action 6* **« Utilisation abusive des conventions fiscales ».** C'est pour empêcher l'utilisation abusive des conventions fiscales lorsque les circonstances ne s'y prêtent pas que cette action a été inscrite dans le projet. Il est donc proposé des dispositions conventionnelles types et des recommandations visant à concevoir des règles nationales qui empêchent que les avantages prévus par les conventions puissent être accordés lorsque cela n'est pas justifié.
- *Action 7* **« Statut d'établissement stable ».** L'objectif visé est d'enrayer le déploiement des mesures visant à éviter les artifices concernant le statut d'établissement stable pour éluder l'impôt. Pour les multinationales surtout, « les notions de siège social et d'établissement stable apparaissent ou se confortent. Les compensations douteuses entre établissements stables et siège social et fiscal fragilisent la capacité des administrations fiscales africaines à saisir au mieux la base imposable à la fois des revenus et de l'activité des entreprises assujetties » **(N. MEDE, *La gouvernance fiscale mondiale et* l'Afrique, *op.cit.*).** La notion d'établissement stable est donc révisée. Le but est d'empêcher le recours à certaines stratégies d'évasion fiscale qui sont employées pour contourner la définition existante, avec l'utilisation par exemple des « accords de commissionnaire ».

Encadré 69: La notion d'établissement stable et application en droit comparé

Si, pour le législateur béninois, l'expression « établissement stable » désigne une installation fixe d'affaires par l'intermédiaire de laquelle l'entreprise exerce tout ou partie de son activité, dans la pratique, la notion d'établissement stable est une notion faussement simple. Elle pose la question du traitement fiscal ou plutôt les conséquences fiscales des sièges de direction ou d'exploitation, succursales, courtiers, commissionnaires du point de vue du droit fiscal international, dans leur relation avec les sociétés établies à l'étranger ; ceci indépendamment de leur qualification, du point de vue du droit commercial. En effet, la globalisation et surtout la digitalisation de l'économie, qui s'en est suivie, ont artificialisé la notion de siège et l'ont rendue totalement volatile. Des montages particulièrement complexes permettent ainsi de la *transférabilité* de bénéfices par les multinationales, qui utilisent de simples jeux d'écritures, qui les aident à les localiser dans des États fiscalement privilégiés. La notion d'établissement stable a des conséquences en matière de prix de transfert et de règles de double imposition. Ces conséquences sont fonction de la loi fiscale de l'État, ou encore des conventions fiscales spécifiques[33].

Mais que les règles applicables soient d'origine légale ou conventionnelle, il faut retenir que relativement à la notion d'établissement stable, de façon générale, « les bénéfices d'une entreprise d'un État ne sont imposables que dans cet État, à moins que l'entreprise exerce son activité dans l'autre État par l'intermédiaire d'un établissement stable qui y est situé. Si l'entreprise exerce son activité d'une telle façon, les bénéfices de l'entreprise sont imposables dans l'autre État mais uniquement dans la mesure où ils sont imputables audit établissement stable (...) ». Spécifiquement pour le Bénin, les bénéfices de la société non-résidente sont imposables au Bénin où est situé son établissement stable, mais uniquement dans la mesure où ils sont imputables : • a) à cet établissement stable ; ou • b) aux ventes, au Bénin, de marchandises de même nature ou de nature analogue que celles qui sont vendues par cet établissement stable ; ou • c) à d'autres activités industrielles ou commerciales exercées au Bénin et de même nature ou de nature analogue à celles qui sont exercées par cet établissement stable (article 6-3 CGI). Pour caractériser légalement un établissement de stable, il faut se référer à l'article 6-1 du CGI qui en précise les contours : l'établissement stable y est défini comme : « une installation fixe d'affaires par l'intermédiaire de laquelle l'entreprise exerce tout ou partie de son activité ». Il peut s'agir d'un bureau, un entrepôt, une succursale, une usine, un atelier, lieu de prospection ou d'exploitation de ressources fossiles, un chantier de construction, un projet de montage ou d'installation ou des activités de surveillance s'y exerçant, lorsque ce chantier, ce projet ou ces activités ont une durée supérieure à trois (3) mois), la fourniture de services pendant une période ou des périodes représentant un total de plus de 183 jours, dans les limites d'une période quelconque de douze mois. On ne considère pas qu'une entreprise d'un État a un établissement stable, du seul fait d'usage d'installations aux seules fins de stockage ou d'exposition de marchandises appartenant à l'entreprise, de l'entreposage des marchandises appartenant à l'entreprise aux seules fins de stockage ou d'exposition. Cette caractérisation légale est sans préjudice de qualifications qui peuvent résulter de conventions fiscales.

Pour mieux appréhender la notion, on peut se référer à la jurisprudence. Elle apporte des clarifications sur la notion lorsqu'il s'agit de commissionnaire ou de conflit de qualification d'installation fixe à inclure dans le champ d'établissement stable.

En ce qui concerne un commissionnaire. Le Conseil d'État français s'est penché sur le cas de contrats conclus par un commissionnaire pour le compte de son commettant, mais n'engageant pas directement ce dernier vis-à-vis des cocontractants du commissionnaire. Pour le juge, un commissionnaire ne peut, en principe constituer, du seul fait de ce qu'en exécution de son contrat de commission, il vend, tout en signant les contrats en son propre nom, les produits ou services du commettant pour le compte de celui-ci, un établissement stable du commettant ; sauf s'il ressort soit des termes mêmes du contrat de commission, soit de tout autre élément de l'instruction, qu'en dépit de la qualification de commission donnée par les parties au contrat qui les lie, le commettant est personnellement engagé par

[33] La coexistence de dispositions législatives et conventionnelles peut toutefois conduire à des contrariétés. En droit comparé (français), cette contrariété a fait l'objet d'attention sur la question de la double imposition. La solution, qui en résulte, est qu'il est impossible de fonder une imposition sur une Convention fiscale internationale (CFI). Le Conseil d'État français considère que si une convention bilatérale conclue en vue d'éviter les doubles impositions peut, en vertu de l'article 55 de la Constitution, conduire à écarter, sur tel ou tel point, la loi fiscale nationale, elle ne peut pas, par elle-même, directement servir de base légale à une décision relative à l'imposition (Conseil d'État, 28 juin 2002, MEF c/ Scheinder). Ce type de raisonnement empêche d'analyser un impôt directement sur la base d'une convention fiscale.

les contrats conclus avec des tiers par son commissionnaire qui doit alors, de ce fait, être regardé comme son représentant et constituer un établissement stable. (**Conseil d'État, 31 mars 2010, Société Zimmer Ltd, n° 304715 308525).**

En ce qui concerne l'existence d'installations fixes. La Cour administrative d'appel de Paris (**CAA de Paris, 1er mars 2018, Société Conversant International LTD, n° 17PA01538**), se fondant sur les dispositions de la convention franco-irlandaise, examine le cas d'une société en France, liée à une société en Suisse par un contrat de services intragroupe, en exécution duquel elle fournit à celle-ci différents services. Il a été considéré que c'est à tort que le service vérificateur a estimé que les tâches effectuées par les salariés de la société située en France excédaient les missions dévolues à cette dernière, aux termes du contrat de services intragroupe et que l'activité ainsi réalisée par la société en France, non prévue par le contrat, caractérisait l'existence d'un établissement stable, au sens des stipulations précitées de la convention franco-irlandaise. Pour le juge, eu égard à la généralité des termes utilisés par le contrat pour définir les prestations devant être réalisées par la société installée en France et au fait que ces prestations recouvrent pratiquement l'ensemble des tâches qu'une entreprise fournissant des prestations de marketing digital est susceptible d'accomplir, y compris les négociations avec les clients, la société installée en France ne peut être regardée en l'espèce comme ayant réalisé d'autres prestations que celles prévues par le contrat, susceptibles de correspondre à l'activité d'un établissement stable, distincte de la sienne ; que la société installée en Suisse ne peut dès lors être considérée comme ayant disposé en France d'une installation fixe d'affaires.

Mais saisi, le conseil d'État estime que la Cour administrative d'appel a inexactement qualifié les faits qui lui étaient soumis (**Plénière fiscale N° 420174 11 décembre 2020, ministre de l'Action et des Comptes Publics c/ Société Conversant International Ltd),** précisant que *doit être regardée comme établissement stable, une société française qui, de manière habituelle, même si elle ne conclut pas formellement de contrats au nom d'une société étrangère, décide de transactions que la société étrangère se borne à entériner et qui, ainsi entérinées, l'engagent* »..

- **Sur la TVA,** une société étrangère disposant en France des moyens humains « *qui permettent de prendre la décision de conclure* » et présentant un degré suffisant de permanence et une structure apte, rendant possibles de manière autonome les prestations.

- **Sur l'imposition sur les sociétés**. Il ressort qu'en raison des moyens dont elle disposait en France pour ses activités, une société satisfaisait aux critères d'un établissement stable satisfaisant aux critères.

En Italie, il a été considéré qu'un Établissement stable est réputé exister dans le cas d'une **présence économique significative** et continue c'est-à-dire une présence qui a été organisée de telle sorte que sa présence physique n'est qu'apparente (**P.GIULIANA, A. De CARNE).**

- *Actions 8-10* **« Prix de transfert ».** Aligner les prix de transfert, calculés sur la création de la valeur, tel est l'objectif visé par la série d'actions. C'est dans ce sens qu'il faut comprendre les propositions de révision des principes qui s'assurent que les règles en matière de prix de transfert aboutissent à des calculs selon lesquels les bénéfices opérationnels sont attribués aux activités économiques qui les ont générés. Cela inclut les actifs difficiles à évaluer comme les risques et le capital ainsi que les autres transactions à haut risque.

- *Action 11* « **Analyse des données du BEPS** ». C'est une action qui se base sur la mesure et la mise en œuvre du BEPS. Elle établit des méthodologies pour collecter et analyser les données sur le BEPS ainsi que d'autres sur les actions pour lutter contre celui-ci. Elle développe des recommandations en ce qui concerne les indicateurs de l'échelle et de l'impact économique du BEPS. Elle s'assure également que des outils de mise en œuvre et d'évaluation de l'efficacité et de l'impact économique des actions pour lutter contre le BEPS soient disponibles.
- *Action 12* « **Règles de communication obligatoire d'information** ». Cette action souligne l'intérêt des outils conçus pour améliorer le flux de renseignements sur les risques fiscaux transmis aux administrations et aux responsables de la politique fiscale, et préconise d'élaborer des recommandations concernant la définition d'un régime de communication obligatoire d'informations applicable à des transactions, dispositifs ou structures de nature agressive ou abusive, en tenant compte des coûts administratifs encourus par les autorités fiscales et les entreprises et en se référant à l'expérience du nombre croissant de pays ayant adopté de telles règles.
- *Action 13* « **Documentation des prix de transfert** ». Elle vise la documentation des prix de transfert et la déclaration pays par pays. Elle contient des normes révisées de documentation des prix de transfert ainsi qu'un formulaire de déclaration pays par pays du chiffre d'affaires, des impôts acquittés et de certaines mesures de l'activité économique.
- *Action 14* « **Règlement des différends** ». Le but visé est d'accroître l'efficacité des mécanismes de règlement des différends. Pour ce faire, des solutions sont conçues pour lever les obstacles qui empêchent les pays de régler les différends relatifs aux conventions en recourant à la procédure amiable, notamment le fait que la plupart des conventions ne prévoient pas de clause d'arbitrage et que le recours à la procédure amiable et à l'arbitrage peut être refusé dans certains cas.
- *Action 15* : « **Instrument multilatéral** ». C'est l'action qui institue une convention multilatérale pour la mise en œuvre

des mesures relatives aux conventions fiscales pour éviter le BEPS. Elle prévoit l'analyse des questions de droit fiscal et de droit international public que pose l'élaboration d'un instrument multilatéral qui permettrait aux pays qui le souhaitent de mettre en œuvre les mesures résultant des travaux sur BEPS. Sa concrétisation est actée par la signature, le 7 juin 2017, par plus de 70 ministres et hauts représentants, de l'Instrument multilatéral.

486. La loi FATCA (*Foreign Account Tax Compliance Act*). C'est une loi d'origine américaine qui vise à combattre l'évasion fiscale. Instrument unilatéral adopté dès 2010, il est entré en vigueur en juillet 2014. Il fait obligation aux banques et institutions financières dans le monde, d'opérer une transmission automatique d'information au fisc américain. L'idée pour le fisc américain est de collecter annuellement auprès des entités étrangères visées, les informations sur les avoirs et les revenus détenus par les contribuables américains. La dimension internationale de la loi FATCA est actée lorsqu'en février 2012, la France, l'Allemagne, l'Italie, l'Espagne et le Royaume-Uni publiaient avec les États-Unis une déclaration commune promettant une approche intergouvernementale pour la « promotion internationale du civisme fiscal et [la] mise en œuvre du dispositif FATCA. Des déclarations similaires furent ensuite publiées en juin 2012 avec le Japon, d'une part, et la Suisse, d'autre part » (**C. ROUSSIEAU, « L'échange automatique d'informations en matière fiscale dans le contexte international », *RIDE*, 2016/3**).

Encadré 70: La loi FATCA, le fer de lance de la transparence fiscale mondiale

Le terreau de la vague de transparence fiscale que nous connaissons à l'heure actuelle est à trouver dans les scandales financiers de 2008. À l'époque, la banque LGT (Liechtenstein) ainsi que la banque UBS (Suisse) sont poursuivies par le fisc américain dans deux affaires distinctes pour avoir aidé des milliers de citoyens américains à éluder l'impôt via des comptes *off-shore*. Sous la menace d'une levée partielle exceptionnelle du secret bancaire suisse dans la seconde affaire, plus de 15 000 citoyens américains déclarèrent des avoirs à l'étranger. Les renseignements obtenus à cette occasion, l'importance des sommes récoltées et la pression de la société civile américaine, frappée de plein fouet par la crise des *subprimes,* furent autant de circonstances propices à une intervention coordonnée des différentes branches du pouvoir américain en matière d'évasion fiscale. FATCA combat l'évasion fiscale en s'appuyant sur des tiers pour la déclaration des revenus. Si ce mécanisme est classique en droit interne, il est bien plus rare dans un contexte international. En effet, FATCA, comme toute loi américaine, n'a pas force obligatoire pour les institutions financières étrangères. Il en résulte que le fisc américain doit employer la voie contractuelle : il invite les institutions financières étrangères à conclure avec lui un contrat en vertu duquel elles s'engagent à lui déclarer de manière automatique diverses informations sur les comptes détenus par tout client américain. Sont visés tant les banques et fonds d'investissement que certaines compagnies d'assurance, pour autant que ceux-ci ne soient pas organisés en vertu du droit d'un des États américains et sous réserve de certaines exceptions.

Candice ROUSSIEAU, L'échange automatique d'informations en matière fiscale dans le contexte international, RIDE, 2016/3, pp. 363-385)

10.1.2.3. La synergie entre la transparence fiscale et les normes de lutte contre le blanchiment d'argent et le financement du terrorisme

487. Le lien entre la lutte pour la transparence fiscale et la lutte contre le blanchiment d'argent et le financement du terrorisme est établi. Ceci est confirmé par plusieurs organisations internationales et groupes de réflexions. C'est dans ce sens qu'il faut comprendre les recommandations du Groupe d'action financière (GAFI) sur la lutte contre le blanchiment de capitaux et le financement du terrorisme (LBC/FT). Selon ce groupe, la mise en œuvre des normes de transparence fiscale doit épouser les objectifs de la norme de l'*initiative pour la transparence dans les industries extractives pour la bonne gouvernance du pétrole, du gaz et des ressources minérales, la lutte contre le blanchiment d'argent et le financement du terrorisme* (***Transparence fiscale en Afrique 2021, Rapport de progrès de l'initiative Afrique,*** **p. 22**). Dans certaines conditions, les instruments internationaux de mise en œuvre de la transparence fiscale peuvent donc être utilisés à des fins non fiscales, notamment dans la lutte contre les autres formes de FFI. Ceci est conforme aux principes du G20 sur la transparence sur les bénéficiaires effectifs qui enjoignent aux pays ce qui suit :

488. « Veiller à ce que les autorités compétentes (y compris les autorités chargées de l'application des lois et des poursuites, les autorités de surveillance, les autorités fiscales et les cellules de renseignement financier) disposent en temps utile d'informations adéquates, exactes et actuelles concernant la propriété effective des personnes morales » (***ibid.***).

489. L'Afrique entend prendre sa part à la lutte contre l'évasion fiscale et la promotion de la transparence fiscale, car le continent est la première victime de ces pratiques.

Encadré 71: Le Bénin face aux évolutions de la gouvernance fiscale internationale

L'analyse des normes nationales fiscales permet de constater « une sorte de réception ou d'intégration dans les droits nationaux de dispositions nouvellement élaborées ou de dispositions déjà testées efficaces ailleurs en matière de lutte contre l'évasion fiscale » (**N. MEDE et *al,. La gouvernance fiscale mondiale et l'Afrique***). Avec plus de 211 millions de dollars US de bénéfices illégitimement transférés hors de son territoire en 2021, selon l'agence *ecofin*, le Bénin n'est pas inerte en matière d'actions pour contenir la fraude et l'évasion fiscales. Le pays fait évoluer sa législation en matière de prix de transfert, transferts indirects à l'étranger, de retenue à la source sur revenus, de redéfinition et clarification de la notion d'établissement stable. L'action internationale du Bénin, si elle est perceptible, n'est pas moins perfectible.

I- Une action perceptible

- L'adaptation de la législation béninoise aux standards internationaux en matière de gouvernance fiscale mondiale. Il y a l'adaptation de la législation fiscale béninoise aux directives et standards internationaux. Les résultats des travaux à l'international sont concrétisés au Bénin par la mise aux normes des textes fiscaux afin de les rendre compatibles avec les enjeux contemporains. Le pays s'aligne donc sur les normes internationales de transparence fiscale nécessaires pour assurer la disponibilité et l'accès aux renseignements sur les activités des sociétés établies sur le territoire national ou ayant un lien étroit avec celui-ci. Il en est de même des renseignements comptables et des renseignements bancaires.

- L'adhésion du Bénin aux initiatives internationales de promotion de la gouvernance fiscale. Le Bénin est membre du *Forum mondial* sur la transparence et l'échange des renseignements à des fins fiscales depuis 2017 et signataire de la déclaration de Yaoundé de la même année. Il a successivement adhéré au *Cadre inclusif* de lutte contre le BEPS (Erosion de la base d'imposition et transfert de bénéfice), l'Initiative *Inspecteur Sans Frontières* (IISF). Il a signé la Convention multilatérale sur l'assistance administrative mutuelle en matière fiscale (MAAC). La MAAC vise l'échange de renseignements, y compris les contrôles fiscaux simultanés et la participation à des contrôles fiscaux menés à l'étranger, l'assistance au recouvrement des créances fiscales à l'étranger, la notification de documents facilitant une meilleure mise en œuvre des législations fiscales internes. Le programme IISF né après la crise financière de 2008, vise à aider les États à lutter pour la transparence et entamer la lutte contre l'érosion de la base d'imposition, tout en aidant les pays en développement à percevoir les impôts dus par les entreprises multinationales. Le programme prête aux pays participants une assistance au service du renforcement des capacités en matière de vérification. La particularité du programme IISF est qu'il permet de générer des compléments de recettes fiscales grâce à des contrôles et des avis de redressement (entre 2014 et 2015, en termes de recettes fiscales additionnelles, le programme IISF mis en œuvre au Sénégal a permis d'engranger 18,6 millions de dollars ; soit un dollar USD dépensé au titre de ce programme, plus de 1 000 dollars USD ont été collectés) tout en opérant un transfert de compétences en matière de contrôle des opérations internationales et des multinationales notamment au profit des vérificateurs locaux. Le Bénin a rejoint le dernier accord de juillet 2020 sur la déclaration de solution reposant sur deux piliers pour résoudre les défis fiscaux soulevés par la numérisation de l'économie.

II- Une action perfectible.

- Des conventions fiscales non conformes aux standards. Selon l'OCDE, aucune des conventions conclues par le Bénin n'est conforme au standard minimum ou ne fait l'objet d'un instrument de mise en conformité. Cette appréciation porte sur trois conventions fiscales y compris le Règlement multilatéral 08/2008/COM portant adoption des règles visant à éviter la double imposition au sein de l'Union économique et monétaire ouest africaine (UEMOA) et des règles d'assistance en matière fiscale conclues avec les autres pays de l'UEMOA.

- La non-signature de l'Instrument « IM » pour améliorer la diplomatie fiscale. Le Bénin n'a pas signé la convention multilatérale pour la mise en œuvre des mesures relatives aux conventions fiscales visant à prévenir l'érosion de la base d'imposition et le transfert de bénéfices, dénommé « Instrument multilatéral » ou « IM ». (Voir **OCDE, 2021, « Bénin »,** ***Prevention of the Tax Treaty Abuse-Third Peer Review Report on Treaty Shopping : Inclusive Framework on BEPS : Action 6, Editions OCDE, Paris)***. Pourtant, l'IM offre des solutions concrètes aux gouvernements pour fermer les brèches dans les règles internationales actuelles en transposant les mesures développées dans le cadre du Projet BEPS de l'OCDE et du G20 dans les conventions fiscales bilatérales. Il prescrit des standards minimums adoptés afin de prévenir l'utilisation abusive des conventions fiscales et d'améliorer le règlement des différends tout en garantissant un degré suffisant de souplesse pour ainsi prendre en compte les politiques fiscales spécifiques relatives aux conventions fiscales. Au 20 avril 2021, trois pays sur les huit pays de l'UEMOA ont adhéré à l'IM. Il s'agit du Burkina-Faso, de la Côte d'Ivoire et du Sénégal. Le Sénégal semble avoir tiré parti de son adhésion. Cela lui a permis de dénoncer une convention fiscale qui le lie à Île Maurice en raison de l'obstacle que cette convention représentait pour la lutte contre l'achalandage fiscal. En effet, signer un accord de non double imposition avec Île Maurice entraîne des pertes fiscales d'au moins 15 % en matière d'IS. C'est l'illustration d'une diplomatie fiscale éclairée. Elle doit désormais permettre de ne maintenir que des conventions fiscales dont l'évaluation coûts/avantages, atteste d'un bénéfice pour l'État. Elle doit également permettre de dénoncer celles qui laissent des brèches pour des schémas d'optimisation fiscale engendrant des manques à gagner au détriment du Trésor public.

- La non-ratification de la convention MAAC. Le Bénin a adhéré au projet MAAC à la faveur de la signature de la convention, le 27 novembre 2019. Si cela devrait permettre au pays de bénéficier du réseau d'échanges de renseignement, les gains que le pays peut en tirer sont handicapés par la non-ratification. En effet, « sans ratification et dépôt de l'instrument de ratification, la MAAC ne peut entrer en vigueur » et le Bénin ne peut utilement profiter de l'assistance administrative transfrontalière en matière fiscale. Le Bénin peut donc se retrouver dans le cas du Libéria. En raison de la non-ratification de la convention MAAC, le Libéria, n'a pas pu bénéficier en 2018, de l'assistance pour le recouvrement d'une créance fiscale de 23 millions d'euros, à l'encontre d'un contribuable qui détenait des actifs dans une autre juridiction. La juridiction aurait pu y concourir si la formalité de ratification avait été accomplie.

- Un accompagnement vers la transparence fiscale à l'horizon 2023. Le Bénin est au stade de l'accompagnement. Contrairement au Sénégal, le pays n'est pas encore utilisateur de l'ERD. Avec quinze autres pays, le Bénin bénéficie d'un programme d'accompagnement depuis 2018, destiné à préparer le pays dans son intention d'établir une infrastructure d'échange de renseignement et son utilisation efficace dans la stratégie de mobilisation des ressources nationales. Ce programme passe par des cours d'apprentissage, la mise à disposition de boîte à outils, fournissant des informations de base et des solutions pratiques aux membres du *Forum mondial*. Le pays bénéficie de l'assistance technique pour le dépôt de l'instrument de ratification.

Par ailleurs, le processus de mise en œuvre d'une infrastructure ER, y compris la création d'une unité ER, progresse également. Une assistance technique est fournie pour la mise en œuvre de la norme de transparence fiscale et de l'ERD avec un examen préliminaire en cours du cadre juridique en vue de l'examen de l'ERD qui sera lancé au premier trimestre 2023. ***(Transparence fiscale en Afrique 2021, Rapport de progrès de l'initiative Afrique ; op. cit.).***

10.1.3. Vers une imposition à l'échelle mondiale dans le cadre d'un nouveau cadre pour la réforme fiscale mondiale

490. En dépit des différents mécanismes conventionnels imaginés, les États n'arrivent toujours pas à contenir le « génie » des entreprises, notamment celles multinationales qui ont développé une véritable boîte à outils de techniques pour manipuler et domicilier les bénéfices dans les juridictions qui appliquent le délestage fiscal. Elles profitent avec aisance de la concurrence fiscale entre États pour payer le moins d'impôts en s'enregistrant dans le pays où le taux d'impôt est le plus bas possible.

491. Un nouveau cadre audacieux pour la réforme fiscale mondiale. Face aux conséquences néfastes de la mobilité des capitaux et des bénéfices sur les ressources fiscales des États, au profit des grandes multinationales, il fallait trouver le moyen de redonner le pouvoir d'imposer aux États ; surtout lorsque certains, par achalandage fiscal ou dans un but de concurrence fiscale, décident de renoncer à l'exercice de leur prérogative de prélèvement **(N. VERGNET, *Impôt mondial minimum : à qui profite la révolution, leclubdesjuristes en* ligne**). La dernière initiative aboutie en matière de gouvernance fiscale internationale fut le projet d'« un nouveau cadre audacieux pour la réforme fiscale mondiale ». Les négociations qui sous-tendaient cette nouvelle étape dans la coordination fiscale internationale, tenaient compte aussi bien des intérêts des pays avancés que des pays moins avancés qui ne sont pas toujours convergents. La première étape du projet a été l'approbation des principes du projet le 5 juin à Londres dans le cadre des sept plus grandes puissances du monde, le G7. Les discussions se sont ensuite poursuivies sous la houlette de l'OCDE dans « le cadre inclusif » entre les 139 États. Un compromis a finalement été trouvé entre 130 pays, d'autres pays étant réticents. Il a abouti *in fine* à l'avènement de ce nouveau cadre qui vise la réforme des règles qui gouvernent le système fiscal à l'échelle internationale. Le but est également de garantir une contribution fiscale juste et équitable de la part des multinationales partout où ces dernières opèrent. Initialement adopté par 130 pays et juridictions nationales, c'est finalement 135 pays participants qui ont adopté en octobre 2021 (aujourd'hui ils sont 136 pays) un plan novateur visant à mettre à jour les éléments clés d'un nouveau système fiscal à l'échelle internationale, plus adaptés à l'économie mondialisée et numérisée. L'étape d'après est la formalisation juridique dans le cadre d'un traité multilatéral en 2022 et à la mise en œuvre effective en 2023. Sa faisabilité est articulée autour de deux piliers :

- **Pilier 1**. L'accord débouche sur une répartition fractionnaire des revenus autonomes ou intégrés. Selon les termes des négociations, il s'agit d'assurer une répartition des bénéfices et des impôts entre les différents pays en ce qui concerne les activités des grandes multinationales, y compris les entreprises numériques. Mais l'accord exclut deux secteurs de son périmètre de mise en œuvre : les industries extractives demandés par des pays africains et les services financiers réglementés. Selon l'accord, une partie des profits réalisés par une multinationale, doit revenir à la juridiction, du moment qu'il y a de l'activité sur son territoire, même si la firme n'y est pas présente. De façon technique, pour les EMN couvertes, entre 20 et 30 % du bénéfice résiduel, défini comme le bénéfice au-dessus d'un seuil de 10 %, sera attribué aux juridictions de marché qui satisfont au critère du *nexus* (**voir encadré n°76**), à partir d'une clé de répartition fondée sur le chiffre d'affaires. La finalité est la réallocation des recettes perçues auprès des multinationales, à partir de leur lieu d'établissement ou pays d'origine vers les autres juridictions nationales où elles exercent. Cette réallocation est fonction de l'intensité de leurs activités commerciales et la réalisation de leurs bénéfices, que les entreprises y soient physiquement présentes ou non. Une telle réallocation s'appuie sur les règles du prix de transfert. La redistribution d'impôt sur le surplus de profits concerne les cent multinationales les plus grandes et les plus rentables au bénéfice des juridictions dites de marchés dans lesquelles elles font des affaires. Selon les perspectives, les enjeux financiers devraient concerner plus de 100 milliards de dollars de réaffectation. La mise en place de règle et de mécanismes de prévention et de résolution de différends sont institués pour assurer la sécurité fiscale des multinationales et éviter les doubles impositions.
- **Pilier 2**. Le second point de consensus du nouveau cadre vise l'institution d'un plancher sur la concurrence fiscale en matière d'impôt sur les sociétés. Il s'agit de limiter la

concurrence fiscale basée sur le délestage fiscal en instituant un taux d'imposition minimum mondial sur les sociétés que les pays peuvent utiliser pour protéger leur assiette fiscale. Ainsi, dès 2023 « les multinationales avec une marge supérieure à 10 % sur leur bénéfice devront s'acquitter de l'impôt sur les bénéfices des sociétés aux pays hébergeurs » par application d'un taux minimum de 15 %. Si ce taux est jugé insuffisant au regard du taux moyen d'imposition dans le monde qui est de 22 %, il faudra voir cet accord comme une avancée et une « décision historique » selon les termes du Ministre français des Finances, Bruno Lemaire. De façon pratique, « une entreprise française domiciliée fiscalement en Bulgarie, là où le taux d'imposition est l'un des plus faibles (10 %), devra payer la différence au pays hébergeur. Dans ce cas précis, l'entreprise devra verser 5 % de plus à la France pour atteindre ce fameux seuil minimum de 15 %. Avec cette nouvelle règle, les paradis fiscaux ne seront plus si attractifs pour les entreprises » (**L. COSTES, *Accord des membres du G20 sur un nouvel impôt minimum à 15 %, Wolters Kluwer* France**) dans la mesure où « il sera possible pour tout pays de prélever jusqu'à 15 % l'impôt auquel auraient renoncé ceux dans lesquels ces entreprises ont décidé de s'implanter » (**N. VERGNET, *Impôt mondial, A qui profite la révolution,* Leclubdesjuristes.com, publication du 29 juillet 2021**). La mise en œuvre de l'accord devrait générer environ 150 milliards de dollars de recettes fiscales mondiales supplémentaires. En même temps, cela pourrait stabiliser le système fiscal international et accroître la sécurité fiscale des contribuables et des administrations fiscales.

Si le projet reste un évènement historique, il n'en demeure pas moins un instrument insuffisant qui doit être renforcé (**K. OUCHANI, *vers une imposition des multinationales à l'échelle mondiale ? Billet Edgard Allix, n° 7, juin 2021***), notamment pour contenir et anticiper d'éventuelles stratégies futures de contournement de cet impôt naissant **(G. ZUCMAN, cité par K. OCHANI, *op.cit.*).**

492. Un nouveau cadre spécieux pour la gouvernance fiscale mondiale ? Le fait d'imposer des règles globales garantissant un niveau minimum d'impôt aux grandes entreprises multinationales sur les revenus générés dans chacune des juridictions où elles opèrent est une avancée. Cette avancée englobe le fait de prévoir un système d'imposition coordonné de prélèvement d'un impôt complémentaire sur les bénéfices réalisés dans une juridiction lorsque le taux d'imposition effectif est inférieur au taux minimum. Le caractère audacieux du nouvel accord n'est toutefois pas partagé par tous. D'abord parce qu'entre la décision et la mise en œuvre de l'accord, il y a un délai de préparation et d'évaluation au cours duquel, non seulement les multinationales pourront s'organiser pour contourner les contraintes de l'accord - sauf en parallèle, à mettre en œuvre des normes comptables pour empêcher la substitution des techniques anciennes d'évasion par des nouvelles - ce qui peut doucher les espérances de la nouvelle gouvernance fiscale mondiale défendue par cet accord. Il ne faut pas non plus oublier qu'un nouveau leadership mondial peut émerger et remettre en cause une telle avancée. La forme de l'accord suscite aussi des appréhensions en ce que les termes ont été négociés dans un cadre institutionnel non classique. En dépit du rôle joué par la France pour garantir les intérêts des pays du Sud, ce n'est ni sous l'égide de l'ONU encore moins ou encore avec la participation des représentations nationales que l'accord a été obtenu. Une telle forme limite la transparence, l'ouverture et les garanties d'égalité entre pays qui auraient pu prévaloir lors des négociations. Cela peut susciter des doutes sur d'éventuelles pressions et manipulations politiques subies par les pays du Sud pour participer à l'Accord. Pourtant, « les politiques fiscales sont au cœur de la souveraineté fiscale et budgétaire nationale et relèvent des compétences nationales » **(Parlement européen, *Rapport du 3 juin 2021*).** La logique intergouvernementale, qui devrait prévaloir lors des discussions dans le respect des compétences et de la souveraineté fiscale et budgétaire nationales, garantie par une adhésion éclairée des Parlements nationaux à l'ambition de trouver des solutions fiscales innovantes, a été édulcorée par le caractère « falot » de l'accord. Mais au-delà de ces incertitudes et réserves, c'est bien sur le fond que les critiques remettent en cause l'intérêt de l'accord, notamment pour les pays du Sud. Le niveau d'engagement est jugé insuffisant pour relever les défis des efforts de relance post-covid 19. D'abord parce que certaines projections jugent le mécanisme de réaffectation mis en place dans le cadre du pilier 1 peu redistributif. Il apparaît également que le taux de 15 % est assez faible pour faire face aux enjeux et compenser les externalités négatives sur le plan économique, social, financier et climatique des activités des multinationales, notamment en Afrique où elles sont accusées de « prédation ». Ensuite, « seule une poignée d'entreprises seraient éligibles à un impôt qui ne s'appliquerait qu'à une petite partie de leurs bénéfices » **(F. NGUEGAN, *les organisations de la société civile africaine appellent au rejet de l'accord fiscal mondial du G7*, voir le blog du réseau *Tax Justice Network Africa*, publiée le 6 juillet 2021).** En abaissant le montant minimum de chiffre d'affaires à 10 milliards, ce qui élargit le périmètre des multinationales concerné, il n'en demeure pas moins qu'un nombre important d'entre elles restent en dehors du champ d'application. Dans ce champ d'application déjà restreint, seule une part des bénéfices, au-delà d'un certain seuil, est susceptible d'être prise en compte dans la répartition, ce qui limite le niveau de recettes qu'une juridiction de marché peut espérer de la réforme. Alors que les recettes fiscales, générées par le taux retenu, seraient allouées à partir des pays dans lesquels les multinationales ont leur siège, il est aisé de comprendre que c'est à partir des capitales financières des pays du Nord que la décision sera prise. Cette approche n'est pas forcément à l'avantage des pays en développement d'où viennent souvent ces profits, et qui ont le plus besoin de ressources fiscales pour financer le développement et les services publics (**F. NGUEGAN, *ibid.***). Dans le même temps, les pays avancés comptent sur la solution pour financer la relance. C'est le cas des USA qui misent sur la refonte fiscale mondiale pour appréhender les bénéfices des multinationales planqués dans les paradis fiscaux et qui échappent à la taxation. En 2016, les sommes transférées s'élevaient à 2 600 milliards de dollars permettant aux entreprises multinationales d'éluder environ 750 milliards de dollars d'impôts américains (**M. GARDNER, *in* Magazine *Fortune***). Et une majorité des multinationales visées par l'accord sont des entreprises américaines.

493. Il ne paraît pas difficile de deviner que les intérêts des pays du Sud et ceux du Nord ne sont pas facilement conciliables. Dans cette confrontation, les pays du Sud ne sont pas dans une position avantageuse par rapport aux pays du Nord, plus outillés et plus à même d'imposer leurs intérêts. L'ATAF (*African Tax Administration Forum*) a d'ailleurs exprimé sa déception sur la non-adoption de règles de jeu plus équitables (**ATAF, *communiqué du 1er juillet 2021***) au profit des États du Sud.

494. Un accord contrasté. Mais il faut préciser que même s'il s'agit d'un arrangement qui a ses propres limites, on ne peut pas nier qu'il s'agit d'une avancée qui vient mettre fin à un siècle d'immobilisme en matière de règles internationales d'imposition et « un progrès pour lutter contre les passagers clandestins de la fiscalité mondiale ». (**J. STIGLITZ, 2021**). Par principe, « les règles qui permettent aux fiscs des pays d'origine des multinationales de récupérer les impôts qu'elles auraient dû payer ne concernent pas, par définition, des pays pauvres n'ayant pas de multinationales, pour autant, ces firmes y ont des activités ». Mais « l'accord prévoit que les pays en développement peuvent mettre en place une retenue à la source sur les profits réalisés par les entreprises sur leur territoire ». Le compromis permet aux pays du Sud qui ne souhaitent pas mettre en œuvre des institutions formelles de règlement des différends fiscaux de s'y soustraire. En même temps, « ceux qui veulent développer de véritables activités en attirant les entreprises étrangères avec des taux inférieurs à 15 % ne verront pas toute la différence avec le taux de 15 % » (**Voir CHRONIQUE de Chr. CHAVAGNEUX, *Accord mondial sur la taxation des multinationales !* publié le 02/07/2021, sur www.lexisveille.fr**). En dépit des réticences initiales du Nigéria et du Kenya, les acquis négociés par les pays du Sud dont une majorité se trouve en Afrique, n'ont pas été obtenus sans l'appui *d'Initiative Afrique* qui entend porter la voix de l'Afrique dans les instances internationales et promouvoir une gouvernance fiscale à l'échelle continentale au bénéfice des intérêts des pays du continent.

Encadré 72: L'Afrique face aux contraintes techniques de l'accord sur la mise en œuvre de la réforme de la fiscalité mondiale

L'accord de juillet 2021 pour la réforme de la gouvernance fiscale internationale est selon Bruno Lemaire, « l'accord le plus important conclu depuis un siècle ». Il s'applique selon des critères précis susceptibles de révision au bout de sept ans. Le Bénin a marqué son adhésion à la solution préconisée par l'accord et basée sur les deux piliers retenus :

- **Le pilier 1** concerne les multinationales ayant un chiffre d'affaires d'au moins 20 milliards d'euros et un taux de profit d'au moins 10 % soit une centaine de grandes multinationales. Dans le cadre de ce pilier, une nouvelle règle spéciale de nexus permettra d'attribuer le montant à une juridiction de marché dès lors que l'EMN couverte réalise au moins 1 million d'euros de recettes dans cette juridiction. Pour les petites juridictions dont le PIB est inférieur à 40 milliards d'euros, le seuil déclenchant le **nexus** sera fixé à 250 000 euros.

- **Le pilier 2** concerne les multinationales réalisant un chiffre d'affaires d'au moins 750 millions d'euros. Il consiste en une règle d'inclusion du revenu (RDIR), permettant d'assujettir une entité mère à un impôt supplémentaire portant sur le revenu faiblement imposé d'une entité constitutive et une règle relative aux paiements insuffisamment imposés (RPII), qui refuse la déductibilité ou requiert un ajustement équivalent lorsque le revenu faiblement imposé d'une entité constitutive n'est pas assujetti à l'impôt au titre d'une RDIR. Au regard de la technicité poussée que tout ceci requiert, l'enjeu pour les pays de l'Afrique en général est de négocier des conditions de mise en œuvre adaptées aux capacités des administrations fiscales du continent. Selon le SG de l'OCDE, les coûts de mise en conformité (y compris au titre du suivi de faibles volumes de ventes) seront réduits au minimum. Car si les règles de mise en œuvre sont complexes et le coût de conformité trop élevé, nul ne doute que les États africains ne pourront convenablement tirer profit de ce nouvel accord. Or, pour le Burkina-Faso, « l'OCDE table sur un gain potentiel de 7,61 millions de dollars selon le scénario pessimiste et 11,27 millions de dollars selon le scénario optimiste » **(Voir NACANABO A., « Accord sur la taxation des multinationales : Le Burkina-Faso devrait gagner sa part de droit d'imposition », sur www.ouaganews.com, publié le 14 juillet 2021**). Même si cela est sans commune mesure avec les 6 milliards de dollars de recettes supplémentaires attendues par la France, les 8 milliards espérées par l'Allemagne et les 15 milliards visés par les USA (**projections du Conseil d'Analyse Economique en France**), l'Afrique « devrait donc gagner sa part de droit d'imposition dans la mise en œuvre de ce nouvel accord sur la taxation des multinationales ». (*ibid.*). Encore faudrait-il que la résolution de potentiels différends qui naîtraient de la mise en œuvre de l'accord soit encadrée par des règles qui garantissent la transparence des normes et des procédures hautement satisfaisantes.

10.2. L'INITIATIVE AFRIQUE

495. Un partenariat avec le *forum mondial*. L'économie de marché et la promotion d'un village planétaire, sur le plan économique et financier, ont accentué les fragilités des pays africains face au capitalisme sauvage. La généralisation du capitalisme rend la fiscalité plus indispensable que jamais en même temps que la mondialisation la rend plus précaire que jamais **(Ph. VAN PARIJS, « Philosophie de la fiscalité pour le troisième millénaire », *in* Th. BERNS et *al.*, *Philosophie de l'impôt*, *op.cit.*)**.

496. Les pays en développement particulièrement touchés par les pratiques fiscales agressives. Selon l'OCDE, le PIB des pays africains est plus affecté. Se fondant sur un rapport de juillet 2020, le journal français en ligne *Mediapart* informe par exemple qu'au Cameroun, où il y a un grand nombre de filiales de multinationales, les flux financiers illicites représentent 6 % du PIB du pays générant plus de 100 milliards de francs CFA (150 millions d'euros) de pertes fiscales (**F. PIGEAUD, *Le Cameroun, un eldorado pour les multinationales peu scrupuleuses,* publication *Mediapart* du 6 août**

2021). Il en est ainsi parce que l'Impôt sur les sociétés, première victime des pratiques évasives occupe une part plus importante dans leur budget. C'est pourquoi, l'Afrique entend se joindre à l'effort mondial et utiliser l'infrastructure et les différents réseaux d'échanges comme outils de lutte contre l'évasion fiscale transfrontalière en raison des avantages significatifs dont cela recèle. C'est ce dessein qui a guidé la naissance de l'*initiative Afrique* lancée en tant que partenaire du *Forum mondial.*

497. Une initiative de plusieurs acteurs. L'*Initiative Afrique* a été lancée en tant que partenariat entre le *Forum mondial*, ses membres africains et un certain nombre d'organisations régionales et internationales et de partenaires de développement : Forum sur l'administration fiscale africaine (ATAF), Cercle de Réflexion et d'Échange des Dirigeants des Administrations Fiscales (CREDAF), Groupe de la Banque mondiale (GBM), France (Ministère de l'Europe et des Affaires étrangères) et Royaume-Uni (Bureau des affaires étrangères, du Commonwealth et du développement).- **(*Transparence fiscale en Afrique 2021, Rapport de progrès de l'Initiative Afrique* p. 2).** Ces partenaires sont rejoints plus tard par la Commission de l'Union africaine, la Banque africaine de développement (BAD), l'Union européenne, la Norvège (Agence norvégienne de coopération au développement), la Suisse (Secrétariat d'État aux affaires économiques) et le Forum des administrations fiscales ouest-africaines. Elle est soutenue par des partenaires et donateurs internationaux.[34]

498. Une initiative ouverte aux pays africains. L'initiative est ouverte à tous les pays africains et compte actuellement 34 juridictions africaines membres[35]. Les membres de l'*Initiative Afrique* se

[34] Ces partenaires sont : Banque Africaine de développement, le cercle des dirigeants des administrations fiscales, Commission de l'Union africaine, Groupe de la Banque mondiale, France (Ministère de l'Europe et des Affaires étrangères), Forum sur l'administration fiscale africaine, Forum des administrations fiscales ouest-africaines, Norvège (Agence norvégienne de coopération au développement), Suisse (Secrétariat d'État à l'économie), Royaume-Uni (Bureau des affaires étrangères, du Commonwealth et du développement), Commission européenne.

[35] Ces pays sont : Afrique du Sud, Algérie, Bénin, Botswana, Burkina Faso, Cameroun, Cap-Vert, Congo (Rép. du), Côte d'Ivoire, Djibouti, Égypte, Eswatini, Gabon, Ghana, Guinée, Kenya, Lesotho, Liberia, Madagascar, Mali, Maroc, Mauritanie, Maurice, Namibie, Niger, Ouganda, Rwanda, Sénégal, Seychelles,

réunissent chaque année pour faire le point sur les progrès accomplis et réfléchir aux défis qui restent à relever. L'*initiative Afrique* concerne prioritairement la transparence et l'échange de renseignement dans la lutte contre l'évasion fiscale. Elle concerne aussi l'aide apportée aux gouvernements africains pour renforcer la mobilisation des ressources. C'est ainsi qu'il a été mis en place des mécanismes destinés à améliorer la mobilisation des ressources nationales par le biais d'une assistance transfrontalière spécifiquement à l'échelle continentale au recouvrement des impôts.

499. Une réponse aux priorités spécifiques de l'Afrique. Parmi les obstacles à la disponibilité des ressources nécessaires au développement du continent africain, figurent les Flux financiers illicites (FFI) y compris l'évasion fiscale. En effet, il est admis que les flux financiers illicites en provenance de l'Afrique sont estimés à 50-80 milliards USD par an. Le diagnostic établi montre que « l'opacité est au cœur des flux financiers illicites qui privent les pays des ressources dont ils ont tant besoin pour leur développement (***Transparence fiscale en Afrique 2021, Rapport de progrès de l'Initiative Afrique*, p. 16)**. Les règles et standards à l'échelle internationale en matière fiscale édictés par l'OCDE ne sont pas toujours à la hauteur des problèmes africains. Ils sont insuffisants à garantir au profit du continent le juste paiement de l'impôt par les multinationales et firmes internationales. L'*initiative Afrique* part de l'idée que « la transparence et l'échange de renseignements à des fins fiscales constituent une arme puissante pour lutter contre l'évasion fiscale et d'autres formes de FFI telles que la corruption et le blanchiment d'argent ». D'autant plus que depuis 2009, l'Échange de Renseignements (ER) a permis aux pays africains d'identifier plus de 1,2 milliard d'Euros de recettes supplémentaires (impôts et pénalités) grâce à des enquêtes transfrontalières y compris l'échange de renseignements sur demande et les programmes de divulgation volontaire lancés avant le début de la mise en œuvre de la norme EAR (Échange Automatique de Renseignements).

500. Au total, c'est compte tenu des niveaux élevés de flux financiers illicites en provenance des pays africains, et reconnaissant le potentiel de la transparence fiscale et de l'échange de

---

Tanzanie, Tchad, Togo, Tunisie.

renseignements, pour générer des ressources pour le développement, que les membres africains du *Forum mondial* sur la transparence et l'échange de renseignements à des fins fiscales (Forum mondial), participant à sa réunion plénière du 28 octobre 2014 à Berlin, ont décidé de créer un programme axé sur l'Afrique : l'*Initiative Afrique*. L'objectif était de libérer le potentiel de la transparence fiscale et de l'échange de renseignements pour l'Afrique en veillant à ce que les pays africains soient armés pour exploiter les améliorations de la transparence mondiale afin de mieux lutter contre l'évasion fiscale. Pour ses initiateurs, il fallait se concentrer sur l'Afrique afin de fournir un soutien sur mesure pour répondre aux besoins et aux priorités spécifiques des pays africains. Initialement mise en place pour une période de trois ans (2015-2017), l'*Initiative Afrique* a été renouvelée pour une deuxième phase (2018-2020) en novembre 2017 lors de la réunion plénière du Forum mondial qui s'est tenue à Yaoundé, au Cameroun, et récemment pour une troisième phase (2021-2023), lors de sa 8ème réunion qui s'est tenue du 29 septembre au 2 octobre 2020.

501. Un projet qui s'inscrit dans l'agenda du développement en Afrique et l'atteinte des ODD. L'agenda 2030 pour le développement durable et les ODD mentionne que « c'est aux pouvoirs publics de chaque pays qu'il incombe au premier chef de lever les fonds publics nécessaires au financement des activités économiques et sociales essentielles » (ODD 7.1.). Pour la Commission de l'Union Africaine (U.A.), il apparaît que « le renforcement des efforts de mobilisation des ressources nationales et l'inversion de toutes les formes de FFI en provenance d'Afrique sont essentiels pour transformer l'Afrique d'ici 2063 ». La question de la lutte contre les flux financiers illicites est présentée comme une bataille indissociable des efforts destinés à transformer le continent africain. L'initiative Afrique s'inscrit dans l'agenda 2063 de l'Union africaine et des objectifs de développement durable avec pour finalité d'endiguer les flux financiers illicites et accroître les capacités en matière d'échange de renseignements. Parce que la transparence fiscale et l'ER jouent un rôle crucial sur ces deux fronts, la Commission de l'UA s'est donc engagée dans un partenariat avec le *Forum mondial* dans le cadre de l'*Initiative Afrique* pour promouvoir la transparence fiscale dans les pays africains. Le but étant de mobiliser les ressources fiscales pour engager la transformation de l'Afrique en mettant fin à la politique de la main tendue.

(***Transparence fiscale en Afrique 2021, Rapport de progrès de l'Initiative Afrique*, p. 29**). En effet, « si les impôts sur les actifs cachés par les fraudeurs fiscaux étaient collectés dans les juridictions de leurs propriétaires, des milliards de dollars pourraient être disponibles pour financer le développement » **(A. GURRIA, "The global dodgers", The Guardian, 27 novembre 2008, www.theguardian.com/commentisfree/2008/nov/27/comment-aid-development-tax-havens).**

502. Un soutien politique nécessaire. La sensibilisation et l'engagement politique sont des facteurs déterminants pour la réussite de l'*Initiative Afrique* en faveur de la transparence fiscale. Selon le *Forum mondial*, le soutien politique est essentiel pour lutter contre les FFI au moyen de la transparence fiscale et de l'ER. L'implication des plus hauts décideurs conditionne l'efficacité de la transparence fiscale dans la lutte contre l'évasion fiscale et les autres FFI. Le soutien politique est donc un facteur fondamental pour la création des conditions nécessaires pour que les pays africains bénéficient de l'ER. Le soutien politique de la commission de l'Union africaine est matérialisé par sa volonté de faire progresser la transparence fiscale en Afrique en tant qu'outil de lutte contre les flux financiers illicites et d'accroissement de la mobilisation des ressources (***Transparence fiscale en Afrique 2021, Rapport de progrès de l'Initiative Afrique*, p. 12**). Pour optimiser le soutien politique, il est envisagé « le maintien d'un dialogue politique de haut niveau sur l'agenda de la transparence fiscale en Afrique, le renforcement des capacités des pays africains selon les besoins, la création d'un réseau d'ambassadeurs de l'ER et le travail sur les défis émergents en matière de coopération fiscale, tels que la facilitation d'une assistance transfrontalière efficace dans le recouvrement des impôts et l'utilisation effective des données échangées ». (***Transparence fiscale en Afrique 2021, Rapport de progrès de l'Initiative Afrique*, p. 13**).

503. La nécessité d'une infrastructure adéquate et des capacités techniques. La promotion de la transparence fiscale est également dépendante des conditions matérielles, formelles, notamment l'infrastructure appropriée. Cela passe par la mise en place des éléments clés comme des cellules spécifiques dédiées pour rendre fonctionnel l'Échange de renseignements. Une telle cellule « est essentielle pour permettre aux autres fonctions de mieux utiliser l'ER et pour aider à diffuser une culture de l'ER dans l'ensemble de l'organisation » (*ibid.*).

C'est une condition indispensable à la mise en œuvre des normes pertinentes en matière d'ER, pour en tirer profit.

504. L'infrastructure mise en place doit permettre, dans un cadre juridique adéquat, la circulation de flux d'informations entre administrations fiscales sur demande, automatiquement ou spontanément. Elle doit contribuer à la consolidation des politiques de conformité fiscale. Au demeurant, la mise en place de l'infrastructure doit permettre de faire des croisements avec une base de données à jour. Son efficacité dépend de la disponibilité de ressources humaines capables d'analyser et d'utiliser de manière efficace les données reçues. (**Forum mondial sur la transparence et l'échange de renseignement à des fins fiscales, *Échange automatique de renseignements : Feuille de route relative à la participation des pays en développement*, *op. cit.*, p. 13**).

505. Les composantes de l'initiative Afrique. À la faveur du renouvellement du mandat des membres de l'Initiative, ces derniers ont décidé de concentrer les efforts sur « une composante essentielle » et des « niveaux avancés ».

La composante essentielle. Elle concerne sept éléments d'attention au niveau des États africains participants à savoir :

- l'existence d'unités opérationnelles d'échange de renseignements dotées de ressources adéquates ;
- la mise en place de stratégie claire pour garantir l'utilisation de l'Échange de Renseignements (ER) comme outil d'amélioration des contrôles fiscaux, la sensibilisation des acteurs concernés et la formulation des demandes auprès des partenaires conventionnels ;
- la signature et la ratification de la MAAC ;
- une note satisfaisante lors du deuxième cycle d'examen de l'échange sur demande ;
- l'augmentation du nombre de pays mettant en œuvre la norme commune de déclaration pour l'Échange Automatique de Renseignement (EAR) dans un délai réaliste ;

- le soutien technique y compris en matière de confidentialité au profit des États engagés ;
- la mesure des impacts et avantages de l'ER et le suivi périodique d'informations statistiques.

Les activités spécifiques concernant « le niveau avancé ». Ces activités concernent :

- la poursuite de la sensibilisation politique dans toute l'Afrique ;
- l'aide aux nouveaux membres pour la mise en œuvre du niveau essentiel de la transparence fiscale et de l'ER ;
- la consolidation des progrès réalisés par les membres ;
- l'accroissement des efforts en matière de transparence des renseignements sur le bénéficiaire effectif et de l'EAR ;
- l'exploration avec les membres intéressés par les composantes avancées, tels que le recouvrement transfrontalier des créances fiscales.

506. Pour atteindre ces objectifs en matière de transparence, les acteurs de l'*Initiative Afrique* mettent en œuvre deux instruments : la transparence fiscale (dont le rapport annuel est un moment important) et l'assistance mutuelle.

10.2.1. La promotion de la transparence fiscale au niveau continental

507. La transparence fiscale, un projet politique. Selon le rapport MBEKI du panel de haut niveau sur les FFI en provenance de l'Afrique, « l'importance de la transparence est évidente dans les approches actuelles de la lutte contre la fraude fiscale, que ce soit par l'échange automatique de renseignements, la déclaration pays par pays, la déclaration projet par projet, les renseignements sur le bénéficiaire effectif, l'information publique sur les contrats commerciaux conclus par les gouvernements africains ou la mise en œuvre des recommandations du Groupe d'action financière ».

La transparence fiscale dans une perspective de bonne gouvernance fiscale est un facteur de lutte contre les FFI. Elle suppose que « les États puissent être en mesure de garantir la disponibilité des renseignements sur la propriété légale et les bénéficiaires effectifs, des informations comptables et bancaires, l'accès à ces informations et leur échange effectif avec les partenaires étrangers » (***Transparence fiscale en Afrique 2021, Rapport de progrès de l'Initiative Afrique*, p. 16**). Les informations ainsi rendues disponibles sont alors utilisées pour contrôler l'évasion fiscale et capter les ressources fiscales éludées.

10.2.1.1. Les normes de transparence fiscale

508. Il existe deux principales normes complétées par des normes minimales :

- **La norme ERD (Échange de Renseignement sur Demande).** C'est une norme qui met en place des principes qui gouvernent la mise à disposition d'une autre administration par l'administration fiscale, des informations pertinentes susceptibles de faciliter la poursuite d'enquête et l'application de lois fiscales ou des dispositions de l'accord fiscal.
- **La norme EAR (Échange Automatique de Renseignements).** Elle décline les conditions dans lesquelles les informations sur les comptes financiers des non-résidents doivent être transmises à leurs autorités fiscales. Ces dernières, à leur tour, échangent ces informations avec les autorités fiscales du pays de résidence des titulaires de comptes dans le cadre d'une autre norme, la norme commune de déclaration (NCD).
- **Les normes minimales de transparence**. Les normes EAR et ERD sont complétées par les normes minimales de transparence liées à l'érosion de la base et au transfert de bénéfices, avec pour point d'application la déclaration pays par pays et l'échange de décisions fiscales anticipées. En sus de ces dispositifs, il y a l'ER spontané, le contrôle fiscal à l'étranger, le contrôle fiscal simultané et l'ER à l'échelle du secteur.

10.2.1.2. Les piliers de la transparence fiscale.

509. Au titre des piliers de la transparence, on peut citer « la disponibilité de l'information, l'accès au renseignement par les autorités compétentes (AC) et l'échange effectif de renseignements entre les autorités fiscales du monde entier ». (***Transparence fiscale en Afrique 2021, Rapport de progrès de l'Initiative Afrique*, p. 18**).

- **La disponibilité des renseignements.** La disponibilité des renseignements « garantit que les contribuables, personnes physiques ou morales, ne cacheront pas leurs actifs ou leurs revenus imposables dans des pays étrangers, par exemple, derrière une chaîne complexe de détention d'entités ou de constructions juridiques, pour éviter de payer leurs impôts ». (***Transparence fiscale en Afrique 2021, Rapport de progrès de l'Initiative Afrique*, p. 19**). Pour une optimisation des informations, les États « sont tenus de conserver des renseignements précis et à jour sur les propriétaires légaux et les bénéficiaires effectifs des entités juridiques et des constructions juridiques tels que les *trusts*, y compris dans le cas où les actions au porteur ou les dispositifs de *nominée* sont autorisés par la législation ». (***ibid***).
- **L'accès aux renseignements.** Cet accès garantit que « les AC disposent des pouvoirs appropriés pour obtenir tout renseignement nécessaire à l'administration ou à l'application de la législation fiscale, y compris lorsque ce renseignement est requis par une administration fiscale étrangère » (***Transparence fiscale en Afrique 2021, Rapport de progrès de l'Initiative Afrique*, p. 19**). Dans le cadre de l'EAR, « les renseignements sur les comptes financiers sont collectés par les institutions financières et transmis à l'administration fiscale sur une base périodique, sans demande préalable » (***ibid.***).

Les progrès des pays africains en matière de transparence sont appréciés par le biais du rapport sur la transparence fiscale. Ce rapport participe donc de la présentation des mesures mises en place au niveau des juridictions participantes pour appréhender le niveau de transparence fiscale sur le continent africain.

10.2.1.3. Le rapport sur la transparence fiscale

510. La décision de produire un rapport annuel date de 2018. Il permet de mesurer « les progrès accomplis dans la réalisation de leurs objectifs et engagements individuels par les États africains pour améliorer la transparence fiscale ».

- **La présentation des efforts consentis en Afrique**. Le rapport s'inscrit également dans le cadre des efforts consentis pour évaluer et soutenir les efforts du continent africain en matière d'améliorations mondiales de la transparence fiscale. Publié pour la première fois en 2019, il « passe au crible les progrès des pays africains (…), compare ces progrès avec ceux d'autres régions, analyse les principaux défis de développement et propose des recommandations politiques, des expériences et des bonnes pratiques ». (***Transparence fiscale en Afrique 2021, Rapport de progrès de l'Initiative Afrique*, p. 5**).
- **L'intensification des échanges entre pays africains**. Dans le rapport 2021, il apparaît que « les réseaux d'ER des pays africains se sont intensifiés pour atteindre 3 752 relations bilatérales en 2021, contre 2 523 en 2019 ». (***Transparence fiscale en Afrique 2021, Rapport de progrès de l'Initiative Afrique*, p. 12**). Cette intensification confirme la pertinence de la promotion de la transparence en ce que la circulation de l'information et le renseignement fiscal permettent de fournir des éclaircissements sur les constructions et artifices utilisés abusivement à des fins d'évasion fiscale par des particuliers fortunés. (*ibid,* p. 20).
- **L'identification des pays pionniers.** Grâce au Rapport de l'*Initiative Afrique* sur la Transparence fiscale, on en sait davantage sur les pays qui se démarquent du lot en matière de consolidation des normes internationales sur la transparence fiscale. Selon le rapport 2021, qui se base sur une évaluation par les pairs, trois catégories de pays pionniers se dégagent. Dans la première catégorie où l'on retrouve les pays jugés « conformes », il n'y a que l'Ile Maurice qui remplit les conditions. Dans la deuxième catégorie des pays jugés « conformes pour l'essentiel », il y a la Tunisie. Et dans la troisième catégorie de pays « partiellement conformes », on retrouve le Botswana, le Ghana, le Liberia et les Seychelles. Pour cette dernière catégorie de pays, l'appréciation se base sur les problèmes liés à la disponibilité des renseignements sur la propriété légale et les bénéficiaires effectifs, les informations comptables et l'organisation et les processus d'échange de renseignements en temps utile.

La mise en œuvre de la transparence fiscale est facilitée par l'assistance administrative mutuelle.

10.2.2. L'assistance administrative mutuelle en matière fiscale

511. Un accord spécifique. L'assistance administrative mutuelle est un accord spécifique ouvert à la signature des pays africains.

512. La circulation d'informations transfrontalières. Grâce à cela, les États africains peuvent utiliser des informations transfrontalières échangées dans le cadre de leurs enquêtes fiscales. L'utilisation de cette possibilité s'est traduite par des recettes fiscales additionnelles provenant d'enquêtes fiscales transfrontalières y compris les programmes de divulgation volontaire (PDV) et la mise en œuvre de la norme EAR et les renseignements sur demande (***Transparence fiscale en Afrique 2021, Rapport de progrès de l'Initiative Afrique*, p. 13**).

513. La coopération entre États. L'autre aspect de l'assistance mutuelle au titre de l'*Initiative Afrique* est la coopération entre États en matière de recouvrement. Cette coopération peut s'avérer très utile dans certaines situations, notamment (i) lorsque le contribuable n'est pas présent dans le pays d'imposition et n'a pas d'actifs situés dans ce pays ou (ii) lorsque le contribuable a délocalisé ses actifs dans un autre pays.

514. Un cadre similaire de gouvernance fiscale existait déjà au niveau de l'UEMOA.

10.3. La gouvernance fiscale au sein de l'UEMOA

Encadré 73: L'Afrique de l'Ouest perd des millions de dollars en évasion fiscale

À la faveur d'une enquête menée par le Consortium international des journalistes d'investigation (CIJI) et 13 journalistes originaires de 11 pays de l'Afrique de l'Ouest, dont les pays de l'UEMOA, il ressort que des millions de dollars des nations africaines sont détournés via des paradis fiscaux *offshore*. Les opérations illicites visées seraient l'œuvre de responsables gouvernementaux, de marchands d'armes et d'entreprises. L'enquête révèle que les pays ouest-africains sont pillés par des entreprises et des particuliers. Des sociétés comme ORCA, basée au Sénégal (et ayant des branches au Bénin, au Burkina-Faso, en Côte d'Ivoire) ou Erevan, des personnalités politiques au Mali et en Côte d'Ivoire, auraient rusé avec le fisc de leur pays respectif grâce à des ramifications *offshore*.

Cela remet à jour la nécessité pour les pays d'Afrique en général et ceux de l'UEMOA en particulier, de « muscler » leurs actions et de coordonner leurs efforts pour enrayer les flux financiers illicites.

Source : tv5 monde, novembre 2021

515. La coordination fiscale instituée. La coordination fiscale au sein de l'UEMOA s'intègre dans le cadre du règlement communautaire tendant à éviter les doubles impositions. Ce règlement adjoint donc des dispositions de nature à faciliter la coopération entre États membres en prévoyant des règles et procédures en la matière, en ce qui concerne l'échange de renseignements entre les administrations fiscales des États membres, notamment l'échange automatique de renseignements, l'assistance en matière de recouvrement. La finalité ultime est de poser les bases juridiques pour améliorer le travail coordonné des administrations fiscales de la zone UEMOA.

516. Une assistance réciproque instituée au sein de l'UEMOA. Au sein de l'UEMOA, apparaît la volonté d'établir des règles d'assistance réciproque pour lutter contre la fraude et l'évasion fiscales entre les États membres et surtout établir entre lesdits États une assistance en matière fiscale.

Une telle volonté est actée par l'édiction du règlement n° 08/2008/CM du 26 septembre 2008 dont le but est de faciliter la coopération entre administrations fiscales de l'espace. Elle prend deux formes, à savoir : l'échange de renseignement, la possibilité de vérification conjointe et l'assistance en matière de recouvrement.

10.3.1. Un cadre pour les échanges de renseignement

517. Selon l'article 33 du règlement n° 08/2 008/CM du 26 septembre 2008, les États membres de l'UEMOA échangent des informations pour l'établissement de l'impôt dans le respect de leur législation et des pratiques administratives qui leur sont propres. L'échange des renseignements a lieu, soit d'office, soit sur demande visant des cas concrets. Le règlement a été complété par la directive 02/2012 relative à la modernisation et l'harmonisation des systèmes d'échanges de renseignements. Toutefois, les États ne sont pas tenus de fournir les renseignements lorsque cela déroge à leurs réglementations ou que les renseignements en question sont l'objet d'un secret professionnel, commercial, industriel ou dont la communication dérogerait à l'ordre public.

- **La possibilité de vérification conjointe.** Selon l'article 33-6 du règlement précité, les administrations fiscales des États membres peuvent également s'entendre, pour instituer une procédure de vérification conjointe, entre deux ou plusieurs États membres. Une telle procédure est possible lorsque certains contribuables, installés dans chacun des États intéressés, présentent dans leurs opérations des comptes de liaison entre succursales ou filiales.
- **Le contrôle des opérations commerciales.** Le droit communautaire UEMOA prévoit la possibilité pour deux ou plusieurs États membres, qui en éprouvent la nécessité, de suivre et de contrôler des opérations commerciales. Ces derniers conviennent entre eux des modalités d'un tel dispositif. Le cas échéant, ils transmettent à la Commission de l'UEMOA, dans un délai de trois (3) mois, le protocole et les mécanismes dudit dispositif.

10.3.2. L'Assistance en matière de recouvrement.

518. Un outil essentiel au bon fonctionnement du marché intérieur. La question du recouvrement est considérée comme un acte de pleine souveraineté. Sa mise en œuvre n'exclut pas des moyens de recouvrement forcé. L'efficacité de l'assistance en matière de recouvrement tient au fait qu'« un État – l'État requérant – va pouvoir demander à un autre – l'État requis – de mettre en œuvre son arsenal juridique pour encaisser une créance fiscale qui n'est pas la sienne ». L'assistance en matière administrative est prévue par l'article 34 du règlement précité. Selon la doctrine, il s'agit d' « un outil essentiel qui contribue au bon fonctionnement du marché intérieur ». Mise en œuvre, elle « garantit la neutralité fiscale, et permet l'élimination des mesures de protection discriminatoires qu'ils avaient mises en place afin de se protéger contre le risque de fraude fiscale et de perte de recettes fiscales lié aux opérations transfrontalières (…). L'intérêt de cette assistance administrative est réel car elle permet de récupérer un impôt national hors des frontières en bénéficiant des outils de recouvrement de l'autre État. ». (**M. CHASTAGNARET, « Lutte contre la fraude et recouvrement de l'impôt : la fin ne justifie pas tous les moyens ».** ***Les Nouvelles Fiscales*****, 2019, pp. 26 - 30.).**

Elle présente quelques caractéristiques.

- **La solidarité communautaire.** Il s'agit pour l'UEMOA d'instituer une forme d'« obligation d'apporter l'assistance pour le recouvrement des créances fiscales » entre États membres. C'est un facteur d'approfondissement de l'intégration. Ainsi, « l'assistance au recouvrement est un outil essentiel en ce qu'elle contribue au bon fonctionnement du marché intérieur ». Selon les prescriptions du droit communautaire, les États membres conviennent de se prêter mutuellement assistance et appui en vue de recouvrer, suivant les règles propres à leur législation ou réglementation respectives, les impôts de toute nature et dénomination perçus pour le compte des États membres ainsi que les majorations de droits, droits en sus, indemnités de retard, intérêts et frais afférents à ces impôts, lorsque ces sommes sont définitivement dues en application de lois ou règlements de l'État demandeur. Autrement, « le recouvrement est effectué suivant les lois de l'État requis sans qu'il soit toutefois tenu d'appliquer un moyen d'exécution non prévu par la législation de l'État requérant » **(M. CHASTAGNARET, « L'assistance administrative au recouvrement : aspects internationaux et européens »,** ***op.cit.*****)**

L'assistance en matière de recouvrement a été sollicitée par le Sénégal qui s'en est prévalu pour recouvrer auprès d'un autre pays des créances fiscales en 2019.

- **Une solidarité étendue aux mesures conservatoires**. Cette assistance s'exerce pour les créances fiscales qui sont encore susceptibles de recours. Les autorités fiscales de l'État créancier, qui entendent sauvegarder leurs droits, peuvent demander aux autorités fiscales compétentes de l'autre État membre de prendre les mesures conservatoires que la législation ou la réglementation de celui-ci autorise.

519. Une assistance ciblée. Faut-il le rappeler, l'assistance en matière administrative ne peut se substituer aux législations nationales. On ajoutera que « l'assistance administrative n'est pas un *filet de sécurité* offert à l'État requérant ». En effet, « ce dernier peut se voir refuser assistance si cela oblige l'autre État à prendre des mesures administratives dérogeant à sa législation et à sa pratique administrative ». Ce refus peut résulter du constat que toutes les mesures raisonnables de recouvrement ou de conservation disponibles n'ont pas été prises préalablement. L'État requis peut donc décliner la demande d'assistance au recouvrement si l'État requérant n'a pas épuisé des voies de droit interne pour recouvrer cette créance qui faisait l'objet de la coopération. Cette limite de mise en œuvre résulte à la fois de la nature même de l'assistance au recouvrement comme de son utilisation. Enfin, l'assistance ne peut induire des effets attentatoires à la souveraineté de l'État requis. Une telle proscription s'étend à toute utilisation de l'assistance non conforme à son objet dans une forme de protectionnisme administratif. Par sa mise en œuvre, les États n'ont pas, par exemple, à « compromettre l'ordre public sur leur propre territoire » ou porter atteinte aux « intérêts vitaux » des États (***ibid.***).

La fin de non-recevoir opposée à une demande d'assistance peut être invoquée en cas de « persécutions politiques, raciales ou religieuses » ou encore pour raison de « secret d'État ».

520. Une efficacité limitée. Le premier facteur qui limite l'efficacité de l'assistance mutuelle en zone UEMOA est « le défaut de moyens logistiques nécessaires à la circulation des informations et des relations entre services fiscaux » (**N. MEDE et *al.*, « La gouvernance fiscale mondiale et l'Afrique », *op.cit.***). Cela atténue l'efficacité du droit communautaire en la matière et limite la capacité des États à « repérer, arrêter et rapatrier » les flux générés par la délinquance fiscale (**N. MEDE et *al. ibid.***). Le second facteur est l'absence d'un suivi spécifique de mise en œuvre de la part des organes communautaires.

L'ambition de dynamiser les canaux de communication entre les administrations fiscales nationales appelle en conséquence des réformes.

Encadré 74: Les difficultés d'application en cas de contestation du recouvrement par voie d'assistance mutuelle transfrontalière en droit comparé européen selon la doctrine (*M. CHASTAGNARET*)

« La contestation du recouvrement de l'impôt est une voie procédurale qui peut s'avérer particulièrement délicate lorsqu'elle met en cause deux souverainetés distinctes. Afin de synthétiser ce champ complexe, il convient d'identifier deux principales possibilités de contestations. Tout d'abord, l'État requérant est compétent pour connaître des contestations qui concernent : la créance, l'instrument initial permettant l'adoption de mesures exécutoires dans l'État membre requérant, l'instrument uniformisé permettant l'adoption de mesures exécutoires

dans l'État membre requis ou une notification effectuée par une autorité compétente de l'État membre requérant (Dir. 2010/24, art. 14, paragraphe 1). Ensuite, l'État requis est compétent pour connaître des différends qui concernent les mesures d'exécution prises sur son territoire ou la validité d'une notification effectuée par l'autorité requise. En considération de cette répartition, la contestation en cause par le liquidateur relève de la compétence des juges nationaux car elle impose d'examiner la mesure d'exécution forcée prise à l'endroit d'un contribuable. À cet égard, il est indifférent qu'un tel litige apparaisse dans une procédure tendant à la réintégration de biens dans la masse de la faillite d'une société établie dans l'État membre requis. En revanche, reste à définir quel État doit être considéré comme le défendeur lorsque la créance contestée est celle de l'État requérant et la procédure contestée est celle de l'État requis. ***La Cour (de justice de l'UE) considère que l'État requérant doit être la partie défenderesse dans l'instance (pt 39).*** *Cette solution semble non seulement pertinente en raison de la nature du litige (contestation d'un recouvrement forcé par l'État requis) mais aussi par les conséquences juridictionnelles qu'elle implique : une telle solution n'impose donc pas d'actionner un autre État membre que celui dans lequel est situé le débiteur. Une dernière question se pose si l'action de l'administrateur prospère : comment le remboursement doit-il être effectué ? La Cour précise que cette hypothèse doit être réglée en respectant le principe de confiance mutuelle. En effet, même* ***s'il n'est pas responsable de la mesure d'exécution forcée, l'État requérant devrait alors reverser la somme initialement perçue afin de ne pas léser l'État requis.*** *Cette conclusion implique une application très vertueuse de l'assistance au recouvrement puisqu'il s'agit de ne pas faire supporter le risque juridictionnel au seul État requis. Après le classique gagnant/gagnant, la Cour promeut le perdant/perdant comme garantie d'une assistance administrative équilibrée ».* ***(Source : M. CHASTAGNARET, Lutte contre la fraude et recouvrement de l'impôt : la fin ne justifie pas tous les moyens. Les Nouvelles Fiscales, 2019, p.26) - Notes sous Arrêt CJUE, première chambre, 14 mars 2019, C 695/17, Metirato Oy, en liquidation contre Suomen valtio/Verohallinto Eesti Vabariik/Maksu- ja Tolliamet.***

521. La nécessité de repenser le cadre communautaire. L'efficacité limitée du droit communautaire en matière de coopération fiscale appelle de la part des organes communautaires une évaluation de sa mise en œuvre et une mise à jour. L'évolution souhaitable est justifiée par l'inadaptation du texte communautaire de 2008. L'absence de révision des textes communautaires ou même d'un texte spécifique en matière d'échanges de renseignements, à des fins fiscales, contraste avec les ambitions d'intégration poursuivie et suscite des doutes sur l'importance que les autorités communautaires accordent à la coopération fiscale aux fins de lutte contre les flux financiers illicites. Or, comme la plupart des pays de l'Afrique, la zone communautaire UEMOA est confrontée à des pertes fiscales énormes dues à des pratiques fiscales injustes ou agressives. Elle a donc sa part de pertes dans les 50-80 milliards de dollars annuels qui échappent à l'Afrique, à cause de l'évasion fiscale et du transfert de bénéfices par les multinationales. Ces soustractions illégitimes aux budgets nationaux entraînent une répartition inégalitaire des charges publiques sur le dos des contribuables qui respectent leurs obligations. Pendant ce temps, les multinationales qui réalisent les plus gros profits transfèrent les ressources nécessaires au financement de la dépense publique dans les paradis fiscaux. Elles mettent également à mal les obligations fiscales des États vis-à-vis des organes communautaires. Par conséquent, les intérêts financiers de l'UEMOA sont menacés par l'absence d'un cadre communautaire efficacement répressif à l'égard de la fraude et de l'évasion fiscales.

522. Les défis actuels en matière de lutte contre la fraude et l'évasion fiscales de même que les nouveaux standards internationaux appellent d'impératifs ajustements normatifs afin de contrer la fraude à l'intérieur des frontières de l'UEMOA et donc de la CEDEAO et plus globalement de l'UA. Toutefois, la transparence accrue, la coopération fiscale et l'échange de renseignements ne doivent pas se mettre en place en faisant abstraction de la protection des droits des contribuables, comme la protection des données personnelles et d'entreprise, la protection des secrets professionnels et industriels ou encore la compétitivité des entreprises de l'espace communautaire.

LEÇON 11 : À TITRE DE CONCLUSION

523. Dans un monde où l'économie se transforme et se globalise, les États africains, en général, et le Bénin, en particulier, doivent adapter l'outil fiscal aux nouveaux enjeux. Cette adaptation doit tenir compte de tous les échelons de la gouvernance fiscale, c'est-à-dire les niveaux : local, national et international.

524. C'est ainsi que l'impôt pourra dans cet espace géographique, remplir ses différentes fonctions. Ceci pour le bien-être des populations.

BIBLIOGRAPHIE

I. OUVRAGES GENERAUX

A. Finances publiques

ALBERT (J.-L.), *Finances publiques,* Dalloz, 2019, 940p.

D'ALMEIDA-TOPOR (H.), *Histoire économique du Dahomey (Bénin) 1890-1920*, Tome 1, Harmattan, 1995 250p.

BAUDU (A.), *Droit des finances publiques,* Dalloz, Hypercours, 2018, 880p.

BOUVIER (M.), ESCLASSAN (M.-Chr), LASSALE (J.-P.), *Finances publiques*, Lextenso, 2020,990p.

LALUMIERE (P.), CASTAGNEDE (B.) (*Dir*), *Systèmes budgétaires, financiers, fiscaux et douaniers, Encyclopédie juridique de l'Afrique*, Tome 3

MEDE (N.), *Finances publiques. Espace UEMOA-UMOA,* Harmattan, Sénégal, 2016, 546p.

MEDE (N.), TONI (E.) (*Dir*), *La fiscalité de développement en Afrique de l'Ouest francophone,* Harmattan, Sénégal, 2018, 108p.

MOYSAN (E.), *Finances publiques,* Ellipses, 265p.

VIESSANT (C.), DOUAT (E.), CARDONI (F.), CONAN (M.), *Singularité des finances de la sécurité et de la défense*, LGDJ, 2021, 290p.

B. Autres ouvrages et thèses

AHAHANZO-GLELE (M.), *Naissance d'un État noir. L'évolution politique et constitutionnelle du Dahomey, de la colonisation à nos jours*, Paris, LGDJ, 359p.

ADOUN (W.), AWOUDO (Fr.), *Bénin : Une démocratie prisonnière de la corruption,* Dossiers classés, Friedrich Ebert Stiftung, tome I, janvier 2008, 388p.

DESPAGNET (Fr.), *Essai sur les protectorats. Étude de droit international*, Librairie de la société générale du recueil, Paris, Sirey, 1896, 438p.

GENDRY (Th.), *Le droit de tuer : la peine de mort au service de l'ordre colonial en Afrique occidentale française, 1900-1950*, Thèse de doctorat, EHESS, Paris, 2020, 384p.

KAMTO (M.), *L'urgence de la pensée. Réflexions sur une précondition du développement en Afrique,* Mandara, 2019 (*Red.*), 249p.

Le HERISSE (A.), *L'ancien royaume du Dahomey, Mœurs, religion, histoire*, Hach. Livre-BNF, 2014, 412p.

LEROY-BEAULIEU, (P.), *De la colonisation chez les peuples modernes*, Paris, Guillaumin et Cies, 1874, 659p.

M'BEMBE (A.), *De la postcoloniale. Essai sur l'imagination politique dans l'Afrique contemporaine,* La Découverte, Poche, 2020, 320p.

MEDE (N.), *Les grandes décisions de la Cour constitutionnelle du Bénin*, Harmattan, 2020, 646p.

MENSA (M.), *La construction du territoire du territoire et de la délimitation des territoires du Dahomey*, thèse de doctorat de l'Université de Lille, soutenue en 2019, 522p.

MONTCHRESTIEN (A.), *Traicté de l'oeconomie politique,* Droz, Genève, 1999, 456p.

DE MONTALIVET (P.), *Les objectifs de valeur constitutionnelle*, coll. « Bibliothèque parlementaire et constitutionnelle », Paris, Dalloz, 2006, 680p.

II. OUVRAGES SPECIFIQUES EN FISCALITE

ARDANT (G.), *Histoire de l'impôt*, Tome I, Paris, Fayard, 1971, 642p.

BERNS (Th), DUPONT (J.-C.), XIFARAS (M.), *Philosophie de l'impôt*, Bruylant Edition, 2006, 270p.

BOUVIER (M.), *Introduction au droit fiscal général et à la théorie de l'impôt,* LGDJ, 2020, 270p.

CASTAGNEDE (B.), *Précis de fiscalité internationale*, 4e éd., PUF, 2013, 638p.

DELALANDE (N.), SPIRE (A.), *Histoire sociale de l'impôt,* La Découverte, 2010, 125p.

JEZE (G.),

- *Eléments de la science des finances et de la législation financière française,* Nabu Press, février 2012 (*rééd.),* 654p.

o *Cours de Finances publiques, Giard*, 1931, 528p.

KEEN (M.), SLEMROD (J.), *Rebellion, Rascals, and Revenue: Tax Follies and Wisdom through the ages,* 2021, 536p.

LAMBERT (Th.), *L'impôt dans une économie mondialisée. Contribution à une théorie générale de l'impôt*, Bruylant, Coll. Droit et économie, 2021, 200p.

LANDAIS (C.), SAEZ (E.), PIKETTY (Th.), *Pour une révolution fiscale*, Le Seuil, 2011, 2011, 144p.

MEDE (N.) ; *Les recettes fiscales en débat*, Harmattan Sénégal, 2020, 492p.

SPIRE (A.), DELALANDE (N.), *Histoire sociale de l'impôt*, La découverte, 2010, 128p.

III. Articles de revue et Mémoires

AWONO ELOUNDOU (E.), « La sécurité fiscale dans les États de l'Afrique noire francophone », *Revue Africaine des Finances Publiques-RAFIP,* n° 9-semestre 1, 2021, p. 238

BACI (B.), « Réinventer le contrôle fiscal des entreprises dans la nouvelle relation de confiance ? Point de vue d'un directeur fiscal », *RFFP* n° 153, 2021, p. 105

CHASTAGNARET (M.),

- « Lutte contre la fraude et recouvrement de l'impôt : la fin ne justifie pas tous les moyens », *Les Nouvelles Fiscales*, 2019, pp. 26-30.
- « L'assistance administrative au recouvrement : aspects internationaux et européens **»,** *REIDF,* Bruylant, 2019, pp. 169-179

BINASSOUA (B.),

- « Réflexion sur l'utilisation des mégadonnées (« *Big Data* ») de la téléphonie mobile dans la détermination de l'imposition individuelle », *Compilation des résumés sur les systèmes fiscaux en Afrique,* 2019, p. 60
- *L'amélioration du prélèvement local à Cotonou,* Mémoire de DESS en Gouvernance et démocratie, Université d'Abomey-Calavi, 2012, 96p.

CALMETTE (J-Fr.), « La lecture parlementariste des finances publiques par Guy Carcassonne », *Revue Française de Droit Constitutionnel,* 2021/3, n° 127, pp. 45-61)

ERROL (T.), « Chronique de droit des finances publiques et de droit public économique – 1er janvier au 31 décembre 2019 »-, *RCC,* pp.373-374

ESSERS (P.), « *International Tax Justice Between Machiavelli and Habermas », Bulletin for International Taxation*, 2014, p. 55

FRANKEMA (E), VAN WAIJENBURG (M.), « *Metropolitan blueprints of colonial taxation? Lessons from fiscal capacity building in british and French Africa, c. 1880-1940 », The journal of African History,* Vol.55, *Cambridge University Press, November* 2014, pp.371-400

GARCIA (L.), « Les mouvements de résistance au Dahomey (1914-1917) », *Cahier d'Études Africaines*, 1970, n°37, pp. 144-178

GOGUEL-MAZET (E.) et OLIVER (F.), « Morale au tribunal », *Newsletter du Réseau Allix,* n°4, 2019

HABU (K.), SEIDEL (A.), « *Profit shifting and corruption* », *Working Papers in Economics*, n° 05/18, *Department of Economics, University of Bergen*

LAFAILLE (Fr.), « Acte anormal de gestion, abandon de créances, gestion commerciale normale », *Lexbase fiscale*, n°869, 17 juin 2021

LEIDERER, (S), WOLFF, (P). « Gestion des finances publiques : une contribution à la bonne gouvernance financière », *Annuaire suisse de politique de développement*, vol. 26, n° 2, 2007, p. 175-195.

GIRONDEAU (L.), *Contribution à l'étude de la pénalisation du droit fiscal,* L'Harmattan, Coll. Finances publiques, juillet 2021, 520p.

LUCHAIRE (F.), « Le fisc, la liberté individuelle et la Constitution », *in Études de Finances publiques. Mélanges en l'honneur de Monsieur le Professeur Paul-Marie Gaudemet*, Paris, Économica, 1984, p. 609

MEDE (N.) et *al., La gouvernance fiscale mondiale et l'Afrique, REIDF,* p.80.

PERIN-DUREAU (A.), « Le principe de sécurité juridique et le droit fiscal », *Cahier constitutionnel*, n° 5, octobre, p.20

OUCHANI (K.), « Vers une imposition des multinationales à l'échelle mondiale *?* », *Billet Edgard Allix, n° 7, juin* 2021, p.7.

ROUSSIEAU (C.), « L'échange automatique d'informations en matière fiscale dans le contexte international », *RIDE*, 2016/3, p.363

SERLOOTEN (P.), et De BISS (A.), « le néo réalisme du droit fiscal », *in* J. KRYNEN et M. HECQUARD-THERON *(dir.),*

Regards critiques sur quelques (r)évolutions récentes du droit, Presses de l'Université des sciences sociales de Toulouse. Series "Les Travaux de l'IFR Mutation des normes juridiques" Toulouse pp. 195-222.

STANKIEWICZ (L.), « le rôle de l'OCDE dans la régulation de la concurrence fiscale », *REIDF* n° 2021/1, pp.235-246

IV. Articles de presse et blog

AONDOHEMBA IORMBAGAH (J.), « *Information taxation in Nigeria, Significance, benefits and challenges* », www.ictd.ac/blog, juillet 2021

BINASSOUA (B.), « Vers une imposition à l'échelle mondiale au d'un système fiscal adossé à un nouveau cadre », publié sur *Fraternité (*en ligne) le 21 juillet 2021, disponible sur le lien www.fraternitebj.info

NACANABO (A.), « Accord sur la taxation des multinationales : Le Burkina-Faso devrait gagner sa part de droit d'imposition », sur www.news.aouaga.com, publié le 14 juillet 2021

PIGEAUD (F.), « Le Cameroun, un *eldorado* pour les multinationales peu scrupuleuses », publication *Medipart en ligne,* du 6 août 2021, sur www.mediapart.fr

V. RapportS

African Tax Administration Forum (ATAF),

- *Rapport annuel 2019*, 120p.
- *Compilation des résumés sur les systèmes fiscaux en Afrique,* 2019, 100p.

Assemblée nationale française, *Rapport d'information n° 4052*, (par Bénédicte PEYROL), 159p.

Banque mondiale, *Étude sur la fiscalité en Afrique de l'Ouest*, Juin 2019, 82p.

Conseil d'État, *La sécurité juridique et la complexité du droit*, EDCE 2006, 411p.

Commission de l'UEMOA,

- *Note de conjoncture trimestrielle*, 2016 à 2020
- *Rapport annuel sur le fonctionnement de l'union*, 2015 à 2020

- o *Rapport semestriel d'exécution de la surveillance multilatérale,* 2015 à 2020

Forum sur la transparence fiscale et l'échange de renseignements à des fins fiscales, *Transparence fiscale en Afrique 2021, Rapport de progrès de l'Initiative Afrique,* ATAF-OCDE, Union Africaine, 88p.

Institut de l'entreprise, *Proposition pour une réforme de la gouvernance fiscale*, Institut de l'entreprise, février 2005, 64p.

OCDE, 2021, « Bénin », *Prevention of the Tax Treaty Abuse-Third Peer Review Report on Treaty Shopping: Inclusive Framework on BEPS: Action 6, Editions OCDE, Paris*

VI. Textes

A. Afrique/Bénin

Charte africaine des droits de l'homme et des peuples

Loi organique n° 2013-18 du 27 août 2013 relative aux Lois de finances

Loi n° 2021-15 du 23 décembre 2021 portant code général des impôts de la République du Bénin

Loi n° 2021-16 du 23 décembre 2021 portant loi de finances pour la gestion 2022

Loi n° 2020-33 du 24 décembre 2020 portant loi de finances pour la gestion 2021

Règlement n° 08/2008/CM du 26 septembre 2008

Note circulaire n°642/MEF/CAB/SGM/DGI/DLC/SLRI portant modalités d'application des dispositions fiscales relatives aux prix de transfert contenues dans la loi de finances pour la gestion 2020

Circulaire n° 024/MEF/CAB/SGM/DGI/DLC/SLRI portant modalités d'application des dispositions fiscales de la loi de finances pour la gestion 2021

B. Autres

Charte européenne de la sauvegarde des droits fondamentaux

Déclaration des droits de l'homme et du citoyen de 1789

VII. Jurisprudence

A. Bénin

1. Cour suprême

Arrêt n° 66-15/CA du 29 juillet 1971, Société anonyme des anciens établissements R.DRQUOT c. / Décision n° 1076/DI en date du 22/09/1966 du Directeur des impôts

Arrêt n°98-65/CA du greffe, du 8 juillet 2004, Yabi Dénis c/RPI BOA Bénin c/ RPI,

Arrêt n°2000-116/CA du Greffe

2. Cour constitutionnelle

DCC 01-021 du 16 mai 2001

CC 06-074 du 8 juillet 2006,

N°2012-662 DC, Loi de finances 2013, 29 décembre 2012

DCC 18-157 du 31 juillet 2018

B. Autres

1. Conseil constitutionnel

France

Cons. Cons., 29 déc. 2003, déc. n°2003-489 DC

Cons. Cons., 28 déc. 2020, déc. n° 2020-813 DC

Sénégal

C.C. Sénégal, décision n° 11/C/93 du 23 juin 1993

Côte d'Ivoire

Décision N° CI-2017-308/11-04/CC/SG du 11 avril 2017 relatif au recours en exception d'inconstitutionnalité de l'annexe fiscale de la loi de finances rectificative n° 2015-636 du 17 septembre 2015 portant modification du budget de l'État pour l'année 2015

2. Conseil d'État (France)

CE, 10e et 9e ch., 14 oct. 2020, n° 425337, min. c/ Seurot, concl. L. Domingo : JurisData n° 2020-016079

Conseil d'État, 31 mars 2010, Société Zimmer Ltd, n° 304715 308525).

3. Conseil d'État hellénique (Grèce)

Conseil d'État de Grèce, Arrêt 4021/2012 rendu en assemblée plénière

VIII. WEBOGRAPHIE

www.afrobarometer.org
www.ataf.org
www.banquemondiale.org
www.bbc.com.
www.etudes-fiscales-internationales.com
www.finances.gouv.bj
www.ictd.ac
www.taxfoundation.org
www.tv5monde.com
www.revolution-fiscale.fr

TABLE DES MATIÈRES

Structures éditoriales du groupe L'Harmattan

L'Harmattan Italie
Via degli Artisti, 15
10124 Torino
harmattan.italia@gmail.com

L'Harmattan Hongrie
Kossuth l. u. 14-16.
1053 Budapest
harmattan@harmattan.hu

L'Harmattan Sénégal
10 VDN en face Mermoz
BP 45034 Dakar-Fann
senharmattan@gmail.com

L'Harmattan Cameroun
TSINGA/FECAFOOT
BP 11486 Yaoundé
inkoukam@gmail.com

L'Harmattan Burkina Faso
Achille Somé – tengnule@hotmail.fr

L'Harmattan Guinée
Almamya, rue KA 028 OKB Agency
BP 3470 Conakry
harmattanguinee@yahoo.fr

L'Harmattan RDC
185, avenue Nyangwe
Commune de Lingwala – Kinshasa
matangilamusadila@yahoo.fr

L'Harmattan Congo
219, avenue Nelson Mandela
BP 2874 Brazzaville
harmattan.congo@yahoo.fr

L'Harmattan Mali
ACI 2000 - Immeuble Mgr Jean Marie Cisse
Bureau 10
BP 145 Bamako-Mali
mali@harmattan.fr

L'Harmattan Togo
Djidjole – Lomé
Maison Amela
face EPP BATOME
ddamela@aol.com

L'Harmattan Côte d'Ivoire
Résidence Karl – Cité des Arts
Abidjan-Cocody
03 BP 1588 Abidjan
espace_harmattan.ci@hotmail.fr

Nos librairies en France

Librairie internationale
16, rue des Écoles
75005 Paris
librairie.internationale@harmattan.fr
01 40 46 79 11
www.librairieharmattan.com

Librairie des savoirs
21, rue des Écoles
75005 Paris
librairie.sh@harmattan.fr
01 46 34 13 71
www.librairieharmattansh.com

Librairie Le Lucernaire
53, rue Notre-Dame-des-Champs
75006 Paris
librairie@lucernaire.fr
01 42 22 67 13

www.ingramcontent.com/pod-product-compliance
Lightning Source LLC
LaVergne TN
LVHW011450061026
849535LV00004BA/1028